权威·前沿·原创

皮书系列为
“十二五”“十三五”国家重点图书出版规划项目

智库成果出版与传播平台

甘肃县域和农村发展报告（2020）

ANNUAL REPORT ON THE DEVELOPMENT OF
COUNTY AND RURAL AREA OF GANSU (2020)

主　编／陈　波　朱智文　王建兵

社会科学文献出版社
SOCIAL SCIENCES ACADEMIC PRESS (CHINA)

图书在版编目(CIP)数据

甘肃县域和农村发展报告.2020 / 陈波，朱智文，王建兵主编. --北京：社会科学文献出版社，2020.1
（甘肃蓝皮书）
ISBN 978-7-5201-5834-3

Ⅰ.①甘… Ⅱ.①陈… ②朱… ③王… Ⅲ.①县级经济-经济发展-研究报告-甘肃-2020②农村经济发展-研究报告-甘肃-2020 Ⅳ.①F127.42

中国版本图书馆CIP数据核字（2019）第272314号

甘肃蓝皮书
甘肃县域和农村发展报告（2020）

主　　编 / 陈　波　朱智文　王建兵

出 版 人 / 谢寿光
责任编辑 / 张　超　吴云苓

出　　版 / 社会科学文献出版社 · 皮书出版分社（010）59367127
　　　　　地址：北京市北三环中路甲29号院华龙大厦　邮编：100029
　　　　　网址：www.ssap.com.cn
发　　行 / 市场营销中心（010）59367081　59367083
印　　装 / 三河市东方印刷有限公司

规　　格 / 开 本：787mm × 1092mm　1/16
　　　　　印 张：18.5　字 数：275千字
版　　次 / 2020年1月第1版　2020年1月第1次印刷
书　　号 / ISBN 978-7-5201-5834-3
定　　价 / 128.00元

《甘肃县域和农村发展报告（2020）》
编　委　会

主要编撰者简介

陈　波　经济学博士，甘肃省统计局党组书记、局长，高级统计师，甘肃省政府参事室特约研究员，甘肃省社会科学院特聘研究员；长期从事统计工作和宏观经济领域研究，为全省经济运行提出精准对策建议，为省委省政府决策提供参考，主导规划建立了甘肃省十大生态产业统计监测和核算体系；在任职甘肃省发展改革委副主任、省西部地区开发领导小组办公室主任期间，深度参与了省委省政府"三重""三一"工作方案等重要政策决策的制定；主要作品有《甘肃城乡一体化的演变和发展模式研究》等专著，先后主编出版《跨世纪的中国人口（甘肃卷）》《甘肃藏族人口》《当代甘肃人口问题研究》《甘肃人口与可持续发展》《甘肃人口生活质量研究》《世纪之交的中国人口（甘肃卷）》《迈向小康社会的中国人口（甘肃卷）》等著作。

朱智文　甘肃省社会科学院副院长、研究员，经济学博士，甘肃省领军人才（第一层次）。西北师范大学和甘肃农业大学硕士研究生导师，省委党校、西北民族大学、甘肃政法学院等多所高校特聘教授，省政府决策咨询委员会委员。

长期从事宏观经济和区域经济、农村经济问题研究。先后出版《再铸丰碑——中国农村基层民主研究》《西部开发中的"三农"问题研究》等多部著作。其中，《西部开发中的"三农"问题研究》一书在国内比较早地提出了必须高度重视西部地区的"三农"问题，该书被中共中央宣传部、国家新闻出版署确定为全国迎接十六大重点图书，并获甘肃省社会科学优秀成果一等奖。其主编的"三农谈"丛书获甘肃省社会科学优秀成果二等奖。

《“十二五”规划前期若干重大问题研究》获甘肃省科技进步二等奖。多次参加了全省经济发展重大问题的研究和决策咨询。

王建兵 农学博士，甘肃省社会科学院农村发展研究所所长、研究员，主要从事县域经济、农村发展和贫困问题领域的研究工作；社会主要兼职有省政协农业委委员、甘肃农业大学硕士研究生导师、中国城郊经济学会常务理事、中国劳动经济学会理事、中国社科农经协作网络理事、甘肃省委讲师团成员、甘肃省政协智库专家、甘肃省“四个一批”理论人才；主持完成国家社会科学基金项目两项，主持或参与完成国家自然科学基金项目、美国国立健康研究项目、世界银行项目、联合国环境署项目、省科技厅软科学项目、省级部门规划和专题调研项目近百项；出版专著10余部，在国家级、省级刊物上发表学术论文数十篇，连续5年作为首席专家主编《甘肃县域和农村发展报告》，主编完成《与农民朋友谈旱作农业》，2010年获西部优秀科技图书二等奖和甘肃省社科优秀成果二等奖，2018年主编的《甘肃省水利与经济社会协同发展研究》获甘肃省社科优秀成果三等奖。

总 序

“甘肃蓝皮书”从诞生至今，走过了十四年风雨历程，成为全面反映甘肃经济建设、社会建设、文化建设、生态建设等各领域发展最新情况的系列蓝皮书。其社会影响力日益扩大，已由最初的省社会科学院科研平台，发展成为服务党委、政府决策和全省经济社会发展的甘肃省内重要的智库品牌、甘肃社会科学界的学术品牌、甘肃文化领域的标志品牌、甘肃重要行业及市（州）工作的展示品牌。

“甘肃蓝皮书”的诞生与发展，既生动记录了甘肃省经济社会的巨大变迁和人民群众关注点的时代变化，又充分展现了传统社会科学研究机构向现代特色智库、高端智库、数字智库转型的发展历程。2006 年，我院编研的《甘肃经济社会发展分析与预测》《甘肃舆情分析与预测》面世，标志着“甘肃蓝皮书”的正式诞生。至“十一五”末，《甘肃经济发展分析与预测》《甘肃社会发展分析与预测》《甘肃县域发展分析与预测》《甘肃文化发展报告》相继面世，“甘肃蓝皮书”由原来的 2 种增加到 5 种，覆盖了经济、政治、社会、县域、文化等研究领域。2011 年，我院首倡甘肃、陕西、宁夏、青海、新疆西北五省（区）社会科学院联合编研出版的《中国西北发展报告》面世，使我院系列蓝皮书的研究范围拓展到了“丝绸之路经济带”的国内主要相关区域。

从 2014 年起，我院持续发挥“甘肃蓝皮书”品牌效应，加强与省内重要部门和市州的合作。先后与省住房和城乡建设厅、省民族事务委员会、酒泉市政府、省商务厅、省统计局等积极合作，共同编研出版住建、民族、商务、酒泉等蓝皮书。2018 年与省精神文明办、平凉市合作，新增了《甘肃精神文明发展报告》《平凉经济社会发展报告》。2018 年 7 月，新增的《甘肃文化建设成果报告》在第三届丝绸之路（敦煌）国际文化博览会上成功发布。2019 年，我院又与省文化和旅游厅、临夏州合作，新增了《甘肃旅游业发展报告》《临夏回族自治州经济社会发展形势与预测》。至此，我院年度“甘肃蓝皮书”的编研规模拓展到“5+9+1”共计15部。

2019年是新中国成立70周年，我院继续秉持稳定规模、完善机制，提升质量、扩大影响的编研理念，在出版发行的15部“甘肃蓝皮书”的选题和框架设计方面，紧密结合甘肃省70年来发展成就，做到了紧跟时代、反映当下。这也体现了“甘肃蓝皮书”始终坚持的宗旨：一是始终坚持原创，注重学术观点和科研方法的创新。坚持研究在先，编写在后，在继承中创新，注重连续性；从源头上抓质量，注重可靠性；在深入研究上下功夫，注重科学性；在服务上抓效果，注重影响力。二是始终坚持追踪前沿，注重选题创新。追踪前沿就是让专家学者更多地参与社会实践，发现问题、研究问题、解决问题，最终通过蓝皮书为人们提供正确的指导，展示社科专家服务社会的能力和实力，提高蓝皮书的知名度和美誉度。三是始终坚持打造品牌，创新编研机制。十四年来，我们始终把蓝皮书的质量看作蓝皮书的生命线，组织有研究能力的专家开展深入研究，向社会提供事实根据充分、分析深入准确、结论科学可靠、对策具体可行的研究成果。

展望未来，作为省属综合性社会科学研究机构和智库，将沿着打造西部最具国内外影响力的现代特色智库、高端智库、数字智库的方向迈进，进一步围绕甘肃经济社会发展的实际，开展应用研究、战略研究、对策研究，发挥好决策咨询、咨政建言、服务地方的作用。“甘肃蓝皮书”作为我院打造陇原特色新型智库的主要载体之一，也将开启服务省委省政府决策，为甘肃改革发展提供智力支撑的新航程。相信在各方共同努力下，“甘肃蓝皮书”将继续提升品牌影响力，成为服务党委、政府决策的更有作用的参考书，成为让社会各方面更有参考价值的应用成果。

此为序。

王福生

2019年12月6日

摘　要

《甘肃蓝皮书：甘肃县域和农村发展报告（2020）》是甘肃省社会科学院和甘肃省统计局共同合作编写的关于甘肃县域经济社会的年度报告，由社会科学文献出版社出版。这是本书第三次获得此殊荣，标志着本书工作上了一个新的台阶，为不断提升其学术质量和社会影响力提供了良好的契机。

本书由三部分组成。一是总报告。分析甘肃省 86 个县（市、区）的经济社会发展情况，结合构建的县域竞争力评价指标体系进行比较分析，总结出县域发展的现状与特点，并提出相应的对策与建议。二是县域篇。构建了 2018 年甘肃省县域竞争力评价指标体系，该评价指标体系共包括宏观经济竞争力、产业发展竞争力、基础设施竞争力、社会保障竞争力、公共服务竞争力、人居环境竞争力、社会结构竞争力和科学教育竞争力 8 个一级指标，以及 21 个二级指标和 65 个三级指标。另外，使用 2018 年甘肃省 86 个县（市、区）经济社会发展的县卡数据，对县域经济社会发展情况进行计算和统计分析，并对县域发展水平进行打分、分类和排序。三是农村篇。选择当前甘肃农村发展的相关专题和热点进行研究，主要有甘肃农业高质量发展的路径研究、甘肃农业发展与空间布局特征分析、甘肃农村社会事业发展的差异性研究、甘肃现代丝路寒旱农业发展研究、甘肃特色农产品品牌体系建设问题研究等，以期为近期甘肃县域和农村发展提出可参考的建议与对策。

通过对甘肃省 86 个县（市、区）经济社会发展数据的处理分析，总结出 2018 年甘肃省县域竞争力发展特征和存在的问题：一是县域经济总量小而弱，区域发展差距明显；二是县域竞争力总体增强，但区域不平衡不充分问题明显；三是城乡居民收入持续增长，但城乡公共服务均等化水平较低；四是农业高质量发展水平低，城乡差距存在进一步拉大趋势；五是积极践行绿色发展理念，人居环境明显改善；六是县域教育科教投入整体不足，区域创新发展能力较弱。针对出现的问题，结合甘肃省情，提出了甘肃县域经济社会发展的对策与建议：一是以县域产业培育为重点，建立县域经济高质量发展产业体系；二是以祁连山国家公园建设为契机，建立健全生态保护制度；三是以黄河综合治理为目标，努力改善黄河甘肃段水环境；四是以防沙治沙为手段，大力发展现代寒旱农业；五是找准文化建设的着力点，放大文化旅游业综合效应；六是以生态异地搬迁为抓手，努力实现精准脱贫目标；七是实施乡村振兴战略，加快城乡融合协调发展。

2019 年 8 月，习近平总书记再次视察甘肃，作出的重要讲话和指示，为我们加快建设幸福美好新甘肃，不断开创富民兴陇新局面指明了前进方向，明确了实践路径，注入了强大动力。各县域要把握机遇谋划好具体工作，最大限度地把中央关怀、政策机遇转化为我们实实在在的发展红利和成果，努力走出一条城乡统筹、产城融合、各具特色的富民强县之路。

关键词： 县域经济　竞争力评价　农村发展

Abstract

Blue Book of Gansu: *Annual Report on the Development of County and Rural Area of Gansu* (*2020*) is the annual report on Gansu county economic and social analysis, which was jointly written by the Gansu provincial academy of social sciences and Gansu provincial bureau of statistics and published by the Chinese academy of social sciences literature publishing house. This book was approved by the Chinese Academy of Social Sciences to use 2020 year mark of "Chinese Academy of Social Sciences Innovation Engineering Academic Publication Project", which marking the Gansu county blue book work on a new level and providing a good opportunity for the continuous improvement of the county blue book academic quality and social influence. This is the third time for this book to win the honor.

This book consists of three parts, the first is general report. This paper analyzes the economic and social development of 86 counties (cities and districts) in Gansu province, compares and analyzes the county competitiveness evaluation index system, summarizes the current situation and characteristics of county development, and puts forward corresponding countermeasures and suggestions; the second is county articles. Built the evaluation index system in 2018 of county competitiveness in Gansu, the evaluation index system including macroeconomic competitiveness、industrial development competitiveness、competitiveness of infrastructure、social security competitiveness、competitiveness of public service、living environment competitiveness、social structure competitiveness and science education competitiveness, a total of 8 first level indicators and 21 secondary indicators and 65 three indicators. And then, the data of the economic and social development of 86 counties (cities、districts) in Gansu province in 2018 were used to calculate and statistically analyze the economic and social development of the counties, and to grade, classify and sort the development level of the counties. the third is rural articles, choose the related project and focus in the current rural development in gansu province to study, there are mainly research on the path of high-quality agricultural development in Gansu province、analysis of agricultural development and spatial distribution in Gansu province、research on the difference of the development of social undertakings in rural areas of Gansu province、study on the development of cold and dry agriculture of modern silk road in Gansu province、research on the brand system construction of gansu characteristic agricultural products of Gansu, and so on。Through the special research, we hope to put forward some suggestions and countermeasures for the recent development of county and countryside in Gansu province.

By analyzing the economic and social development data of 86 counties and urban areas in Gansu province, the paper summarizes the development characteristics and existing problems of county competitiveness in Gansu province in 2018.

Based on the analysis of the economic and social development data of 77 counties in Gansu province, this paper summarizes the development characteristics of county competitiveness in Gansu Province in 2017: Firstly, the county economic aggregate is small and week, the regional development gap is obvious; Secondly, the county competitiveness has been enhanced on the whole, but the problem of regional imbalance and inadequacy is obvious; Thirdly, the income of urban and rural residents continues to grow, but the level of equalization of public services in urban and rural areas is low; Forthly, the quality of agriculture is low and the gap between urban and rural areas is widening; Fifthly, the concept of green development is implemented actively and living environment is improved significantly; Sixthly, the overall investment in science and education in the county is insufficient, and the ability of the regional innovation and development is week. In view of the problems, combined with the situation of Gansu province, this paper puts forward some countermeasures and suggestions for the development of county economy and society in Gansu province: the first is focus on the cultivation of county industry and establish the industrial system of high-quality development of county economy; the second is the construction of Qilian mountain national park as an opportunity to establish a sound ecological protection system; the third is with the goal of comprehensive control of the Yellow River, efforts to improve the water environment in the Gansu section of the Yellow River; the forth is vigorously develop modern cold and dry agriculture by preventing and controlling desertification; the fifth is identify the focal points of cultural construction and amplify the comprehensive effects of cultural tourism; the sixth is with the ecological relocation as the starting point, strive to achieve the targeted goal of poverty alleviation; the seventh is implement the rural revitalization strategy, accelerate urban-rural integration, and coordinate development.

In August 2019, general secretary Xi Jinping paid another visit to Gansu province, and made an important speech and instructions, which pointed out the way forward for us to speed up the construction of a happy and beautiful new Gansu, constantly create a new of situation of enriching the people and flourishing the long county, clarified the light road to practice, and injected strong impetus. Each county should seize the opportunity to plan the specific work well, maximize the central care and policy opportunities into our real development dividends and results, and strive to find a way to integrate urban and rural areas, industry and city integration, each with its own characteristics to enrich the people and strengthen the county.

Keywords: County Economy; Competitiveness Evaluation; Rural Development

目　录

Ⅰ　总报告

Ⅱ　县域篇

Ⅲ　农村篇

皮书数据库阅读**使用指南**

CONTENTS

I General Report

II County Articles

III Rural Articles

总　报　告

General Report

B.1
甘肃县域经济社会发展总报告

王建兵　何子顺*

摘　要： 2018年面对各种风险和挑战，全省各级各部门以习近平新时代中国特色社会主义思想为指引，深入贯彻落实党的十九大和十九届二中、三中全会精神，全面落实习近平总书记视察甘肃重要讲话和“八个着力”重要指示精神，坚持稳中求进工作总基调，培育发展十大生态产业，全省县域经济运行呈现总体平稳发展态势，为建设幸福美好新甘肃打下了坚实的基础。课题组通过建立县域竞争力评价指标体系，运用甘肃省86个县（市、区）的经济社会发展县卡数据，通过计算比较分析，总结出2018年甘肃省县域竞争力发展特征和存在的问题：一是县域经济总量小而弱，区域发展差距明显；二

* 王建兵，博士，甘肃省社会科学院农村发展研究所所长、研究员，研究领域为生态经济和农村发展；何子顺，甘肃省统计局农村工作处处长。

是县域竞争力总体增强，但区域不平衡不充分问题明显；三是城乡居民收入持续增长，但城乡公共服务均等化水平较低；四是农业高质量发展水平低，城乡差距存在进一步拉大趋势；五是积极践行绿色发展理念，人居环境明显改善；六是县域教育科教投入整体不足，区域创新发展能力较弱。针对出现的问题，结合甘肃省情提出了甘肃县域经济社会发展的对策与建议：一是以县域产业培育为重点，建立县域经济高质量发展产业体系；二是以祁连山国家公园建设为契机，建立健全生态保护制度；三是以黄河综合治理为目标，努力改善黄河甘肃段水环境；四是以防沙治沙为手段，大力发展现代寒旱农业；五是找准文化建设的着力点，放大文化旅游业综合效应；六是以生态易地搬迁为抓手，努力实现精准脱贫目标；七是实施乡村振兴战略，加快城乡融合协调发展。

关键词： 县域　经济社会发展　甘肃省

“县集而郡，郡集而天下，郡县治，天下无不治。”县域经济作为国民经济的基本单元，是连接工农、统筹城乡的重要节点，习近平总书记在甘肃视察时要求加快建设幸福美好新甘肃、不断开创富民兴陇新局面。县域经济是打好“三大攻坚战”的前沿阵地，是高质量发展、精准扶贫、全面建成小康社会的主战场。2017 年甘肃省第十三次党代会报告把提升县域经济发展层次作为甘肃省重要发展目标之一，指出要大力发展县域经济，努力走出一条城乡统筹、产城融合、各具特色的富民强县之路。2018 年面对各种风险和挑战，全省各级各部门以习近平新时代中国特色社会主义思想为指引，深入贯彻落实党的十九大和十九届二中、三中全会精神，全面落实习近平总书记视察甘肃重要讲话和“八个着力”重要指示精神，坚持稳中求进工作总基调，培育发展十大生态产业，全省县域经济运行呈现总体平稳发展态势，为建设幸福美好新甘肃打下了坚实的基础。

甘肃省现设14个市（州），其中有12个地级市（兰州、嘉峪关①、金昌、白银、武威、酒泉、张掖、天水、定西、平凉、庆阳、陇南）和2个自治州（临夏回族自治州和甘南藏族自治州），下辖86个县（市、区）。根据甘肃省统计局2018年的县卡统计数据，课题组对甘肃省86个县（市、区）进行了经济社会发展的评价与分析。

一　甘肃省县域经济社会发展基本情况

（一）宏观经济竞争力

1. 经济均量

2018年甘肃县域人均地区生产总值为30905元，人均地方财政收入为1733元，城镇居民可支配收入为26795元，农村居民人均可支配收入为10506元，人均社会消费品零售额为10990元。

2. 经济总量

2018年甘肃县域地区生产总值为7690亿元，一般公共预算收入为369亿元，一般公共预算支出为2361亿元，社会消费品零售总额为3319亿元。

3. 金融资本

2018年甘肃县域金融机构存款余额为17463亿元，金融机构贷款余额为15039亿元，居民人民币储蓄存款余额为9804亿元。

（二）产业发展竞争力

1. 产业总量

2018年甘肃县域第二产业增加值为2514亿元，第三产业增加值为4308

① 嘉峪关市是全国几个不设市辖区的地级市之一，下辖7个街道办事处、3个建制镇、61个居民委员会、17个村民委员会。

亿元，规模以上工业总产值达5041亿元。

2. 产业结构

2018年甘肃县域第二产业占GDP的比重为27.96%，第三产业占GDP的比重为53.16%。

3. 产业效率

2018年甘肃县域第二产业近5年平均增长速度为-3.00%，县域第三产业近5年平均增长速度为11.91%。

4. 农业产业化

2018年甘肃县域设施农业面积占耕地面积的比重为2.37%，耕地灌溉面积占耕地面积的比重为32.24%，“三品一标”农产品基地面积为1277千公顷。

（三）基础设施竞争力

1. 生活条件

2018年甘肃县域城乡住房砖木结构的比重为68.41%，农村自来水受益村的比重为96.14%，农村有线电视普及村庄的比重为67.49%。

2. 互联通信

2018年甘肃县域国际互联网用户占总户数比重为69.20%，固定电话用户占总户数比重为35.96%，移动电话用户占总人口比重为88.49%。

3. 公路交通

2018年甘肃县域境内公路密度为68.76公里/百平方公里，县域公路里程数为14.98万公里。

（四）社会保障竞争力

1. 医疗保险

2018年甘肃县域城镇基本医疗保险参保人数占城镇人口比重为82.62%，参加农村合作医疗的人数占农村人口的比重为92.80%。

2. 养老保险

2018 年甘肃县域城镇基本养老保险参保人数占城镇人口的比重为 11.17%，参加农村养老保险人数占农村人口的比重为 56.74%。

3. 基本生活保障

2018 年甘肃县域城镇最低生活保障人口占城镇人口的比重（逆指标）为 5.39%，农村最低生活保障人口占农村人口的比重（逆指标）为 11.64%。

（五）公共服务竞争力

1. 科技文化

2018 年甘肃县域每万人专利授权数达 4.31 个，每十万人拥有体育场馆数为 1.26 个，每十万人拥有剧场、影剧院数为 1.29 个，人均拥有公共图书馆图书数为 0.63 册。

2. 医疗卫生

2018 年甘肃县域每万人拥有医疗卫生机构专业技术人员 49.90 人，每万人的医院、卫生院床位 53.39 张，每万人拥有执业（助理）医师 20.84 人，医院总卫生技术人员数为 133157 人，医院总床位数为 141877 张。

（六）人居环境竞争力

1. 生活环境

随着人们对美好生活的向往，人居环境问题越来越受到人们的关注。2018 年甘肃县域森林覆盖率为 23.83%，污水处理厂数平均 1.76 座，垃圾处理站数平均 2.03 个。

2. 农业环境

2018 年甘肃县域草原综合植被覆盖度达 63.07%，畜禽粪污综合利用率为 78.87%，单位第一产业增加值（万元）使用化肥量为 0.089 吨（逆指标），单位第一产业增加值（万元）使用农药量为 5.37 公斤（逆指标），单位第一产业增加值（万元）使用地膜量为 0.017 公斤（逆指标）。

（七）社会结构竞争力

1. 人口结构

2018 年甘肃县域非农人口占总人口的比重为 45.30%。

2. 城乡结构

2018 年甘肃县域农村从事非农产业的劳动力占农村总劳动力的比重为 41.52%。

（八）科学教育竞争力

1. 科教支出

2018 年甘肃县域科技支出 7.21 亿元，教育支出 437 亿元，科技支出占 GDP 的比重为 0.13%，在校学生人均教育经费达 16401 元。

2. 科教资源

2018 年甘肃县域每万人普通中学在校生拥有专任中学教师 1021 人，每万人小学在校生拥有专任小学教师 830 人；每千户居民拥有普通中学数 0.21 所，每千户居民拥有小学 1.26 所；乡村从业人员高中以上文化程度所占比重为 19.64%。

二　甘肃省县域竞争力比较分析

2018 年甘肃省县域竞争力评价指标体系共包括宏观经济竞争力、产业发展竞争力、基础设施竞争力、社会保障竞争力、公共服务竞争力、人居环境竞争力、社会结构竞争力、科学教育竞争力 8 个一级指标。二级指标为 21 个，其中宏观经济竞争力包含经济均量、经济总量、金融资本 3 个二级指标，产业发展竞争力包含产业总量、产业结构、产业效率和农业产业化 4 个二级指标，基础设施竞争力包含生活条件、互联通信和公路交通 3 个二级指标，社会保障竞争力包含医疗保险、养老保险、基本生活保障 3 个二级指标，公共服务竞争力包含科技文化、医疗卫生两个二级指标，人居环境竞争力包含生活环境、农业环境两个二级指标，社会结构竞争力包含人口结构、城乡结构两个二级指标，科学教育竞争力包含科教支出、科教资源两个二级指标。与二级指标相对应的三级指标有 65 个。

通过对宏观经济竞争力、产业发展竞争力、基础设施竞争力、社会保障竞争力、公共服务竞争力、人居环境竞争力、社会结构竞争力、科学教育竞争力 8 个一级指标进行计算和分析，2018 年甘肃省县域竞争力各项前十位的情况如表 1 所示。

表 1　2018 年甘肃省县域竞争力十强县排名

指标名称	十强县(市、区)名单
综合竞争力	城关区、西固区、七里河区、安宁区、凉州区、西峰区、肃州区、甘州区、白银区、金川区
宏观经济竞争力	城关区、七里河区、西固区、安宁区、白银区、凉州区、肃州区、金川区、西峰区、甘州区
产业发展竞争力	安宁区、西固区、城关区、榆中县、七里河区、金川区、凉州区、甘州区、玉门市、西峰区
基础设施竞争力	城关区、西峰区、甘州区、肃州区、广河县、静宁县、张家川县、民乐县、平川区、金川区
社会保障竞争力	安宁区、天祝县、金塔县、徽县、两当县、临泽县、榆中县、敦煌市、瓜州县、凉州区、肃北县
公共服务竞争力	阿克塞县、肃北县、城关区、肃南县、七里河区、白银区、金川区、西峰区、临泽县、肃州区、山丹县
人居环境竞争力	两当县、城关区、康乐县、碌曲县、华池县、安宁区、迭部县、舟曲县、成县、永昌县、康县
社会结构竞争力	城关区、安宁区、临夏市、凉州区、西固区、白银区、秦州区、武都区、崆峒区、七里河区、和政县
科学教育竞争力	文县、通渭县、肃南县、皋兰县、民勤县、礼县、环县、景泰县、积石山县、靖远县、陇西县

从 2018 年甘肃省县域竞争力综合得分来看，均值为 74.24，县域竞争力整体处于一般劣势；极差为 25.00，在最大赋值范围内偏离 100%，反映出县域竞争力得分最高县域与得分最低县域存在很大差异，发展不均衡；同时，方差为 16.30，标准差为 4.04，极差、方差、标准差相对 2017 年均有明显增加，反映出甘肃省县域竞争力差异大。结合均值、极差、方差及标准差，2018 年甘肃省县域竞争力整体上在较低水平存在不均衡性。2018 年研

究的县域从 77 个增加到 86 个，增加的 9 个区（排序）分别为：城关区（1）、西固区（2）、七里河区（3）、安宁区（4）、白银区（9）、金川区（10）、秦州区（14）、平川区（21）、红古区（31），均为竞争力较强的县域，因此，与 2017 年相比，县域间的差异进一步增大。

从 2018 年甘肃省县域竞争力水平归类分布来看，绝对优势有 1 个，为兰州市城关区；一般优势有 5 个，为西固区、七里河区、安宁区、凉州区和西峰区；中势有 30 个，除麦积区、成县、徽县、静宁县、陇西县、临洮县、天祝藏族自治县外，其余均为市（州）所在地或河西地区及兰州市周边县（市）；一般劣势有 39 个，除肃南裕固族自治县、民乐县、崇信县、阿克塞哈萨克族自治县、华亭市外，均处在连片特困地区或藏区；绝对劣势有 11 个，均处在连片特困地区或藏区。

2018 年甘肃省县域竞争力的 8 个一级指标，从均值来看，社会保障竞争力为 78.57、人居环境竞争力为 77.18、科学教育竞争力为 77.04、基础设施竞争力为 76.64、产业发展竞争力为 75.93，均处于中势；宏观经济竞争力为 73.15、公共服务竞争力为 74.49、社会结构竞争力为 74.30，均处于一般劣势；从极差、方差、标准差来看，甘肃省县域竞争力的 8 个一级指标均存在较大差异。

从排序变动来看，甘肃省 2018 年比 2017 年新增加了城关区、七里河区、西固区、安宁区、红古区、金川区、白银区、平川区、秦州区 9 个区，其中 6 个在 2018 年县域竞争力排序中进入前 10 名，分别是城关区、西固区、七里河区、安宁区、白银区、金川区；2017 年原有的 77 个县（市、区）中排序上升的有 19 个县（市、区），其中永昌县、瓜州县等上升明显；排序下降的有 58 个县。

三　甘肃省县域经济社会发展的特点与存在的问题

（一）县域经济总量小而弱，区域发展差距明显

从县域经济整体情况来看，2018 年甘肃省县域地区生产总值平均为

89.42 亿元。查看 2017 年全国百强县排名表，第一名的昆山市地区生产总值为 3520.35 亿元，有 24 个县地区生产总值进入“千亿元俱乐部”，第 100 名的三河市地区生产总值为 547.5 亿元。2018 年甘肃省县域地区生产总值超过百亿元的只有 19 个，县域地区生产总值在 50 亿元以下的有 39 个，其中有两个县不足 10 亿元，县域经济发展落后，总量偏小。区域发展差异较大，县域地区生产总值第一名（兰州市城关区）是最后一名（两当县）的 117.37 倍。

从县域财政收支情况看，整体不容乐观。全省县域一般公共预算收入为 369 亿元，一般公共预算支出为 2361 亿元，财政自给率达 15.63%，仅高于西藏 11.66%，远远低于全国财政自给率 83.00% 的水平。甘肃省县域财政自给率在 70% 以上的有两个，60% ~70% 的有 1 个，40% ~50% 的有 3 个，30% ~40% 的有 8 个，20% ~30% 的有 12 个，10% ~20% 的有 21 个，10% 以下的有 39 个。县域一般公共预算收入过 10 亿元的只有 6 个，有 11 个不足亿元。在一般预算无法自给的情况下，各县域主要靠土地收入和债务来解决支出缺口问题，发展动力严重不足。

从县域人均可支配收入情况来看，2018 年甘肃省县域城镇居民人均可支配收入为 26759 元，占全国城镇居民人均可支配收入 39251 元的 68.17%，只有两个（金川区和兰州市城关区）县域城镇居民人均可支配收入超过全国平均水平。甘肃省县域农村人均可支配收入为 10506 元，占全国农村居民人均可支配收入 14617 元的 71.88%，有 14 个的农村人均可支配收入超过全国平均水平。

存、贷款是金融市场组织为经济发展提供资金支持的最重要的来源和方式，金融市场组织通过积聚存款、投放贷款优化资金配置，积极动员各经济部门对区域经济发展的参与和贡献。存款积聚能力直接表现为资本供给能力，是区域经济发展的基本保障。2018 年甘肃省县域金融机构存款余额总额为 17462，各县域平均值为 203.05，中位数为 95.61。金融机构贷款余额总额为 15039，各县域平均值为 174.87，中位数为 69.07。平均值和中位数差异较大，说明县域之间存在极值，发展极不均衡。

从产业效率来看，第二产业增速下滑严重，近5年平均增长速度为-3.00%。近5年平均增长速度超过9%的只有3个，分别是华亭市（18.59%）、和征县（10.65%）和榆中县（9.92%）；增速为负值的有51个。第三产业发展良好，近5年平均增长速度为11.97%，是促进县域经济发展的主要增长极，近5年平均增长速度超过10%的有64个，其中前三位是榆中县（31.46%）、肃南裕固族自治县（19.77%）和环县（18.56%）。

从产业结构来看，县域三次产业结构为19∶28∶53，产业结构严重不合理。二产所占比重严重不足，远远低于全国50%的水平。第二产业始终在GDP中占据最重要的地位，是县域经济发展的“发动机”，二产所占比重过低，造成县域经济发展的动力严重不足。二产所占比重超过50%的有12个，40%~50%的有8个，30%~40%的有9个，20%~30%有22个，10%~20%有29个，不足10%的有6个。三产所占比重在一定程度反映了经济发展和社会进步程度，美、英、法、德、日这些国家三产占比主要集中在70%~80%。甘肃省县域发展滞后，三产所占比重却畸高，超过80%的有两个，70%~80%的有5个，60%~70%的有22个，50%~60%的有23个，40%~50%的有20个，30%~40%的有10个，30%以下的有4个。

2018年甘肃省县域宏观经济竞争力86个县（市、区）的得分均值为73.15，处于一般劣势，其极差、方差、标准差均相对较大，差异性较大，86个县（市、区）之间发展很不均衡；经济均量竞争力和经济总量竞争力的均值分别为76.96和76.17，均处于中势；金融资本竞争力均值为74.58，处于一般劣势；从3个二级指标的极差、方差、标准差来看，86个县（市、区）之间都存在较大差异，3个要素配置严重失衡。从86个县（市、区）宏观经济竞争力水平归类分布来看，行政区域分布特征明显：兰州市周边县（市）及市（州）所在县域宏观经济竞争力提升较快，其他县域宏观经济竞争力提升相对较慢，但上升趋势依然存在。

（二）县域竞争力总体增强，但区域不平衡不充分问题明显

2018 年甘肃县域经济社会发展水平不均衡，各子系统发展程度差异性较大。从均值来看，在测评的宏观经济竞争力、产业发展竞争力、基础设施竞争力、社会保障竞争力、公共服务竞争力、人居环境竞争力、社会结构竞争力、科学教育竞争力等 8 项指标中，平均得分最高的是社会保障竞争力（均值 78.57），其次为人居环境竞争力（均值 77.18）、科学教育竞争力（均值 77.04）、基础设施竞争力（均值 76.64）、产业发展竞争力（均值 75.93），均处于中势；公共服务竞争力（均值 74.49）、社会结构竞争力（均值 74.30）、宏观经济竞争力（均值 73.15），均处于一般劣势。从极差、方差、标准差来看，甘肃省县域竞争力的 8 个一级指标均存在较大差异。

从差异方面看，总体均值变化不大，但方差和标准差增大。在测评的宏观经济竞争力、产业发展竞争力、基础设施竞争力、社会保障竞争力、公共服务竞争力、人居环境竞争力、社会结构竞争力和科学教育竞争力等 8 项一级指标中，从县域之间存在较大差异的指标——标准差来看，主要是宏观经济竞争力（4.75）、社会保障竞争力（4.44）、公共服务竞争力（4.24）、科学教育竞争力（4.23）、基础设施竞争力（4.19）和人居环境竞争力（4.16），其标准差均超过 4，县域经济社会发展差异有逐渐拉大的趋势（见表 2）。

表 2　甘肃省县域综合竞争力及子系统比较

指标	综合得分	2018 年县域竞争力得分							
		宏观经济	产业发展	基础设施	社会保障	公共服务	人居环境	社会结构	科学教育
均值	74.24	73.15	75.93	76.64	78.57	74.49	77.18	74.30	77.04
极差	25.00	25.00	25.00	25.00	25.00	25.00	25.00	25.00	25.00
方差	16.30	22.59	15.77	17.53	19.68	18.01	17.32	15.66	17.93
标准差	4.04	4.75	3.97	4.19	4.44	4.24	4.16	3.96	4.23

（三）城乡居民收入持续增长，但城乡公共服务均等化水平较低

从居民收入水平看，2018 年甘肃县域城镇居民可支配收入 26759 元，县域农村人均可支配收入 10506 元；甘肃省县域城镇居民可支配收入最大的是金川区（41781），最小的是会宁县（18490），中位数为 25161。2018 年甘肃省县域农村人均可支配收入最高是最低的 5.01 倍，农村人均可支配收入最大的是阿克塞哈萨克自治县（26909），最小的是东乡县（5369），中位数为 8538。

2018 年甘肃省县域公共服务竞争力 86 个县（市、区）得分均值为 74.49，处于一般劣势，其极差、方差、标准差均相对较大，86 个县（市、区）之间差异性较大，发展很不均衡；医疗卫生竞争力均值为 77.96，处于中势；科技文化竞争力均值为 67.43，处于绝对劣势；从两个二级指标的极差、方差、标准差来看，86 个县（市、区）之间都存在较大差异，两个要素配置存在较大失衡。从 86 个县（市、区）的公共服务竞争力水平归类分布来看，地理位置特征及贫困特征均较为明显，河西地区、经济发展较好的地区公共服务竞争力相对较强，而贫困地区公共服务竞争力相对较弱。每万人拥有执业（助理）医师数县域平均值为 20.84，最高为碌曲县（56.14），最低为安宁区（3.44）；每万人拥有医疗卫生机构专业技术人员数县域平均值为 49.90，最高为兰州市城关区（148.53），最低为安宁区（8.50）；每万人的医院、卫生院床位数县域平均值为 53.39，最高为七里河区（132.73），最低为安宁区（8.50）。

（四）农业高质量发展水平低，城乡差距存在进一步拉大趋势

经过多年的发展，甘肃农业外部投入和装备水平相对较高，生产效率与结构优化方面也有所改进，但产业化水平不高，市场不发达，劳动力素质偏低。目前亟须由数量型向效益型转变、由资源消耗型向绿色生态型转变、由单一产业型向产业融合型转变。从农业高质量发展的评价来看，县域农业总体发展质量不高，绝大多数县份处于“一般劣势”和“绝对劣势”水平。

农业高质量发展的主要短板包括农村人居环境、农业劳动力素质、农民组织化程度和农业产业化水平四个方面。

从县域内部横向比较来看，2018 年甘肃省县域非农人口占总人口的比重平均为 45.30%，中位数为 39.63%。其中，非农人口占总人口的比重不足 30% 的有 20 个，比重为 30% ~40% 的有 24 个，比重为 40% ~50% 的有 16 个，50% 以上的有 26 个。从农村内部来看，2018 年甘肃县域中，农村从事非农产业的劳动力占农村劳动力总数的比重平均为 41.52%，中位数为 40.29%。城镇化是拉动消费、投资增长的一个非常重要的引擎，是未来一段时期内经济增长的非常重要的推动力量。

从农业产业化发展水平看，2018 年县域设施农业面积占耕地面积的比重仅为 2.37%，耕地灌溉面积占耕地面积的比重为 32.24%，“三品一标”农产品基地面积发展程度县域间存在较大差异。

（五）积极践行绿色发展理念，人居环境明显改善

2018 年甘肃省县域人居环境竞争力 86 个县（市、区）得分均值为 77.18，处于中势，其极差、方差、标准差均相对较大，86 个县（市、区）之间差异性较大，发展很不均衡。农业环境竞争力均值为 82.77，处于一般优势；生活环境竞争力均值为 72.86，处于一般劣势。从两个二级指标的极差、方差、标准差来看，86 个县（市、区）之间都存在较大差异，两个要素配置存在较大失衡。从 86 个县（市、区）人居环境竞争力水平归类分布来看，经济结构特征均较为明显，工业化发展较快的地区人居环境竞争力水平相对较低，而产业单一或以农业和旅游业发展为主的地区人居环境竞争力水平相对较高；就甘肃省整体而言，县域经济社会发展工业化程度较低，因此，人居环境竞争力整体水平相对较高。

从居住生活条件来看，2018 年甘肃县域城乡住房砖木结构以上比重均值为 68.41%。县域自来水受益村比重均值为 96.14%，有 45 个实现了自来水全覆盖；2018 年甘肃县域农村有线电视普及村所占比重均值为 67.49%，有 21 个普及率达到 100%，有 26 个普及率不足 50%。

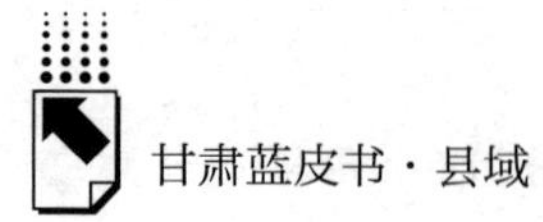

从互联通信方面来看，2018 年县域国际互联网用户占总户数的比重均值为69.20%，中位数为57.89%，比重在10%以下的有5个县（积石山县、宕昌县、东乡县、漳县和夏河县）；移动电话用户占总人口的比重均值为88.49%，中位数为78.81%，达到100%的有21个，比重最小的两个县是宕昌县（15.57%）和东乡县（3.32%）。

从公路交通来看，县域境内公路密度均值为68.76，由于地广人稀，酒泉市所辖各县公路密度都较小。县域平均公路里程数为1741，最大的是武都区（5173）。

2018 年县域森林覆盖率达23.83%，县域森林覆盖率最小的为皋兰县（0.37%），最大的为两当县（86.00%），中位数为19.25%。从2018年县域农业环境指标来看，草原综合植被覆盖度达63.07%，最大的是两当县（98.9%），有15个县（市、区）草原综合植被覆盖度在90%以上。畜禽粪污综合利用率为78.87%，有15个县（市、区）畜禽粪污综合利用率在90%以上。

（六）县域教育科教投入整体不足，区域创新发展能力较弱

2018 年甘肃省县域科学教育竞争力86个县（市、区）的得分均值为77.04，处于中势，其极差、方差、标准差均相对较大，差异性较大，86个县（市、区）之间发展很不均衡；科教资源竞争力均值为75.19、科教支出竞争力均值为77.16，均处于中势。从两个二级指标的极差、方差、标准差来看，均存在较大差异，科教支出和科教资源配置在86个县（市、区）之间存在较大失衡。从86个县（市、区）科学教育竞争力水平归类分布来看，行政区域分布特征、地理位置特征及贫困特征均不太明显。

2018 年甘肃省86个县（市、区）教育支出总计437亿元，教育支出最高的3个是城关区（13.58亿元）、凉州区（12.75亿元）和会宁县（9.93亿元）；在校学生人均教育经费达16401元，低于全国普通高中人均教育经费支出（20441元）和广东省普通高中人均教育经费25369元的水平，其中

在校学生人均教育经费支出最多的是肃北县（50828 元/人），最少的是金川区（4366 元/人）；县域每万人普通中学在校生拥有专任中学教师数前三的县是积石山县、礼县和景泰县；每万人小学在校生拥有专任小学教师数前三的县是肃南县、碌曲县和永靖县；每千户居民拥有普通中学数 0. 21 所，每千户居民拥有普通中学数前三的县是通渭县、肃南县和肃北县；每千户居民拥有小学数 1. 26 所，每千户居民拥有普通小学数前三的县是张家川县、清水县和永靖县。

国际上通常以科技经费占 GDP 的比例，也就是经费投入强度作为经费宏观结构的指标，这个指标说明了科技支出在整个国民经济中占有的份额及其在社会再生产过程中的地位。2018 年甘肃县域科技支出 7. 21 亿元，科技支出占 GDP 的比重为 0. 13%，远远低于 2018 年全国 R&D 支出占 GDP 2. 15% 的水平。2018 年甘肃省 86 个县（市、区）科技支出占比最高的 3 个是兰州市城关区、七里河区和秦州区；县域科技支出占 GDP 的比重最高的 3 个县是文县、岷县和民勤县。

四　甘肃省县域经济发展的对策与建议

（一）以县域产业培育为重点，建立县域经济高质量发展产业体系

在当前经济下行压力加大的背景下，甘肃省县域经济面临的问题更加突出，创新驱动能力较弱、财政自给率低、基础设施和公共服务建设落后等。但我们更要看到甘肃县域自然和人文资源丰富、地广人稀的有利条件，国家支持西部大开发的难得机遇，经济转型升级的巨大潜力，加快形成带动县域经济高质量发展的特色产业体系。一是要因地制宜，依据各县域资源禀赋和产业基础，培育一批特色鲜明的产业集群，促进三次产业融合发展；二是要借助“一带一路”倡议实施产业“走出去”战略，支持具有比较优势的节水农业、制种业、新能源、装备制造等产业与共建“一带一路”国家开展合作，运用好两种市场、两种资源，促进产业走出去与资

源跨区域转移；三是要充分重视民营经济在推动改革中的重要作用，大力支持县域民营企业发展，通过扶持重点典型，培育和打造地方名优品牌，开拓各级各类市场，发展县域特色经济；四是要加强干部作风建设，树立服务意识，积极营造亲商、重商、爱商、护商良好氛围，在抓落实上下实招，全面提升县级政府服务效能，创新完善县域发展的体制机制和政策体系。

（二）以祁连山国家公园建设为契机，建立健全生态保护制度

祁连山国家公园地处甘肃和青海两省交界，面积达到5.02万平方公里，是中国重要的生态功能区、西北地区重要生态安全屏障和水源涵养地。一是要以祁连山国家公园建设为契机，坚持保护优先、适度发展的原则，明确重点生态功能区禁止发展的相关产业，规范产业准入审查监管要求。二是要积极稳妥推进重点区域生态移民工作，核心区全面实施农牧民易地搬迁、转产增收“四个一”措施。三是依据国土空间规划划定的生态保护红线以及生态区位重要性等指标，确定天然林保护重点区域，实行分区施策。加强生态廊道建设，鼓励在废弃的矿山、荒山荒地上逐步恢复天然植被。四是要加大天然林保护年度核查力度，建立天然林资源损害责任终身追究制。五是要严格执行禁牧和划区轮牧等草畜平衡制度，严格控制草原载畜量，在生态脆弱和生态恶化区域要严格实行禁牧管理。

（三）以黄河综合治理为目标，努力改善黄河甘肃段水环境

黄河甘肃段干流全长913公里，干流流域面积5.7万平方公里，流经甘南州、临夏州、兰州市和白银市，沿河群众的饮用水、农业灌溉用水和工业用水都取自黄河，黄河在甘肃的经济发展和人民生活中起着极为重要的作用。玛曲段433公里是黄河水源的重要补给区，年补充地表水27亿立方米。玛曲段要加强草原生态保护，实行最严格的草原禁牧、禁止开垦、禁止开矿、禁止水电开发等一系列防止人为干预草原生态的制度，切实保护好“中国水塔”。黄河临夏段、兰州段和白银段，流经区是主要的人口集中区、

农牧业生产区和重化工企业密集区，要充分发挥河长制的作用，做好生活污水和工业废水的无害化处理，加快建设矿区生态环境治理工程、土壤重金属污染治理工程、农业面源污染治理工程和城镇环境综合治理工程等重点工程，切实保护黄河流域生态安全和经济社会的可持续发展。

（四）以防沙治沙为手段，大力发展现代寒旱农业

作为全国荒漠化危害最严重的省份之一，甘肃省从东到西分布有腾格里、巴丹吉林、库姆塔格三大沙漠和柴达木盆地沙漠与风蚀地，沙化面积涉及8市24县，土地荒漠化和沙化已成为制约全省经济社会发展的重要因素。一是要进一步加强防沙治沙工作，把防沙治沙与沙区资源合理利用相结合，充分利用沙区土地宽广、光热资源充足等特点，大力发展沙产业，把环境建设、生态改善和农民增收、区域经济发展结合起来，在对沙区生态环境不构成威胁的前提下，适度发展沙区特色产业，达到生态受保护、农民得实惠的目标。二是要加强科技投入，大力支持干旱区、寒旱区农业相关技术创新，整合各方面的研究力量，合理配置研究资源，调整寒旱农业研究和技术开发方向，由注重产量逐步转变为注重提升品质、提高经济效益和体现绿色环保。三是要加强农业科研成果转化，将先进的农业科研成果应用到农业生产中，注重发挥农业科技示范基地的带动作用，推动农业科技成果和农业生产有效结合，实现寒旱区农业的高质量发展。

（五）找准文化建设的着力点，放大文化旅游业综合效应

一是以华夏文化资源云平台为基础，形成文化资源数字化国际对接的范例。华夏文化资源云平台是目前国内最大的综合性文化资源多媒体数据库，集文化资源存储、文化资源服务和文化资源产业开发等多种功能于一体的大型云计算数据平台。利用先进网络技术、信息技术，推进文化信息资源的开发和利用，鼓励推动文化产品和服务的数字化、网络化进程。促使各省区市利用云平台进行文化资源产业开发，实现利用云平台建立文化资源与市场对接的畅通渠道，将中国文化融入“一带一路”建设。二是大力挖掘红色资

源、讲好红色故事、发展红色旅游。甘肃是红军长征活动时间较长、行经地域较广的省份之一。红色资源赋予了甘肃这片土地浓厚的革命情怀，为甘肃旅游发展储备了丰富的红色文化能量。要用点线面结合的方式，以南梁、会宁、兰州、高台为节点，打造陇东、兰白和河西三条红色旅游经典线路，讲好南梁“两点一存”、腊子口战役、吴起镇会师、会宁会师等红色故事，最终形成以红色资源为基本，延伸到敦煌文化、长城文化、丝路文化、石窟文化等领域，构建甘肃综合文化旅游大格局。三是以游客满意为根本，建立旅游综合服务公共配套体系。根据旅游市场需求和旅游产品特点，实施区域内旅游资源规划，建造旅游吸引物，建设旅游基础设施，完善旅游服务，落实区域旅游发展战略的具体措施等。充分挖掘旅游吃、住、行、游、购、娱六大要素的区域特色和资源优势，吸引游客、增加其停留时间，放大旅游收入的乘数效应。

（六）以生态异地搬迁为抓手，努力实现精准脱贫目标

甘肃省自然条件差，社会发展水平整体滞后，贫困面大、贫困程度深、脱贫难度大，长期以来是国家扶贫攻坚的重点区域之一，也是新一轮扶贫攻坚的“主战场”之一。甘肃扶贫工作一直坚持从贫困地区的实际出发，探索扶贫开发的新路子，“有水走水路，无水走旱路，水旱路不通另找出路”。对于一些“一方水土养活不了一方人”的地方，生态移民政策为基本解决农村居民的生存和温饱问题，明显改善贫困人口的生产生活条件，初步遏制生态恶化趋势做出了重要贡献。精准扶贫的目标是完成脱贫致富和改善自然生态的双重任务，要进一步加大异地搬迁扶贫力度，提高迁入区建设水平与发展质量，实现近期脱贫与长远乡村振兴的有机结合。认真做好迁入区和迁出区国土资源的综合开发和利用工作，通过“深度贫困地区增减挂钩节余指标跨省交易”的相关政策，解决异地搬迁扶贫中贫困户资金不足问题。将安置区建设与土地整治、移民社会保障体系建设与扶贫产业开发三者有机地结合起来，建立异地搬迁扶贫开发的联动机制和模式，实现移民“稳得住”和“能致富”的目标。

（七）实施乡村振兴战略，加快城乡融合协调发展

甘肃省城镇化率较低，还有 1300 余万人口生活在农村，全省农村人均耕地仅有 2. 56 亩，自然条件差，生态环境脆弱，粮食产量低而不稳，因此，实施乡村振兴战略是甘肃省全面建成小康社会的关键。一是实施质量兴农战略，调整优化农业生产力布局，推动农业由增产导向转向提质导向，推动农村基础设施提档升级，积极探索村集体经济实现形式，促进村集体经济有序发展。二是继续把基础设施建设重点放在农村，加快农村公路、供水、供气、环保、电网、物流、信息、广播电视等基础设施建设，以县城和中心镇为着力点，加快新型城镇化建设，重点突出产业支撑和城乡均衡的公共服务配套。三是以生态宜居为重点，大力开展农村人居环境整治，全面改善农村生产生活条件，让农村成为安居乐定的美丽家园。四是加快城乡一体化发展的体制机制建设，建立城乡统一的就业、教育、养老等保障制度，促进城乡要素流动和公共资源均衡配置，努力形成城乡一体、城乡融合的新型发展关系。

县 域 篇

County Articles

B.2 甘肃县域竞争力综合评价报告

李振东　王建兵*

摘　要：　本报告主要通过构建甘肃省县域竞争力指标体系，对2018年甘肃省86个县（市、区）经济社会发展数据进行处理分析，得出2018年甘肃省县域竞争力发展特征。一是2018年甘肃省县域竞争力整体水平相对较低，与2017年相比提升明显。指标极差、方差、标准差相对2017年出现明显扩大，各县（市、区）及各市（州）县域综合竞争力不均衡化趋势显现。二是2018年甘肃省县域竞争力从8个一级指标均值来看，社会保障竞争力为78.57、人居环境竞争力为77.18、科学教育竞争力为77.04、基础设施竞争力为76.64、产业发展竞争力为75.93，均处于中势；公共服务竞争力为74.49、社会结构竞争力为74.30、

* 李振东，博士，甘肃省社会科学农村发展研究所副研究员，主要研究方向为生态经济、区域发展；王建兵，博士，研究员，甘肃省社会科学院农村发展研究所所长。

宏观经济竞争力为73.15，均处于一般劣势。三是2018年甘肃省县域竞争力各市（州）及各市（州）所辖县域之间差异性较大，县域竞争力发展很不均衡。各县（市、区）排序波动较大、政策连续性及稳定性较差，县域竞争力可持续性不强。四是2018年甘肃省县域竞争力各市（州）及各市（州）所辖县域之间要素配置差异性较大，县域竞争力要素配置很不均衡。五是2018年甘肃省各市（州）及各市（州）所辖县域之间竞争力具有一定的行政区域、地理位置、经济发展、经济结构等因素制约下的分布特征。六是2018年甘肃省贫困地区县域竞争力上升趋势出现分化，合水县、景泰县等县（市、区）上升明显，泾川县、张家川回族自治县等县（市、区）下降加速。七是从2018年甘肃省县域产业发展竞争力来看，各县（市、区）产业发展竞争力出现回归最初传统产业竞争力优势现象，反映出甘肃省2018年新兴产业发展不足，产业扶贫效果不明显。八是从2018年甘肃省县域基础设施竞争力来看，贫困县域与非贫困县域差异性不明显，一方面反映出近几年对各贫困县（市、区）基础设施投资力度较大，成效显著；另一方面反映出近几年对各非贫困县（市、区）基础设施建设投入相对不足。

关键词： 甘肃省　县域　竞争力评价

一　甘肃省县域竞争力评价指标体系构建

（一）甘肃省县域竞争力评价指标体系构建思路

县域竞争力由于涉及县域社会、经济、环境等多方面因素，涉及面较广，指标选择十分复杂，课题组在充分把握国家对县域发展的相关政策文件内容的基础上，充分借鉴国内外学者县域竞争力研究成果，以准确客观地反映甘肃省县域竞争力为原则，综合了学术界、各级管理层面、统计系统等相关人员的意见和建议，结合专家学者对上一年县域评价指标体系的意见和建议，设计和构建了2018年甘肃省县域竞争力评价指标体系。

（二）甘肃省县域竞争力评价指标体系构建说明

2018年甘肃省县域竞争力评价指标体系共包括宏观经济竞争力、产业发展竞争力、基础设施竞争力、社会保障竞争力、公共服务竞争力、人居环境竞争力、社会结构竞争力、科学教育竞争力8个一级指标。二级指标有21个，其中，宏观经济竞争力包含经济均量、经济总量、金融资本3个二级指标；产业发展竞争力包含产业总量、产业结构、产业效率、农业产业化4个二级指标；基础设施竞争力包含生活条件、互联通信、公路交通3个二级指标；社会保障竞争力包含医疗保险、养老保险、基本生活保障3个二级指标；公共服务竞争力包含科技文化、医疗卫生两个二级指标；人居环境竞争力包含生活环境、农业环境两个二级指标；社会结构竞争力包含人口结构、城乡结构两个二级指标；科学教育竞争力包含科教支出、科教资源两个二级指标。与二级指标相对应的三级指标有65个。其中2018年相对于2017年，指标构建方面作了部分调整（见表1）。

表1　2017年和2018年甘肃省县域竞争力评价指标体系

一级指标（8个）	2017年		2018年		变化情况
	二级指标（21个）	三级指标（64个）	三级指标（65个）	二级指标（21个）	
宏观经济竞争力	经济均量	①人均地区生产总值(元/人)	①人均地区生产总值(元/人)	经济均量	无变化
		②人均地方财政收入(元/人)	②人均地方财政收入(元/人)		无变化
		③人均固定资产完成额(元/人)			2018年无此指标
		④城镇居民可支配收入(元/人)	④城镇居民可支配收入(元/人)		无变化

续表

一级指标（8个）	2017年 二级指标（21个）	2017年 三级指标（64个）	2018年 三级指标（65个）	2018年 二级指标（21个）	变化情况
宏观经济竞争力	经济均量	⑤农村居民人均纯收入(元/人)	⑤农村居民人均纯收入(元/人)	经济均量	无变化
		⑥人均社会消费品零售额(元/人)	⑥人均社会消费品零售额(元/人)		无变化
	经济总量	⑦地区生产总值GDP(万元)	⑦地区生产总值GDP(万元)	经济总量	无变化
		⑧地方财政收入(万元)	⑧一般公共预算收入(万元)		2018年变更指标
			⑨一般公共预算支出(万元)		2018年增加指标
		⑩社会消费品零售总额(万元)	⑩社会消费品零售总额(万元)		无变化
	金融资本		⑪居民人民币储蓄存款余额(万元)	金融资本	2018年增加指标
		⑫金融机构存款余额(万元)	⑫金融机构存款余额(万元)		无变化
		⑬金融机构贷款余额(万元)	⑬金融机构贷款余额(万元)		无变化
		⑭固定资产投资完成额(万元)			2018年无此指标
		⑮新增固定资产(万元)			2018年无此指标
产业发展竞争力	产业总量	①第二产业增加值(万元)	①第二产业增加值(万元)	产业总量	无变化
		②第三产业增加值(万元)	②第三产业增加值(万元)		无变化
		③规模以上工业总产值(万元)	③规模以上工业总产值(万元)		无变化
	产业结构	④第二产业占GDP的比重(%)	④第二产业占GDP的比重(%)	产业结构	无变化
		⑤第三产业占GDP的比重(%)	⑤第三产业占GDP的比重(%)		无变化

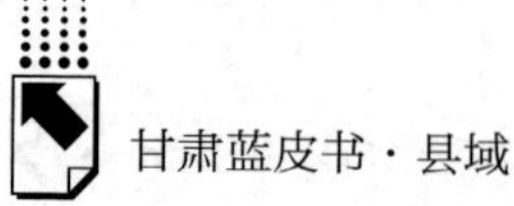

续表

一级指标（8个）	2017年 二级指标（21个）	2017年 三级指标（64个）	2018年 三级指标（65个）	2018年 二级指标（21个）	变化情况
产业发展竞争力	产业效率	⑥第二产业近5年平均增长速度（%）	⑥第二产业近5年平均增长速度（%）	产业效率	无变化
		⑦第三产业近5年平均增长速度（%）	⑦第三产业近5年平均增长速度（%）		无变化
			⑧设施农业面积占耕地面积的比重（%）	农业产业化	2018年增加二级指标、三级指标
			⑨耕地灌溉面积占耕地面积的比重（%）		
			⑩“三品一标”农产品基地面积（公顷）		
基础设施竞争力	居住条件	①城乡住房砖木结构以上比重（%）	①城乡住房砖木结构以上比重（%）	生活条件	无变化
		②自来水受益村比重（%）	②自来水受益村比重（%）		无变化
		③农村有线电视普及村庄比例（%）	③农村有线电视普及村庄比例（%）		无变化
	交通通信	④每百人公共汽车营运车辆数	④公路里程数（公里）	互联通信	2018年变更指标
		⑤国际互联网用户占总户数比重（%）	⑤国际互联网用户占总户数比重（%）		无变化
		⑥固定电话用户占总户数比重（%）	⑥固定电话用户占总户数比重（%）		无变化
		⑦移动电话用户占总人口比重（%）	⑦移动电话用户占总户数比重（%）	公路交通	无变化
		⑧境内公路密度（公路里程数/百平方公里）	⑧境内公路密度（公路里程数/百平方公里）		无变化
社会保障竞争力	医疗保险	①城镇基本医疗保险参保人数占城镇人口比重（%）	①城乡基本医疗保险参保人数占人口比重（%）	医疗保险	无变化
		②参加农村合作医疗的人数占农村人口的比重（%）	②参加农村合作医疗的人数占农村人口的比重（%）		无变化

续表

一级指标（8个）	2017年 二级指标（21个）	2017年 三级指标（64个）	2018年 三级指标（65个）	2018年 二级指标（21个）	变化情况
社会保障竞争力	养老保险	③城镇基本养老保险参保人数占城镇人口比重（%）	③城镇基本养老保险参保人数占城镇人口比重（%）	养老保险	无变化
		④参加农村养老保险人数占农村人口比重（%）	④参加农村养老保险人数占农村人口比重（%）		无变化
	基本生活保障	⑤城镇最低生活保障人口占城镇人口比重（逆指标）（%）	⑤城镇最低生活保障人口占城镇人口比重（逆指标）（%）	基本生活保障	无变化
		⑥农村最低生活保障人口占农村人口比重（逆指标）（%）	⑥农村最低生活保障人口占农村人口比重（逆指标）（%）		无变化
公共服务竞争力	科技服务	①每万人人口拥有专业技术人员数（人/万人）		科技文化	2018年无此三级指标，二级指标合二为一
		②每万人专利授权数（个/万人）	②每万人专利授权数（个/万人）		无变化
	文化娱乐	③每十万人拥有体育场馆个数（个/十万人）	③每十万人拥有体育场馆个数（个/十万人）		无变化
		④每十万人拥有剧场、影剧院数（个/十万人）	④每十万人拥有剧场、影剧院数（个/十万人）		无变化
		⑤人均拥有公共图书馆图书数（册/人）	⑤人均拥有公共图书馆图书数（册/人）		无变化
	医疗卫生	⑥每万人拥有医疗卫生机构专业技术人员数（人/万人）	⑥每万人拥有医疗卫生机构专业技术人员数（人/万人）	医疗卫生	无变化
		⑦每万人的医院、卫生院床位数（张/万人）	⑦每万人的医院、卫生院床位数（张/万人）		无变化
		⑧每万人拥有执业（助理）医师数（人/万人）	⑧每万人拥有执业（助理）医师数（人/万人）		无变化
		⑨医院总卫生技术人员数（人）	⑨医院总卫生技术人员数（人）		无变化
		⑩医院总床位数（张）	⑩医院总床位数（张）		无变化

续表

一级指标（8个）	2017年		2018年		变化情况
	二级指标（21个）	三级指标（64个）	三级指标（65个）	二级指标（21个）	
人居环境竞争力	生活环境	①森林覆盖率（%）	①森林覆盖率（%）	生活环境	无变化
		②污水处理厂集中处理率（%）	②污水处理厂数（座）		2018年变更指标
			③垃圾处理站数（个）		2018年增加指标
			④畜禽粪污综合利用率（%）		2018年增加指标
	环境保护	⑤每万元GDP工业二氧化硫排放量（吨/万元）（逆指标）			2018年无此三级指标，二级指标合二为一
		⑥每万元GDP氮氧化物排放量（吨/万元）（逆指标）			
		⑦每万元GDP烟（粉）尘排放量（吨/万元）（逆指标）			
		⑧水土流失综合治理面积（千公顷）	⑧草原综合植被覆盖度（%）		2018年变更指标
	农业环境	⑨单位第一产业增加值使用化肥量（吨/万元）（逆指标）	⑨单位第一产业增加值使用化肥量（吨/万元）（逆指标）	农业环境	无变化
		⑩单位第一产业增加值使用农药量（公斤/万元）（逆指标）	⑩单位第一产业增加值使用农药量（公斤/万元）（逆指标）		无变化
		⑪单位第一产业增加值使用地膜量（吨/万元）（逆指标）	⑪单位第一产业增加值使用地膜量（吨/万元）（逆指标）		无变化
社会结构竞争力	人口结构	①非农人口占总人口的比重（%）	①非农人口占总人口的比重（%）	人口结构	无变化
		②县域人口占全省人口比重（%）	②县域人口占全省人口比重（%）		无变化
	城乡结构	③农村从事非农产业的劳动力占农村总劳动力的比重（%）	③农村从事非农产业的劳动力占农村总劳动力的比重（%）	城乡结构	无变化

续表

一级指标（8个）	2017年 二级指标（21个）	2017年 三级指标（64个）	2018年 三级指标（65个）	2018年 二级指标（21个）	变化情况
科学教育竞争力	科教支出	①科技支出（万元）	①科技支出（万元）	科教支出	无变化
		②教育支出（万元）	②教育支出（万元）		无变化
		③科技支出占GDP的比重（%）	③科技支出占GDP的比重（%）		无变化
		④在校学生人均教育经费（元/人）	④在校学生人均教育经费（元/人）		无变化
	科教资源	⑤每万人普通中学在校生拥有专任中学教师数（人/万人）	⑤每万人普通中学在校生拥有专任中学教师数（人/万人）	科教资源	无变化
		⑥每万人小学在校生拥有专任小学教师数（人/万人）	⑥每万人小学在校生拥有专任小学教师数（人/万人）		无变化
		⑦每千户居民拥有普通中学数（所/千户）	⑦每千户居民拥有普通中学数（所/千户）		无变化
		⑧每千户居民拥有小学数（所/千户）	⑧每千户居民拥有小学数（所/千户）		无变化
			⑨乡村从业人员高中以上文化程度所占比重（%）		2018年增加指标

二　甘肃省县域竞争力评价方法及评价标准

（一）甘肃省县域竞争力评价时间与地域范围

甘肃省县域竞争力评价时段以甘肃省统计局提供的各县域2018年统计数据为依据，评价基准年份为2018年。

根据国家统计局农村调查司全国县域竞争力所做的有关测评的范围，结合甘肃省统计局的具体要求，课题组对甘肃省除嘉峪关市之外的 86 个县（市、区）进行了县域竞争力的评价与分析。

（二）甘肃省县域竞争力评价方法

1. 数据的处理

在认真核对原始数据无误的情况下，对每一指标列数据进行标准化处理，使各指标列数据形成无差异的标准化矩阵；在对数据进行标准化处理的基础上，分别以三级指标列为单位进行分值赋值，再进行加权加总得一、二级指标分值。

2. 指标权重的确定

对于指标权重的确定，课题组是在专家打分的基础上运用层次分析法（Analytical Hierarchy Process，AHP）进行指标权重确定。2018 年评价指标权重相对于 2017 年作了适当调整。

（三）甘肃省县域竞争力评价标准

甘肃省县域竞争力评价标准为 5 级划分，即绝对优势、一般优势、中势、一般劣势和绝对劣势，其评价的方法是根据 86 个县（市、区）对应指标的分值进行评价。其中：分值大于等于 85 为绝对优势，分值小于 85、大于等于 80 为一般优势，分值小于 80、大于等于 75 为中势，分值小于 75、大于等于 70 为一般劣势，分值小于 70 为绝对劣势（见表 2）。

表 2　2018 年甘肃省县域竞争力评价标准

评价标准	分值
绝对优势	≥85
一般优势	≥80，<85
中势	≥75，<80
一般劣势	≥70，<75
绝对劣势	<70

三　甘肃省县域竞争力综合评价

（一）甘肃省县域竞争力综合评价结果

1. 评价结果

通过对宏观经济竞争力、产业发展竞争力、基础设施竞争力、社会保障竞争力、公共服务竞争力、人居环境竞争力、社会结构竞争力、科学教育竞争力8个一级指标进行计算和分析，得到2018年甘肃省86个县（市、区）竞争力综合评价情况，如表3所示。

表3　2018年甘肃省县域竞争力评价

县(市、区)	2018年综合排序	2017年综合排序	排序变化	2018年县域竞争力得分								
				综合	宏观经济	产业发展	基础设施	社会保障	公共服务	人居环境	社会结构	科学教育
城关区	1	/	/	90.00	90.00	84.64	90.00	73.97	88.13	88.48	90.00	78.93
西固区	2	/	/	82.67	83.88	85.06	79.78	75.59	77.05	79.95	81.34	79.00
七里河区	3	/	/	82.57	84.83	81.64	78.92	78.57	82.03	79.02	78.41	78.46
安宁区	4	/	/	82.15	81.63	90.00	69.56	90.00	65.00	84.35	86.74	74.49
凉州区	5	1	-4	81.59	80.73	81.45	80.74	83.08	78.07	77.93	81.50	79.35
西峰区	6	2	-4	80.89	79.91	80.63	83.49	80.89	80.06	78.26	76.70	77.90
肃州区	7	6	-1	79.86	80.58	78.90	82.41	82.33	78.88	73.96	77.67	76.02
甘州区	8	3	-5	79.71	79.43	80.74	83.39	80.42	77.80	76.03	76.09	75.35
白银区	9	/	/	79.50	80.98	80.54	79.83	73.77	80.43	73.11	80.11	77.34
金川区	10	/	/	79.29	80.19	81.59	80.98	81.21	80.13	75.77	77.11	65.00
榆中县	11	9	-2	78.56	76.86	82.41	78.15	83.46	75.05	73.86	75.58	80.40
麦积区	12	5	-7	78.14	76.91	79.18	77.85	80.28	75.38	82.04	77.45	77.97
玉门市	13	21	8	77.50	76.63	80.65	80.24	79.16	75.15	74.88	74.58	77.72
秦州区	14	/	/	77.19	79.21	79.99	80.94	71.10	70.42	75.05	79.18	78.77
临夏市	15	4	-11	77.09	76.07	80.53	80.73	74.11	76.11	76.85	83.16	68.99
崆峒区	16	7	-9	76.86	77.29	77.86	80.28	78.00	76.03	73.50	78.86	74.19
永昌县	17	51	34	76.77	75.11	79.12	79.69	79.93	74.16	82.53	74.51	73.45
永登县	18	8	-10	76.73	75.07	77.44	78.69	82.31	76.27	74.04	76.52	80.39

续表

县(市、区)	2018年综合排序	2017年综合排序	排序变化	2018年县域竞争力得分								
				综合	宏观经济	产业发展	基础设施	社会保障	公共服务	人居环境	社会结构	科学教育
临泽县	19	14	-5	76.65	73.35	77.15	79.20	83.58	79.31	77.49	75.03	77.21
成县	20	24	4	76.33	72.66	77.12	79.87	82.15	77.03	82.79	74.93	75.09
平川区	21	/	/	76.30	75.25	77.05	81.04	75.71	77.31	76.30	75.25	78.47
敦煌市	22	13	-9	76.23	78.67	76.69	73.98	83.44	76.05	72.49	77.00	72.91
徽县	23	20	-3	75.94	72.44	77.75	77.80	84.81	72.77	80.53	76.16	78.06
民勤县	24	25	1	75.88	75.49	76.73	77.78	80.01	76.17	73.67	70.77	83.77
武都区	25	12	-13	75.78	75.43	75.64	79.27	76.22	73.37	80.89	79.13	75.91
天祝藏族自治县	26	31	5	75.76	73.84	74.96	75.35	87.36	74.83	79.64	72.32	81.89
皋兰县	27	15	-12	75.74	76.07	79.38	77.32	72.78	72.52	74.11	74.53	83.86
瓜州县	28	55	27	75.69	75.75	78.32	79.66	83.15	73.76	73.04	71.08	73.93
高台县	29	42	13	75.63	73.98	77.09	77.14	81.42	77.27	74.02	75.63	77.75
静宁县	30	18	-12	75.54	72.46	73.93	81.69	82.51	75.13	78.28	75.66	80.79
红古区	31	/	/	75.51	78.69	80.44	68.94	72.25	74.96	76.74	75.08	76.52
金塔县	32	35	3	75.48	74.52	77.09	77.01	85.15	75.23	73.84	73.37	75.73
山丹县	33	19	-14	75.47	73.93	77.13	78.78	79.05	78.77	73.83	76.94	73.17
肃北蒙古族自治县	34	10	-24	75.43	72.65	74.43	74.41	83.01	88.52	74.08	71.30	77.46
陇西县	35	22	-13	75.36	73.85	76.89	75.11	82.04	75.07	74.87	74.77	81.91
临洮县	36	27	-9	75.23	72.91	78.02	78.03	80.90	75.30	74.15	74.56	78.32
肃南裕固族自治县	37	45	8	74.94	72.90	75.10	72.05	78.70	84.59	75.87	70.29	84.23
甘谷县	38	11	-27	74.70	72.33	75.73	79.12	80.26	72.21	79.37	76.47	77.58
镇原县	39	33	-6	74.52	73.10	75.10	76.65	79.11	74.45	81.77	75.24	75.52
民乐县	40	41	1	74.45	72.81	77.61	81.14	77.04	77.27	73.43	72.10	72.58
景泰县	41	52	11	74.37	73.71	74.48	78.68	80.30	72.73	73.72	72.93	82.90
合水县	42	57	15	74.15	72.60	75.87	77.67	79.51	73.52	82.13	72.04	73.92
安定区	43	26	-17	73.87	75.03	78.07	70.40	72.89	74.04	76.37	74.36	79.60
永靖县	44	49	5	73.87	71.06	76.37	74.31	82.27	73.66	76.99	73.62	80.86
靖远县	45	48	3	73.86	73.13	75.56	78.02	78.77	72.57	73.36	71.73	81.94
环县	46	17	-29	73.84	73.92	77.93	69.01	81.44	71.26	72.48	75.02	82.93
宁县	47	43	-4	73.72	72.97	73.98	77.58	80.90	70.73	79.49	74.80	76.49
崇信县	48	30	-18	73.72	71.83	74.09	77.90	81.57	73.24	80.20	74.72	74.20

续表

县(市、区)	2018年综合排序	2017年综合排序	排序变化	2018年县域竞争力得分								
				综合	宏观经济	产业发展	基础设施	社会保障	公共服务	人居环境	社会结构	科学教育
阿克塞哈萨克族自治县	49	23	-26	73.71	71.55	74.56	79.93	68.96	90.00	73.93	72.87	69.50
华亭市	50	16	-34	73.59	75.26	77.44	76.28	76.70	75.47	65.00	73.73	74.89
庆城县	51	47	-4	73.51	75.60	75.00	73.06	81.85	72.12	76.00	72.89	72.40
华池县	52	58	6	73.40	73.61	74.22	69.51	81.52	74.29	84.38	68.29	78.57
清水县	53	34	-19	72.68	69.94	74.81	78.39	79.67	70.64	79.80	71.92	77.85
临夏县	54	39	-15	72.46	69.29	76.10	77.35	79.31	71.81	76.02	76.67	73.96
武山县	55	32	-23	72.35	71.59	73.80	79.66	76.92	72.11	73.97	75.11	74.03
庄浪县	56	28	-28	72.24	72.12	69.64	79.48	75.25	74.10	79.52	77.01	73.79
文县	57	37	-20	72.24	69.52	74.63	77.34	76.34	68.32	74.17	72.87	90.00
会宁县	58	61	3	72.18	71.17	74.96	73.46	75.45	74.18	73.97	72.50	81.88
合作市	59	60	1	72.18	72.98	75.67	70.85	80.13	74.08	81.00	68.24	68.98
灵台县	60	53	-7	72.17	69.76	71.18	77.92	82.60	74.77	75.60	72.95	78.07
秦安县	61	63	2	72.13	72.56	75.24	74.99	72.92	72.07	74.82	73.98	77.22
两当县	62	56	-6	72.04	65.97	71.86	77.76	84.20	72.08	90.00	72.25	75.22
正宁县	63	46	-17	71.97	71.18	72.48	72.80	79.27	72.62	79.59	73.46	78.18
岷县	64	44	-20	71.95	70.08	74.31	73.89	78.54	72.74	75.52	72.00	81.76
通渭县	65	50	-15	71.70	69.73	75.51	73.65	76.04	72.43	69.68	73.37	86.11
古浪县	66	69	3	71.66	71.93	74.69	74.65	74.28	71.35	74.21	72.38	78.81
舟曲县	67	59	-8	71.65	68.93	72.75	73.09	80.08	72.32	82.98	74.59	76.20
康县	68	38	-30	71.40	67.24	72.23	77.01	82.60	71.43	82.16	70.56	78.35
广河县	69	66	-3	71.39	67.27	75.12	82.14	76.99	72.16	78.65	71.82	70.52
渭源县	70	65	-5	71.39	68.83	73.31	75.32	79.25	71.53	77.05	70.70	81.87
康乐县	71	40	-31	71.28	68.02	74.47	77.95	76.13	71.02	85.94	70.13	71.79
泾川县	72	29	-43	71.06	71.13	65.00	79.93	80.50	75.49	75.72	73.31	77.66
张家川回族自治县	73	36	-37	70.79	68.49	72.92	81.15	70.26	74.01	75.46	72.12	76.86
礼县	74	71	-3	70.70	70.14	71.93	70.35	77.31	70.38	76.86	73.92	83.48
西和县	75	62	-13	70.22	69.15	73.11	75.58	75.20	69.49	79.19	73.26	72.91
迭部县	76	54	-22	69.68	66.09	72.32	73.06	76.92	73.06	83.90	68.65	76.67
宕昌县	77	73	-4	69.60	68.58	73.49	72.95	76.87	72.79	74.94	72.14	70.92
漳县	78	70	-8	69.52	67.63	74.93	73.93	73.41	70.38	75.80	75.23	71.65

续表

县(市、区)	2018 年综合排序	2017 年综合排序	排序变化	2018 年县域竞争力得分								
				综合	宏观经济	产业发展	基础设施	社会保障	公共服务	人居环境	社会结构	科学教育
卓尼县	79	67	-12	69.01	66.24	71.40	69.95	82.51	71.85	77.29	68.44	79.72
临潭县	80	72	-8	68.99	67.37	70.37	75.33	76.96	70.85	76.04	70.81	77.15
和政县	81	64	-17	68.94	66.09	73.75	74.48	73.87	68.12	75.55	77.89	74.25
碌曲县	82	68	-14	68.39	66.33	68.50	68.55	81.43	75.28	85.14	65.86	73.97
玛曲县	83	75	-8	67.20	68.62	68.64	70.83	77.98	71.67	77.70	65.00	69.70
夏河县	84	77	-7	66.86	68.22	69.86	65.00	72.24	72.18	79.51	68.32	74.49
东乡族自治县	85	76	-9	66.04	65.00	74.42	71.41	65.00	67.18	74.44	70.84	74.55
积石山保安族东乡族撒拉族自治县	86	74	-12	65.00	65.23	67.18	71.35	65.24	70.20	70.38	71.81	82.46
均值				74.24	73.15	75.93	76.64	78.57	74.49	77.18	74.30	77.04
极差				25.00	25.00	25.00	25.00	25.00	25.00	25.00	25.00	25.00
方差				16.30	22.59	15.77	17.53	19.68	18.01	17.32	15.66	17.93
标准差				4.04	4.75	3.97	4.19	4.44	4.24	4.16	3.96	4.23

资料来源：根据《甘肃发展年鉴》（2018）和甘肃省统计局提供的数据计算所得。

根据2018年甘肃省县域竞争力综合得分，甘肃省86个县（市、区）处于绝对优势的县（市、区）有1个，为兰州市城关区；处于一般优势的县（市、区）有5个，包括兰州市西固区、七里河区、安宁区，武威市凉州区和庆阳市西峰区；处于中势的县（市、区）有30个，包括肃州区、甘州区、白银区等；处于一般劣势的县（市、区）有39个，包括肃南裕固族自治县、甘谷县、镇原县等；处于绝对劣势的县（市、区）有11个，包括迭部县、宕昌县、漳县等（见表4）。

2. 结果分析

从2018年甘肃省县域竞争力综合得分来看（见表3），均值为74.24，县域竞争力整体处于一般劣势；极差为25.00，在最大赋值范围内偏离100%，反映出县域竞争力得分最高县与得分最低县存在很大差异，发展不

表4　2018年甘肃省县域竞争力水平归类分布一览

评价标准	县域名称	个数
绝对优势	兰州市城关区	1
一般优势	西固区、七里河区、安宁区、凉州区和西峰区	5
中势	肃州区、甘州区、白银区、金川区、榆中县、麦积区、玉门市、秦州区、临夏市、崆峒区、永昌县、永登县、临泽县、成县、平川区、敦煌市、徽县、民勤县、武都区、天祝藏族自治县、皋兰县、瓜州县、高台县、静宁县、红古区、金塔县、山丹县、肃北蒙古族自治县、陇西县、临洮县	30
一般劣势	肃南裕固族自治县、甘谷县、镇原县、民乐县、景泰县、合水县、安定区、永靖县、靖远县、环县、宁县、崇信县、阿克塞哈萨克族自治县、华亭市、庆城县、华池县、清水县、临夏县、武山县、庄浪县、文县、会宁县、合作市、灵台县、秦安县、两当县、正宁县、岷县、通渭县、古浪县、舟曲县、康县、广河县、渭源县、康乐县、泾川县、张家川回族自治县、礼县、西和县	39
绝对劣势	迭部县、宕昌县、漳县、卓尼县、临潭县、和政县、碌曲县、玛曲县、夏河县、东乡族自治县、积石山保安族东乡族撒拉族自治县	11

均衡；同时，方差为16.30，标准差为4.04，极差、方差、标准差相对2017年均有明显增加，反映出甘肃省86个县（市、区）竞争力差异大。结合均值、极差、方差及标准差，2018年甘肃省县域竞争力整体在较低水平存在不均衡性。2018年研究的县（市、区）从77个增加到86个，增加的9个县（市、区）及竞争力排序分别为：城关区（1）、西固区（2）、七里河区（3）、安宁区（4）、白银区（9）、金川区（10）、秦州区（14）、平川区（21）、红古区（31），大多为竞争力较强的县域，造成与2017年相比2018年县域间的竞争力差异性增大。

从2018年甘肃省县域竞争力水平归类分布来看（见表4），绝对优势1个，为兰州市城关区；一般优势5个，为兰州市西固区、七里河区、安宁区、凉州区和西峰区，是省会城市兰州市3个区和市（州）所在地；中势30个，除麦积区、成县、徽县、静宁县、陇西县、临洮县、天祝藏族自治县处于连片特困地区或藏族地区外，其余均为市（州）所在地或河西地区及兰州市周边县（市）。一般劣势39个，除肃南裕固族自治县、民乐县、崇信县、阿克塞哈萨克族自治县、华亭市外，均处于连片特困地区或藏族地区，绝对劣势11个，均处在连片特困地区或藏族地区。2018年甘肃省县域竞争力分布有较大的区域相关性。

就2018年甘肃省县域竞争力8个一级指标而言（见表3），从均值来看，社会保障竞争力为78.57、人居环境竞争力为77.18、科学教育竞争力为77.04、基础设施竞争力为76.64、产业发展竞争力为75.93，均处于中势；宏观经济竞争力为73.15、公共服务竞争力为74.49、社会结构竞争力为74.30，均处于一般劣势。从极差、方差、标准差来看，甘肃省县域竞争力8个一级指标均存在较大差异。2018年甘肃省县域竞争力各县域在要素投入方面存在较大差异。

从排序变动来看，2018年比2017年新增加了城关区、七里河区、西固区、安宁区、红古区、金川区、白银区、平川区、秦州区等9个区，其中6个区在2018年县域竞争力排序中进入前10名，分别是城关区、西固区、七里河区、安宁区、白银区、金川区；2017年原有的77个县（市、区）中排序上升的有19个县（市、区），其中：永昌县、瓜州县、合水县、高台县、景泰县、玉门市、肃南裕固族自治县、华池县、天祝藏族自治县、永靖县上升明显；排序下降的有58个，其中：泾川县、张家川回族自治县、华亭市、康乐县、康县、环县、庄浪县、甘谷县、阿克塞哈萨克族自治县、肃北蒙古族自治县、武山县、迭部县、文县、岷县、清水县、崇信县、安定区、正宁县、和政县、临夏县、通渭县、山丹县、碌曲县、武都区、陇西县、西和县、皋兰县、静宁县、卓尼县、积石山保安族东乡族撒拉族自治县、临夏市、永登县下降明显（见表3）。相对2017年排序变化，2018年县域综合竞争力波动较大。

（二）甘肃省市（州）县域竞争力综合评价结果

1. 评价结果

2018年甘肃省14个市（州）县域竞争力综合评价情况如表5所示。

2018年甘肃省14个市（州）县域竞争力综合得分情况如下：兰州市90，处于绝对优势；庆阳市76.96、酒泉市76.79、张掖市75.62，处于中势；天水市74.94、武威市74.92、嘉峪关市74.78、陇南市73.38、平凉市

73.26、定西市71.61、白银市71.61、金昌市70.27，处于一般劣势；临夏州69.63、甘南州65.00，处于绝对劣势（见表6）。

2. 结果分析

从14个市（州）总体来看，均值为74.20，与86个县（市、区）结果一致，均处于一般劣势；极差、方差、标准差明显增大，说明14个市（州）之间总体差异性增大，结合86个县（市、区）的评价结果，反映出各市（州）所辖县域之间存在较大差异，各市（州）所辖县域之间发展不均衡（见表5）。2018年的研究中增加了9个竞争力较强区，市（州）中新增了嘉峪关市，因此，与2017年相比市（州）间的竞争力差异也增加了。

从8个一级指标得分的极差、方差、标准差来看，14个市（州）与86个县（市、区）相比较明显增大；同时结合86个县（市、区）评价结果，也说明各市（州）所辖县域之间存在较大差异，各市（州）所辖县域之间要素配置不均衡（见表5）。

从排序变动来看，由2017年的13个市（州）增加到14个市（州）排序，2018年新增加了嘉峪关市；排序上升的有2个市（州），为庆阳市和陇南市；排序未变的有5个市（州），为兰州市、白银市、天水市、张掖市、酒泉市；排序下降的有6个市（州），为临夏州、甘南州、金昌市、定西市、平凉市、武威市（见表5）。

表5　2018年甘肃省14个市（州）县域竞争力评价

市(州)	2018年综合排序	2017年综合排序	排序变化	2018年县域竞争力得分								
				综合	宏观经济	产业发展	基础设施	社会保障	公共服务	人居环境	社会结构	科学教育
兰州市	1	1	0	90.00	90.00	90.00	90.00	77.87	88.13	80.78	90.00	84.23
庆阳市	2	7	5	76.96	75.54	77.96	75.26	86.98	73.04	86.07	78.58	84.84
酒泉市	3	3	0	76.79	76.83	78.81	77.93	90.00	76.46	69.90	78.50	81.14
张掖市	4	4	0	75.62	73.32	78.09	82.01	84.93	78.29	71.11	78.67	80.11
天水市	5	5	0	74.94	73.64	80.11	84.43	70.71	66.07	78.88	80.80	82.83
武威市	6	2	-4	74.92	71.71	79.83	77.39	85.13	71.44	73.94	78.60	85.94
嘉峪关市	7	/	/	74.78	68.08	86.27	85.55	78.74	90.00	66.58	76.08	65.92

续表

市(州)	2018年综合排序	2017年综合排序	排序变化	2018年县域竞争力得分								
				综合	宏观经济	产业发展	基础设施	社会保障	公共服务	人居环境	社会结构	科学教育
陇南市	8	9	1	73.38	70.61	74.98	78.23	79.75	66.00	85.89	79.61	86.89
平凉市	9	6	-3	73.26	71.99	70.94	86.16	80.30	72.65	75.48	80.57	81.09
定西市	10	8	-2	71.61	69.37	77.11	74.77	78.60	67.90	70.20	74.72	90.00
白银市	11	11	0	71.61	71.60	77.42	76.97	74.08	71.34	65.00	70.22	87.21
金昌市	12	10	-2	70.27	65.95	80.37	79.35	84.18	72.75	74.70	78.28	65.00
临夏州	13	12	-1	69.63	67.57	75.52	80.58	65.00	65.00	79.76	79.24	80.01
甘南州	14	13	-1	65.00	65.00	65.00	65.00	78.10	67.39	90.00	65.00	83.65
均值				74.20	72.23	78.03	79.55	79.60	73.32	76.31	77.78	81.35
极差				25.00	25.00	25.00	25.00	25.00	25.00	25.00	25.00	25.00
方差				31.02	37.95	35.52	37.57	44.05	60.02	57.68	31.33	53.68
标准差				5.57	6.16	5.96	6.13	6.64	7.75	7.59	5.60	7.33

资料来源：根据《甘肃发展年鉴》（2018）和甘肃省统计局提供的数据计算所得。

表6　2018年甘肃省14市（州）县域竞争力水平归类分布一览

评价标准	市(州)名称	个数
绝对优势	兰州市	1
一般优势	—	0
中势	庆阳市、酒泉市、张掖市	3
一般劣势	天水市、武威市、嘉峪关市、陇南市、平凉市、定西市、白银市、金昌市	8
绝对劣势	临夏州、甘南州	2

四　甘肃省县域竞争力子系统评价分析

（一）甘肃省县域宏观经济竞争力子系统评价分析

1. 甘肃省县域宏观经济竞争力子系统评价结果

（1）评价结果

通过对经济均量、经济总量、金融资本3个二级指标进行计算和分析，2018 年甘肃省 86 个县（市、区）宏观经济竞争力评价情况如表 7 所示。

表 7　2018 年甘肃省县域宏观经济竞争力评价

县(市、区)	2018 年综合排序	2017 年综合排序	排序变化	宏观经济竞争力			
				综合竞争力	经济均量竞争力	经济总量竞争力	金融资本竞争力
城关区	1	/	/	90.00	89.88	90.00	90.00
七里河区	2	/	/	84.83	87.55	85.74	83.41
西固区	3	/	/	83.88	88.65	83.71	81.73
安宁区	4	/	/	81.63	87.51	80.45	80.40
白银区	5	/	/	80.98	86.39	81.22	79.22
凉州区	6	1	-5	80.73	80.18	84.93	81.94
肃州区	7	2	-5	80.58	84.30	81.22	80.55
金川区	8	/	/	80.19	87.52	78.37	78.72
西峰区	9	3	-6	79.91	82.55	81.67	80.36
甘州区	10	4	-6	79.43	80.91	82.54	80.10
秦州区	11	/	/	79.21	78.94	82.66	81.64
红古区	12	/	/	78.69	86.52	78.77	75.54
敦煌市	13	6	-7	78.67	85.26	77.98	77.71
崆峒区	14	7	-7	77.29	78.30	80.64	79.38
麦积区	15	5	-10	76.91	77.37	81.45	78.66
榆中县	16	9	-7	76.86	77.71	80.74	78.83
玉门市	17	8	-9	76.63	84.16	77.58	74.04
临夏市	18	15	-3	76.07	78.40	78.42	78.29
皋兰县	19	24	5	76.07	81.79	76.95	75.89
瓜州县	20	11	-9	75.75	83.50	76.32	73.75
庆城县	21	19	-2	75.60	79.90	78.41	75.38
民勤县	22	22	0	75.49	78.96	78.18	76.39
武都区	23	12	-11	75.43	75.14	80.47	78.29
华亭市	24	21	-3	75.26	80.79	76.99	74.90
平川区	25	/	/	75.25	81.03	76.17	75.40
永昌县	26	28	2	75.11	80.06	77.19	75.13
永登县	27	18	-9	75.07	77.17	78.79	76.73
安定区	28	13	-15	75.03	75.49	79.21	78.12
金塔县	29	16	-13	74.52	82.55	75.26	72.70

续表

县(市、区)	2018 年综合排序	2017 年综合排序	排序变化	宏观经济竞争力			
				综合竞争力	经济均量竞争力	经济总量竞争力	金融资本竞争力
高台县	30	34	4	73.98	80.10	75.81	73.53
山丹县	31	40	9	73.93	79.32	75.96	74.14
环县	32	10	-22	73.92	77.03	78.33	74.35
陇西县	33	23	-10	73.85	74.28	78.70	76.94
天祝藏族自治县	34	37	3	73.84	77.60	77.99	73.81
景泰县	35	41	6	73.71	78.39	76.65	73.93
华池县	36	47	11	73.61	80.62	76.08	71.69
临泽县	37	29	-8	73.35	79.55	74.91	73.41
靖远县	38	31	-7	73.13	74.82	78.17	74.96
镇原县	39	33	-6	73.10	74.99	77.67	75.20
合作市	40	30	-10	72.98	79.15	74.48	73.33
宁县	41	32	-9	72.97	75.10	76.73	75.64
临洮县	42	26	-16	72.91	72.86	77.92	76.86
肃南裕固族自治县	43	48	5	72.90	85.02	73.32	67.60
民乐县	44	39	-5	72.81	77.03	76.36	73.43
成县	45	36	-9	72.66	75.47	76.29	74.87
肃北蒙古族自治县	46	14	-32	72.65	89.68	69.24	65.72
合水县	47	51	4	72.60	78.56	74.81	72.69
秦安县	48	25	-23	72.56	72.92	77.48	76.34
静宁县	49	38	-11	72.46	73.60	77.62	75.14
徽县	50	42	-8	72.44	75.06	76.94	74.13
甘谷县	51	20	-31	72.33	72.89	77.81	75.43
庄浪县	52	49	-3	72.12	73.27	76.64	75.61
古浪县	53	45	-8	71.93	72.74	77.65	74.72
崇信县	54	44	-10	71.83	79.84	73.09	70.92
武山县	55	27	-28	71.59	72.95	76.57	74.68
阿克塞哈萨克族自治县	56	17	-39	71.55	89.98	66.73	65.00
正宁县	57	54	-3	71.18	76.28	73.43	72.93
会宁县	58	35	-23	71.17	70.38	78.00	75.06
泾川县	59	46	-13	71.13	73.84	74.21	74.80
永靖县	60	55	-5	71.06	73.49	75.30	73.94
礼县	61	52	-9	70.14	69.50	76.17	75.22

续表

县(市、区)	2018年综合排序	2017年综合排序	排序变化	宏观经济竞争力			
				综合竞争力	经济均量竞争力	经济总量竞争力	金融资本竞争力
岷县	62	57	-5	70.08	70.08	75.59	74.98
清水县	63	43	-20	69.94	72.51	74.68	72.76
灵台县	64	56	-8	69.76	73.38	73.01	72.95
通渭县	65	58	-7	69.73	69.90	75.77	74.11
文县	66	53	-13	69.52	71.67	74.06	73.24
临夏县	67	67	0	69.29	70.46	75.68	72.40
西和县	68	50	-18	69.15	69.02	74.72	74.63
舟曲县	69	72	3	68.93	72.73	72.21	72.34
渭源县	70	60	-10	68.83	70.17	74.11	73.09
玛曲县	71	64	-7	68.62	77.63	71.40	66.75
宕昌县	72	65	-7	68.58	69.80	74.04	72.93
张家川回族自治县	73	59	-14	68.49	70.25	73.50	72.74
夏河县	74	63	-11	68.22	74.64	71.32	69.19
康乐县	75	71	-4	68.02	70.09	73.47	71.70
漳县	76	73	-3	67.63	71.09	71.76	71.26
临潭县	77	69	-8	67.37	71.25	71.08	71.09
广河县	78	70	-8	67.27	69.33	72.69	71.39
康县	79	62	-17	67.24	70.72	70.48	71.95
碌曲县	80	68	-12	66.33	76.14	67.97	65.90
卓尼县	81	61	-20	66.24	73.40	66.68	70.08
迭部县	82	66	-16	66.09	75.58	65.00	68.87
和政县	83	75	-8	66.09	68.30	71.14	71.04
两当县	84	74	-10	65.97	74.02	66.57	68.79
积石山保安族东乡族撒拉族自治县	85	76	-9	65.23	66.94	71.65	69.83
东乡族自治县	86	77	-9	65.00	65.00	72.76	70.34
均值				73.15	76.96	76.17	74.58
极差				25.00	24.98	25.00	25.00
方差				22.59	34.15	18.51	16.71
标准差				4.75	5.84	4.30	4.09

资料来源：根据《甘肃发展年鉴》（2018）和甘肃省统计局提供的数据计算所得。

根据2018年甘肃省县域宏观经济竞争力得分看出，甘肃省86个县（市、区）处于绝对优势的只有1个，为兰州市城关区；处于一般优势的有7个，包括七里河区、西固区、安宁区、白银区、凉州区、肃州区、金川区；处于中势的有20个，包括西峰区、甘州区、秦州区、红古区、敦煌市、崆峒区、麦积区、榆中县、玉门市、临夏市、皋兰县、瓜州县、庆城县、民勤县、武都区、华亭市、平川区、永昌县、永登县、安定区；处于一般劣势的有34个，包括金塔县、高台县、山丹县、环县、陇西县、天祝藏族自治县、景泰县、华池县、临泽县、靖远县、镇原县、合作市、宁县、临洮县、肃南裕固族自治县、民乐县、成县、肃北蒙古族自治县、合水县、秦安县、静宁县、徽县、甘谷县、庄浪县、古浪县、崇信县、武山县、阿克塞哈萨克族自治县、正宁县、会宁县、泾川县、永靖县、礼县、岷县；处于绝对劣势的有24个，包括清水县、灵台县、通渭县、文县、临夏县、西和县、舟曲县、渭源县、玛曲县、宕昌县、张家川回族自治县、夏河县、康乐县、漳县、临潭县、广河县、康县、碌曲县、卓尼县、迭部县、和政县、两当县、积石山保安族东乡族撒拉族自治县、东乡族自治县（见表8）。

表8　2018年甘肃省县域宏观经济竞争力水平归类分布一览

评价标准	县域名称	个数
绝对优势	城关区	1
一般优势	七里河区、西固区、安宁区、白银区、凉州区、肃州区、金川区	7
中势	西峰区、甘州区、秦州区、红古区、敦煌市、崆峒区、麦积区、榆中县、玉门市、临夏市、皋兰县、瓜州县、庆城县、民勤县、武都区、华亭市、平川区、永昌县、永登县、安定区	20
一般劣势	金塔县、高台县、山丹县、环县、陇西县、天祝藏族自治县、景泰县、华池县、临泽县、靖远县、镇原县、合作市、宁县、临洮县、肃南裕固族自治县、民乐县、成县、肃北蒙古族自治县、合水县、秦安县、静宁县、徽县、甘谷县、庄浪县、古浪县、崇信县、武山县、阿克塞哈萨克族自治县、正宁县、会宁县、泾川县、永靖县、礼县、岷县	34
绝对劣势	清水县、灵台县、通渭县、文县、临夏县、西和县、舟曲县、渭源县、玛曲县、宕昌县、张家川回族自治县、夏河县、康乐县、漳县、临潭县、广河县、康县、碌曲县、卓尼县、迭部县、和政县、两当县、积石山保安族东乡族撒拉族自治县、东乡族自治县	24

（2）结果分析

2018 年甘肃省县域宏观经济竞争力 86 个县（市、区）得分均值为 73.15，处于一般劣势，其极差、方差、标准差均相对较大，差异性较大，86 个县（市、区）之间发展很不均衡；经济均量竞争力和经济总量竞争力的均值分别为 76.96 和 76.17，均处于中势；金融资本竞争力均值为 74.58，处于一般劣势。从 3 个二级指标的极差、方差、标准差来看，都存在较大差异，在 86 个县（市、区）之间 3 个要素配置严重失衡（见表 7）。

从 86 个县（市、区）宏观经济竞争力水平归类分布来看，行政区域分布特征明显；兰州市周边县（市）及市（州）所在县域宏观经济竞争力提升较快，其他县域宏观经济竞争力提升相对较慢，但上升趋势依然存在（见表 8）。

从排序变化来看，排序上升的有 10 个县（市、区），其中上升较快的为：华池县 11、山丹县 9、景泰县 6、皋兰县 5、肃南裕固族自治县 5、高台县 4、合水县 4、天祝藏族自治县 3、舟曲县 3、永昌县 2；民勤县、临夏县 2 个县（市、区）排序未变；排序下降的有 65 个县（市、区），其中下降较快的为：阿克塞哈萨克族自治县 39、肃北蒙古族自治县 32、甘谷县 31、武山县 28、秦安县 23、会宁县 23、环县 22、清水县 20、卓尼县 20、西和县 18、康县 17、临洮县 16、迭部县 16、安定区 15、张家川回族自治县 14、金塔县 13、泾川县 13、文县 13、碌曲县 12、武都区 11、静宁县 11、夏河县 11、麦积区 10、陇西县 10、合作市 10、崇信县 10、渭源县 10、两当县 10。相对于 2017 年县域宏观经济竞争力排序变化，2018 年波动较大（见表 7）。

2. 甘肃省各市（州）县域宏观经济竞争力子系统评价分析

（1）评价结果

2018 年甘肃省 14 个市（州）县域宏观经济竞争力综合评价情况如表 9 所示。2018 年甘肃省 14 个市（州）县域宏观经济竞争力得分：兰州市 90.00，处于绝对优势；酒泉市 76.83、庆阳市 75.54，处于中势；天水市 73.64、张掖市 73.32、平凉市 71.99、武威市 71.71、白银市 71.60、陇南市

表9　2018年甘肃省14个市（州）县域宏观经济竞争力评价

市(州)	2018年综合排序	2017年综合排序	排序变化	宏观经济竞争力			
				综合竞争力	经济均量竞争力	经济总量竞争力	金融资本竞争力
兰州市	1	3	2	90.00	90.00	90.00	90.00
酒泉市	2	1	-1	76.83	85.72	75.32	73.84
庆阳市	3	4	1	75.54	76.95	78.52	75.06
天水市	4	5	1	73.64	69.50	78.25	76.98
张掖市	5	6	1	73.32	78.25	74.48	72.11
平凉市	6	7	1	71.99	71.98	74.94	73.73
武威市	7	2	-5	71.71	69.68	75.77	74.23
白银市	8	9	1	71.60	72.16	75.18	72.31
陇南市	9	11	2	70.61	68.03	74.85	73.72
定西市	10	10	0	69.37	65.00	74.11	73.89
嘉峪关市	11	/	/	68.08	76.83	67.04	67.03
临夏州	12	13	1	67.57	65.87	71.88	70.61
金昌市	13	8	-5	65.95	72.60	65.00	67.25
甘南州	14	12	-2	65.00	71.76	65.50	65.00
均值				72.23	73.88	74.35	73.27
极差				25.00	25.00	25.00	25.00
方差				37.95	51.09	39.00	34.75
标准差				6.16	7.15	6.25	5.90

资料来源：根据《甘肃发展年鉴》（2018）和甘肃省统计局提供的数据计算所得。

70.61，处于一般劣势；定西市69.37、嘉峪关市68.08、临夏州67.57、金昌市65.95、甘南州65.00，处于绝对劣势。14个市（州）县域宏观经济竞争力得分均无处于一般优势的情况（见表10）。

（2）结果分析

从14个市（州）宏观经济竞争力总体来看，均值为72.23，与86个县（市、区）结果一致，均处在一般劣势；经济均量均值为73.88，经济总量均值为74.35，金融资本均值为73.27，均处于一般劣势；经济总量和金融资本极差、方差、标准差较大，说明14个市（州）之间存在一定差异，结合

表 10　2018 年甘肃省 14 个市（州）县域宏观经济竞争力水平归类分布一览

评价标准	市(州)名称	个数
绝对优势	兰州市	1
一般优势	—	0
中势	酒泉市、庆阳市	2
一般劣势	天水市、张掖市、平凉市、武威市、白银市、陇南市	6
绝对劣势	定西市、嘉峪关市、临夏州、金昌市、甘南州	5

86 个县（市、区）的评价结果，反映了各市（州）所辖县域之间存在较大差异，发展不均衡（见表 9）。

从 14 个市（州）县域宏观经济竞争力 3 个二级指标得分的极差、方差、标准差来看，其与 86 个县（市、区）相比较略有扩大，存在较大差异，要素配置很不均衡；同时结合 86 个县（市、区）评价结果，说明各市（州）所辖县域之间存在较大差异，要素配置很不均衡（见表 9）。

从排序变化来看，排序上升的有 8 个市（州），为兰州市、陇南市、庆阳市、天水市、张掖市、平凉市、白银市、临夏州；定西市排序未变；排序下降的有 4 个市（州），为酒泉市、甘南州、武威市、金昌市（见表 9）。

（二）甘肃省县域产业发展竞争力子系统评价分析

1. 甘肃省县域产业发展竞争力子系统评价结果

（1）评价结果

通过对产业总量竞争力、产业结构竞争力、产业效率竞争力、农业产业化竞争力 4 个二级指标进行计算和分析，2018 年甘肃省 86 个县（市、区）县域产业发展争力评价情况如表 11 所示。

根据 2018 年甘肃省县域产业发展竞争力得分，甘肃省 86 个县（市、区）处于绝对优势的有 2 个，包括安宁区、西固区；处于一般优势的有 11 个，包括城关区、榆中县、七里河区、金川区、凉州区、甘州区、玉门市、西峰区、白银区、临夏市、红古区；处于中势的县（市、区）有 36 个，包括

表 11 2018 年甘肃省县域产业发展竞争力评价

县(市、区)	2018 年综合排序	2017 年综合排序	排序变化	产业发展竞争力				
				综合竞争力	产业总量竞争力	产业结构竞争力	产业效率竞争力	农业产业化竞争力
安宁区	1	/	/	90.00	86.19	88.20	82.14	90.00
西固区	2	/	/	85.06	89.53	85.43	83.27	75.19
城关区	3	/	/	84.64	90.00	90.00	82.27	73.56
榆中县	4	6	2	82.41	85.35	82.77	90.00	68.82
七里河区	5	/	/	81.64	88.75	87.52	82.01	69.10
金川区	6	/	/	81.59	87.26	84.14	80.41	72.71
凉州区	7	2	-5	81.45	86.55	76.43	80.31	75.00
甘州区	8	7	-1	80.74	84.83	79.91	80.69	74.18
玉门市	9	12	3	80.65	85.34	82.18	79.55	73.89
西峰区	10	1	-9	80.63	86.99	85.17	82.42	68.96
白银区	11	/	/	80.54	87.66	85.80	79.23	70.57
临夏市	12	9	-3	80.53	81.76	88.81	83.13	72.97
红古区	13	/	/	80.44	84.88	83.99	80.76	72.48
秦州区	14	/	/	79.99	86.51	84.76	82.67	67.95
皋兰县	15	5	-10	79.38	82.57	81.64	84.72	69.84
麦积区	16	4	-12	79.18	85.54	84.07	83.02	67.08
永昌县	17	25	8	79.12	82.57	78.18	81.18	73.04
肃州区	18	10	-8	78.90	84.38	81.92	76.24	73.90
瓜州县	19	35	16	78.32	82.39	79.82	78.96	72.97
安定区	20	11	-9	78.07	82.62	81.29	83.07	68.39
临洮县	21	19	-2	78.02	81.94	80.64	83.27	68.99
环县	22	16	-6	77.93	81.86	79.48	84.88	67.77
崆峒区	23	8	-15	77.86	84.29	85.93	81.73	66.18
徽县	24	28	4	77.75	81.22	78.60	83.65	69.31
民乐县	25	33	8	77.61	80.28	74.00	81.43	72.94
永登县	26	3	-23	77.44	84.30	83.05	77.44	69.53
华亭市	27	37	10	77.44	81.57	80.97	85.97	65.76
临泽县	28	39	11	77.15	79.90	74.62	78.97	74.27
山丹县	29	32	3	77.13	80.52	77.89	80.80	71.26
成县	30	14	-16	77.12	81.77	82.13	81.96	67.95
金塔县	31	53	22	77.09	80.53	75.40	77.49	74.52
高台县	32	54	22	77.09	79.64	75.24	80.30	73.15

续表

县(市、区)	2018年综合排序	2017年综合排序	排序变化	产业发展竞争力				
				综合竞争力	产业总量竞争力	产业结构竞争力	产业效率竞争力	农业产业化竞争力
平川区	33	/	/	77.05	82.73	82.34	79.53	68.76
陇西县	34	24	-10	76.89	82.06	80.61	81.23	68.09
民勤县	35	34	-1	76.73	81.29	69.81	80.91	71.30
敦煌市	36	22	-14	76.69	81.59	84.75	77.84	70.08
永靖县	37	26	-11	76.37	79.39	80.14	82.46	68.92
临夏县	38	18	-20	76.10	78.21	80.58	82.54	69.42
合水县	39	47	8	75.87	78.76	80.16	82.81	68.19
甘谷县	40	51	11	75.73	80.16	74.88	81.51	68.66
合作市	41	23	-18	75.67	79.87	86.24	82.91	65.08
武都区	42	13	-29	75.64	81.69	80.38	81.18	65.82
靖远县	43	50	7	75.56	80.85	70.40	79.87	69.95
通渭县	44	30	-14	75.51	78.58	79.32	83.29	67.38
秦安县	45	45	0	75.24	79.45	75.90	81.28	68.31
广河县	46	31	-15	75.12	76.89	82.02	82.08	68.75
肃南裕固族自治县	47	72	25	75.10	78.52	73.91	79.80	70.71
镇原县	48	36	-12	75.10	80.11	74.65	80.31	68.39
庆城县	49	20	-29	75.00	80.33	79.87	78.98	67.86
天祝藏族自治县	50	44	-6	74.96	80.51	77.56	78.78	68.28
会宁县	51	46	-5	74.96	80.55	72.11	79.98	68.46
漳县	52	40	-12	74.93	77.44	77.45	83.40	67.68
清水县	53	42	-11	74.81	77.94	78.07	82.54	67.45
古浪县	54	58	4	74.69	79.73	70.14	79.81	69.35
文县	55	41	-14	74.63	78.88	75.83	82.28	66.77
阿克塞哈萨克族自治县	56	73	17	74.56	75.27	84.58	75.22	74.46
景泰县	57	63	6	74.48	80.99	76.30	77.26	68.26
康乐县	58	29	-29	74.47	76.21	79.58	83.19	67.68
肃北蒙古族自治县	59	67	8	74.43	77.25	85.11	72.58	74.14
东乡族自治县	60	21	-39	74.42	77.27	76.17	84.27	66.29
岷县	61	56	-5	74.31	78.30	76.85	83.38	65.52

续表

县(市、区)	2018年综合排序	2017年综合排序	排序变化	产业发展竞争力				
				综合竞争力	产业总量竞争力	产业结构竞争力	产业效率竞争力	农业产业化竞争力
华池县	62	17	-45	74.22	79.34	81.40	78.83	67.02
崇信县	63	62	-1	74.09	79.06	73.48	79.66	68.12
宁县	64	27	-37	73.98	79.10	78.56	77.72	68.31
静宁县	65	66	1	73.93	78.49	65.25	82.01	68.27
武山县	66	57	-9	73.80	77.75	72.59	80.82	68.11
和政县	67	15	-52	73.75	75.02	80.30	84.66	65.97
宕昌县	68	52	-16	73.49	75.39	78.00	80.57	68.98
渭源县	69	55	-14	73.31	77.01	72.44	83.12	65.95
西和县	70	43	-27	73.11	77.94	80.37	79.54	65.70
张家川回族自治县	71	48	-23	72.92	76.56	77.35	79.03	67.89
舟曲县	72	74	2	72.75	75.43	76.07	81.59	66.88
正宁县	73	61	-12	72.48	74.87	80.08	81.61	65.96
迭部县	74	68	-6	72.32	75.15	74.99	81.44	66.62
康县	75	49	-26	72.23	75.76	79.24	77.97	67.69
礼县	76	59	-17	71.93	77.27	75.27	79.48	65.05
两当县	77	64	-13	71.86	72.43	73.33	82.95	67.65
卓尼县	78	70	-8	71.40	75.70	74.10	80.12	65.29
灵台县	79	71	-8	71.18	75.73	71.94	77.17	67.75
临潭县	80	69	-11	70.37	73.31	80.27	79.17	65.02
夏河县	81	76	-5	69.86	75.20	71.48	77.20	65.49
庄浪县	82	65	-17	69.64	76.87	65.09	74.83	66.67
玛曲县	83	77	-6	68.64	75.09	65.85	76.25	65.02
碌曲县	84	75	-9	68.50	72.01	69.09	78.97	65.00
积石山保安族东乡族撒拉族自治县	85	38	-47	67.18	65.00	81.41	79.41	66.51
泾川县	86	60	-26	65.00	74.61	65.00	65.00	67.18
均值				75.93	80.00	78.47	80.63	69.19
极差				25.00	25.00	25.00	25.00	25.00
方差				15.77	18.63	30.08	9.83	12.99
标准差				3.97	4.32	5.48	3.14	3.60

资料来源：根据《甘肃发展年鉴》(2018) 和甘肃省统计局提供的数据计算所得。

秦州区、皋兰县、麦积区、永昌县、肃州区、瓜州县、安定区、临洮县、环县、崆峒区、徽县、民乐县、永登县、华亭市、临泽县、山丹县、成县、金塔县、高台县、平川区、陇西县、民勤县、敦煌市、永靖县、临夏县、合水县、甘谷县、合作市、武都区、靖远县、通渭县、秦安县、广河县、肃南裕固族自治县、镇原县、庆城县；处于一般劣势的有31个，包括天祝藏族自治县、会宁县、漳县、清水县、古浪县、文县、阿克塞哈萨克族自治县、景泰县、康乐县、肃北蒙古族自治县、东乡族自治县、岷县、华池县、崇信县、宁县、静宁县、武山县、和政县、宕昌县、渭源县、西和县、张家川回族自治县、舟曲县、正宁县、迭部县、康县、礼县、两当县、卓尼县、灵台县、临潭县；处于绝对劣势的有6个，包括夏河县、庄浪县、玛曲县、碌曲县、积石山保安族东乡族撒拉族自治县、泾川县（见表12）。

表12　2018年甘肃省县域产业发展竞争力水平归类分布一览

评价标准	县域名称	个数
绝对优势	安宁区、西固区	2
一般优势	城关区、榆中县、七里河区、金川区、凉州区、甘州区、玉门市、西峰区、白银区、临夏市、红古区	11
中势	秦州区、皋兰县、麦积区、永昌县、肃州区、瓜州县、安定区、临洮县、环县、崆峒区、徽县、民乐县、永登县、华亭市、临泽县、山丹县、成县、金塔县、高台县、平川区、陇西县、民勤县、敦煌市、永靖县、临夏县、合水县、甘谷县、合作市、武都区、靖远县、通渭县、秦安县、广河县、肃南裕固族自治县、镇原县、庆城县	36
一般劣势	天祝藏族自治县、会宁县、漳县、清水县、古浪县、文县、阿克塞哈萨克族自治县、景泰县、康乐县、肃北蒙古族自治县、东乡族自治县、岷县、华池县、崇信县、宁县、静宁县、武山县、和政县、宕昌县、渭源县、西和县、张家川回族自治县、舟曲县、正宁县、迭部县、康县、礼县、两当县、卓尼县、灵台县、临潭县	31
绝对劣势	夏河县、庄浪县、玛曲县、碌曲县、积石山保安族东乡族撒拉族自治县、泾川县	6

（2）结果分析

2018年甘肃省县域产业发展竞争力86个县（市、区）得分均值为75.93，处于中势，其极差、方差、标准差均相对较大，存在一定差异，86个县（市、区）之间发展相对不均衡；产业总量竞争力均值为80.00，产业效率竞争力均值为80.63，均处于一般优势；产业结构竞争力均值为78.47，处于中势；农业产业化竞争力均值为69.19，处于绝对劣势。从4个二级指标的极差、方差、标准差来看，产业结构竞争力和产业总量竞争力都存在较大差异，在86个县（市、区）之间，这两个要素配置严重失衡，产业结构配置相对较均衡（见表11）。

从86个县（市、区）产业发展竞争力水平归类分布来看，行政区域分布特征明显：兰州市周边县（市）及特色产业优势明显的县域产业发展竞争力提升较快，其他县域产业发展竞争力提升相对较慢（见表12）。

从排序变化来看，排序上升的有21个县（市、区），其中上升较快的县（市、区）及其排序为：肃南裕固族自治县（25）、金塔县（22）、高台县（22）、阿克塞哈萨克族自治县（17）、瓜州县（16）、临泽县（11）、甘谷县（11）、华亭市（10）；只有秦安县排序未变；排序下降的有55个县（市、区），其中下降较快的县（市、区）及其排序为：和政县（52）、积石山保安族东乡族撒拉族自治县（47）、华池县（45）、东乡族自治县（39）、宁县（37）、武都区（29）、庆城县（29）、康乐县（29）、西和县（27）、康县（26）、泾川县（26）、永登县（23）、张家川回族自治县（23）、临夏县（20）、合作市（18）、礼县（17）、庄浪县（17）、成县（16）、宕昌县（16）、崆峒区（15）、广河县（15）、敦煌市（14）、通渭县（14）、文县（14）、渭源县（14）、两当县（13）、麦积区（12）、镇原县（12）、漳县（12）、正宁县（12）、永靖县（11）、清水县（11）、临潭县（11）、皋兰县（10）、陇西县（10）（见表11）。

2. 甘肃省市（州）县域产业发展竞争力子系统评价分析

（1）评价结果

2018年甘肃省14个市（州）县域产业发展竞争力综合评价情况如表13所示。2018年甘肃省14个市（州）县域产业发展竞争力得分：兰州市90.00、嘉峪关市86.27，两者均处于绝对优势；金昌市80.37、天水市80.11，两者均处于一般优势；武威市79.83、酒泉市78.81、张掖市78.09、庆阳市77.96、白银市77.42、定西市77.11、临夏州75.52，均处于中势；陇南市74.98、平凉市70.94，处于一般劣势；甘南州65.00处于绝对劣势（见表14）。

表13　2018年甘肃省14个市（州）县域产业发展竞争力评价

市(州)	2018年综合排序	2017年综合排序	排序变化	产业发展竞争力				
				综合竞争力	产业总量竞争力	产业结构竞争力	产业效率竞争力	农业产业化竞争力
兰州市	1	1	0	90.00	90.00	90.00	84.90	76.92
嘉峪关市	2	/	/	86.27	77.10	81.60	90.00	86.32
金昌市	3	5	2	80.37	76.82	77.16	78.82	82.04
天水市	4	7	3	80.11	78.25	77.23	84.98	73.65
武威市	5	2	-3	79.83	75.11	65.00	75.45	90.00
酒泉市	6	9	3	78.81	78.13	77.89	65.00	87.44
张掖市	7	8	1	78.09	74.15	71.00	75.53	85.04
庆阳市	8	3	-5	77.96	78.59	75.00	80.31	72.08
白银市	9	12	3	77.42	78.99	74.14	71.05	78.21
定西市	10	6	-4	77.11	73.55	74.87	86.78	72.54
临夏州	11	4	-7	75.52	69.55	82.07	86.34	73.05
陇南市	12	10	-2	74.98	73.25	75.16	81.65	71.69
平凉市	13	11	-2	70.94	73.76	67.67	69.93	72.46
甘南州	14	13	-1	65.00	65.00	71.25	75.61	65.00
均值				78.03	75.87	75.72	79.03	77.60
极差				25.00	25.00	25.00	25.00	25.00
方差				35.52	31.41	39.53	53.26	55.01
标准差				5.96	5.60	6.29	7.30	7.42

资料来源：根据《甘肃发展年鉴》（2018）和甘肃省统计局提供的数据计算所得。

表14　2018年甘肃省14个市（州）县域产业发展竞争力水平归类分布一览

评价标准	市(州)名称	个数
绝对优势	兰州市、嘉峪关市	2
一般优势	金昌市、天水市	2
中势	武威市、酒泉市、张掖市、庆阳市、白银市、定西市、临夏州	7
一般劣势	陇南市、平凉市	2
绝对劣势	甘南州	1

（2）结果分析

从14个市（州）产业发展竞争力总体来看，均值为78.03，与86个县

（市、区）结果一致，均处于中势；产业总量竞争力、产业结构竞争力、产业效率竞争力、农业产业化竞争力均值分别为 75.87、75.72、79.03、77.60，均处于中势。

从 14 个市（州）县域产业发展竞争力 4 个二级指标方差、标准差来看，比 86 个县（市、区）明显扩大，要素配置很不均衡；同时结合 86 个县（市、区）评价结果，说明各市（州）所辖县域之间存在较大差异，各市（州）所辖县域之间要素配置很不均衡（见表 13）。

从排序变化来看，排序上升的有 5 个市（州）：天水市、酒泉市、白银市、金昌市、张掖市。排序未变的有 1 个。排序下降的有 7 个市（州）：甘南州、陇南市、平凉市、武威市、定西市、庆阳市、临夏州（见表 13）。

（三）甘肃省县域基础设施竞争力子系统评价分析

1. 甘肃省县域基础设施竞争力子系统评价结果

（1）评价结果

通过对生活条件竞争力、互联通信竞争力、公路交通竞争力 3 个二级指标进行计算和分析，2018 年甘肃省 86 个县（市、区）县域基础设施竞争力评价情况如表 15 所示。

根据 2018 年甘肃省县域基础设施竞争力得分，甘肃省 86 个县（市、区）处于绝对优势的只有城关区 1 个；处于一般优势的有 14 个，包括西峰区、甘州区、肃州区、广河县、静宁县、张家川回族自治县、民乐县、平川区、金川区、秦州区、凉州区、临夏市、崆峒区、玉门市；处于中势的有 42 个，包括泾川县、阿克塞哈萨克族自治县、成县、白银区、西固区、永昌县、武山县、瓜州县、庄浪县、武都区、临泽县、甘谷县、七里河区、山丹县、永登县、景泰县、清水县、榆中县、临洮县、靖远县、康乐县、灵台县、崇信县、麦积区、徽县、民勤县、两当县、合水县、宁县、临夏县、文县、皋兰县、高台县、康县、金塔县、镇原县、华亭市、西和县、天祝藏族自治县、临潭县、渭源县、陇西县；处于一般劣势的有22 个，包括秦安县、古浪

表 15　2018 年甘肃省县域基础设施竞争力评价

县(市、区)	2018 年综合排序	2017 年综合排序	排序变化	基础设施竞争力			
				综合竞争力	生活条件竞争力	互联通信竞争力	公路交通竞争力
城关区	1	/	/	90.00	87.66	90.00	74.50
西峰区	2	2	0	83.49	88.55	70.85	85.34
甘州区	3	7	4	83.39	85.59	73.39	84.41
肃州区	4	13	9	82.41	84.61	73.93	83.08
广河县	5	6	1	82.14	84.52	67.19	90.00
静宁县	6	8	2	81.69	86.05	68.21	87.28
张家川回族自治县	7	12	5	81.15	85.06	69.09	86.22
民乐县	8	11	3	81.14	87.02	70.04	83.92
平川区	9	/	/	81.04	85.40	73.88	80.70
金川区	10	/	/	80.98	89.39	75.99	75.77
秦州区	11	/	/	80.94	84.76	69.66	85.50
凉州区	12	22	10	80.74	84.12	70.09	85.18
临夏市	13	1	-12	80.73	88.02	75.10	77.27
崆峒区	14	24	10	80.28	84.98	69.38	84.74
玉门市	15	17	2	80.24	87.31	71.92	80.45
泾川县	16	10	-6	79.93	86.89	68.77	83.67
阿克塞哈萨克族自治县	17	20	3	79.93	89.71	76.71	73.32
成县	18	14	-4	79.87	85.34	69.39	83.92
白银区	19	/	/	79.83	82.06	73.59	81.48
西固区	20	/	/	79.78	88.12	72.50	78.65
永昌县	21	48	27	79.69	81.78	73.40	81.68
武山县	22	43	21	79.66	82.38	70.10	84.79
瓜州县	23	42	19	79.66	82.06	74.70	80.06
庄浪县	24	16	-8	79.48	86.98	69.19	82.53
武都区	25	46	21	79.27	83.61	66.30	87.52
临泽县	26	3	-23	79.20	86.91	71.22	80.00
甘谷县	27	40	13	79.12	79.83	69.00	86.86
七里河区	28	/	/	78.92	87.47	70.20	80.34
山丹县	29	9	-20	78.78	87.51	69.95	80.38
永登县	30	38	8	78.69	83.93	68.55	84.09

续表

县(市、区)	2018年综合排序	2017年综合排序	排序变化	基础设施竞争力			
				综合竞争力	生活条件竞争力	互联通信竞争力	公路交通竞争力
景泰县	31	23	-8	78.68	86.11	68.82	82.37
清水县	32	29	-3	78.39	83.53	69.62	82.78
榆中县	33	58	25	78.15	81.48	68.11	85.39
临洮县	34	35	1	78.03	83.71	68.38	83.49
靖远县	35	51	16	78.02	82.29	69.25	83.46
康乐县	36	32	-4	77.95	83.58	68.17	83.68
灵台县	37	52	15	77.92	85.19	69.51	81.15
崇信县	38	5	-33	77.90	87.39	69.55	79.65
麦积区	39	25	-14	77.85	84.98	75.46	74.80
徽县	40	39	-1	77.80	86.17	69.54	80.32
民勤县	41	37	-4	77.78	84.06	69.63	81.56
两当县	42	36	-6	77.76	85.54	70.11	80.06
合水县	43	26	-17	77.67	86.91	68.99	80.25
宁县	44	28	-16	77.58	86.48	67.71	81.78
临夏县	45	21	-24	77.35	85.63	67.60	82.12
文县	46	47	1	77.34	82.07	68.22	83.75
皋兰县	47	4	-43	77.32	89.08	68.31	79.09
高台县	48	27	-21	77.14	84.45	71.17	78.75
康县	49	41	-8	77.01	83.83	68.42	81.93
金塔县	50	34	-16	77.01	79.89	73.28	79.27
镇原县	51	44	-7	76.65	82.45	68.79	81.93
华亭市	52	15	-37	76.28	84.58	69.64	79.12
西和县	53	53	0	75.58	80.48	66.87	83.77
天祝藏族自治县	54	54	0	75.35	80.65	68.67	81.40
临潭县	55	55	0	75.33	78.77	67.28	84.09
渭源县	56	56	0	75.32	79.81	69.12	81.43
陇西县	57	60	3	75.11	79.02	69.02	81.74
秦安县	58	57	-1	74.99	79.01	67.49	83.22
古浪县	59	63	4	74.65	78.30	68.05	82.61
和政县	60	61	1	74.48	78.22	68.78	81.63
肃北蒙古族自治县	61	45	-16	74.41	81.78	73.78	73.86

续表

县(市、区)	2018年综合排序	2017年综合排序	排序变化	基础设施竞争力			
				综合竞争力	生活条件竞争力	互联通信竞争力	公路交通竞争力
永靖县	62	50	-12	74.31	83.96	67.52	79.04
敦煌市	63	30	-33	73.98	83.75	76.19	69.40
漳县	64	49	-15	73.93	81.19	66.98	80.87
岷县	65	18	-47	73.89	86.03	66.70	77.99
通渭县	66	68	2	73.65	75.49	67.90	83.19
会宁县	67	76	9	73.46	69.15	68.41	86.49
舟曲县	68	66	-2	73.09	77.26	68.77	80.33
迭部县	69	33	-36	73.06	85.27	67.79	76.15
庆城县	70	62	-8	73.06	79.89	67.08	80.38
宕昌县	71	69	-2	72.95	84.89	65.39	78.80
正宁县	72	19	-53	72.80	87.87	68.85	72.95
肃南裕固族自治县	73	31	-42	72.05	85.45	69.04	73.26
东乡族自治县	74	71	-3	71.41	78.09	65.00	81.47
积石山保安族东乡族撒拉族自治县	75	65	-10	71.35	80.71	66.29	78.31
合作市	76	59	-17	70.85	79.67	69.56	74.78
玛曲县	77	75	-2	70.83	78.17	68.58	76.77
安定区	78	67	-11	70.40	78.71	68.17	76.25
礼县	79	77	-2	70.35	66.76	67.37	84.79
卓尼县	80	64	-16	69.95	78.79	67.65	76.13
安宁区	81	/	/	69.56	90.00	70.74	65.00
华池县	82	73	-9	69.51	68.08	69.95	79.99
环县	83	72	-11	69.01	65.00	68.40	82.95
红古区	84	/	/	68.94	87.16	70.20	66.55
碌曲县	85	70	-15	68.55	78.94	70.78	70.72
夏河县	86	74	-12	65.00	75.90	68.24	70.44
均值				76.64	82.90	69.90	80.43
极差				25.00	25.00	25.00	25.00
方差				17.53	23.78	11.00	21.45
标准差				4.19	4.88	3.32	4.63

资料来源：根据《甘肃发展年鉴》（2018）和甘肃省统计局提供的数据计算所得。

县、和政县、肃北蒙古族自治县、永靖县、敦煌市、漳县、岷县、通渭县、会宁县、舟曲县、迭部县、庆城县、宕昌县、正宁县、肃南裕固族自治县、东乡族自治县、积石山保安族东乡族撒拉族自治县、合作市、玛曲县、安定区、礼县；处于绝对劣势的县（市、区）有7个，包括卓尼县、安宁区、华池县、环县、红古区、碌曲县、夏河县（见表16）。

表16 2018年甘肃省县域基础设施竞争力水平归类分布一览

评价标准	县域名称	个数
绝对优势	城关区	1
一般优势	西峰区、甘州区、肃州区、广河县、静宁县、张家川回族自治县、民乐县、平川区、金川区、秦州区、凉州区、临夏市、崆峒区、玉门市	14
中势	泾川县、阿克塞哈萨克族自治县、成县、白银区、西固区、永昌县、武山县、瓜州县、庄浪县、武都区、临泽县、甘谷县、七里河区、山丹县、永登县、景泰县、清水县、榆中县、临洮县、靖远县、康乐县、灵台县、崇信县、麦积区、徽县、民勤县、两当县、合水县、宁县、临夏县、文县、皋兰县、高台县、康县、金塔县、镇原县、华亭市、西和县、天祝藏族自治县、临潭县、渭源县、陇西县	42
一般劣势	秦安县、古浪县、和政县、肃北蒙古族自治县、永靖县、敦煌市、漳县、岷县、通渭县、会宁县、舟曲县、迭部县、庆城县、宕昌县、正宁县、肃南裕固族自治县、东乡族自治县、积石山保安族东乡族撒拉族自治县、合作市、玛曲县、安定区、礼县	22
绝对劣势	卓尼县、安宁区、华池县、环县、红古区、碌曲县、夏河县	7

（2）结果分析

2018年甘肃省县域基础设施竞争力86个县（市、区）得分均值为76.64，处于中势，其极差、方差、标准差均相对较大，差异性较大，86个县（市、区）之间发展很不均衡。生活条件竞争力均值为82.90，公路交通竞争力均值为80.43，两均者处于一般优势；互联通信竞争力均值为69.90，处于绝对劣势。从3个二级指标的极差、方差、标准差来看，均存在较大差异，在86个县（市、区）之间，生活条件和公路交通配置存在严重失衡，互联通信配置存在较大失衡（见表15）。

从86个县（市、区）基础设施竞争力水平归类分布来看，行政区域分布特征、地理位置特征及贫困特征均不太明显。市（州）所在县域基础设施竞争力提升较快，其他县域差异性不明显（见表16）。

从排序变化来看，排序上升的有26个县（市、区），上升较快的县（市、区）及其排序为：永昌县27、榆中县25、武山县21、武都区21、瓜州县19、靖远县16、灵台县15、甘谷县13、凉州区10、崆峒区10。西峰区、西和县、天祝藏族自治县、临潭县、渭源县5个县（市、区）排序未变。排序下降的有46个县（市、区），下降较快的县（市、区）及其排序为正宁县（53）、岷县（47）、皋兰县（43）、肃南裕固族自治县（42）、华亭市（37）、迭部县（36）、崇信县（33）、敦煌市（33）、临夏县（24）、临泽县（23）、高台县（21）、山丹县（20）、合水县（17）、合作市（17）、宁县（16）、金塔县（16）、肃北蒙古族自治县（16）、卓尼县（16）、漳县（15）、碌曲县（15）、麦积区（14）、临夏市（12）、永靖县（12）、夏河县（12）、安定区（11）、环县（11）、积石山保安族东乡族撒拉族自治县（10）（见表15）。

2. 甘肃省市（州）县域基础设施竞争力子系统评价分析

（1）评价结果

2018年甘肃省14个市（州）县域基础设施竞争力综合评价情况如表17所示。2018年甘肃省14个市（州）县域基础设施竞争力得分：兰州市90.00、平凉市86.16、嘉峪关市85.55，处于绝对优势；天水市84.43、张掖市82.01、临夏州80.58，处于一般优势；金昌市79.35、陇南市78.23、酒泉市77.93、武威市77.39、白银市76.97、庆阳市75.26，处于中势；定西市74.77，处于一般劣势；甘南州65.00处于绝对劣势（见表18）。

（2）结果分析

从14个市（州）基础设施竞争力总体来看，均值为79.55，与86个县（市、区）结果一致，均处在中势。公路交通竞争力均值为81.20，处于一般优势；生活条件竞争力均值为78.40，处于中势；互联通信竞争力均值为71.97，处于一般劣势；方差、标准差明显扩大，说明14个市（州）之间存在较大差异，结合86个县（市、区）的评价结果，反映了各市（州）所辖县域之间存在较大差异，各市（州）所辖县域之间要素配置不均衡（见表17）。

从排序变化来看，排序上升的有5个市（州）：兰州市、陇南市、金昌市、

表17 2018年甘肃省14个市（州）县域基础设施竞争力评价

市(州)	2018年综合排序	2017年综合排序	排序变化	基础设施竞争力			
				综合竞争力	生活条件竞争力	互联通信竞争力	公路交通竞争力
兰州市	1	4	3	90.00	83.95	80.86	83.73
平凉市	2	2	0	86.16	88.35	68.04	88.56
嘉峪关市	3	/	/	85.55	90.00	90.00	65.00
天水市	4	5	1	84.43	78.97	70.06	89.56
张掖市	5	1	-4	82.01	88.14	72.63	78.37
临夏州	6	6	0	80.58	79.67	66.31	87.53
金昌市	7	9	2	79.35	83.49	78.33	71.69
陇南市	8	11	3	78.23	71.93	65.00	90.00
酒泉市	9	3	-6	77.93	80.17	77.06	72.89
武威市	10	7	-3	77.39	77.25	68.82	82.00
白银市	11	12	1	76.97	66.81	70.28	85.95
庆阳市	12	8	-4	75.26	70.54	67.42	84.27
定西市	13	10	-3	74.77	73.33	66.28	83.12
甘南州	14	13	-1	65.00	65.00	66.46	74.14
均值				79.55	78.40	71.97	81.20
极差				25.00	25.00	25.00	25.00
方差				37.57	64.22	51.31	58.77
标准差				6.13	8.01	7.16	7.67

资料来源：根据《甘肃发展年鉴》（2018）和甘肃省统计局提供的数据计算所得。

表18 2018年甘肃省14个市（州）县域基础设施竞争力水平归类分布一览

评价标准	市(州)名称	个数
绝对优势	兰州市、平凉市、嘉峪关市	3
一般优势	天水市、张掖市、临夏州	3
中势	金昌市、陇南市、酒泉市、武威市、白银市、庆阳市	6
一般劣势	定西市	1
绝对劣势	甘南州	1

天水市、白银市。排序未变的有2个市（州）：平凉市、临夏州。排序下降的有6个市（州）：甘南州、武威市、定西市、张掖市、庆阳市、酒泉市（见表17）。

（四）甘肃省县域社会保障竞争力子系统评价分析

1. 甘肃省县域社会保障竞争力子系统评价结果

（1）评价结果

通过对医疗保险、养老保险、基本生活保障 3 个二级指标进行计算和分析，2018 年甘肃省 86 个县（市、区）县域社会保障竞争力评价情况如表 19 所示。

表 19　2018 年甘肃省县域社会保障竞争力评价

县（市、区）	2018 年综合排序	2017 年综合排序	排序变化	社会保障竞争力			
				综合竞争力	医疗保险竞争力	养老保险竞争力	基本生活保障竞争力
安宁区	1	/	/	90.00	85.08	83.44	90.00
天祝藏族自治县	2	38	36	87.36	90.00	80.60	82.33
金塔县	3	3	0	85.15	89.64	76.63	87.14
徽县	4	10	6	84.81	86.35	78.00	86.94
两当县	5	11	6	84.20	86.14	77.31	87.24
临泽县	6	7	1	83.58	86.69	77.14	84.87
榆中县	7	9	2	83.46	84.18	77.38	87.52
敦煌市	8	4	-4	83.44	85.91	76.90	86.28
瓜州县	9	19	10	83.15	85.43	78.50	81.45
凉州区	10	14	4	83.08	85.32	76.90	85.99
肃北蒙古族自治县	11	2	-9	83.01	87.66	75.46	86.48
灵台县	12	40	28	82.60	84.37	77.55	83.97
康县	13	15	2	82.60	86.51	76.49	83.84
静宁县	14	34	20	82.51	84.75	78.28	81.00
卓尼县	15	46	31	82.51	84.48	77.20	84.51
肃州区	16	35	19	82.33	85.27	76.31	85.31
永登县	17	16	-1	82.31	85.83	75.28	87.37
永靖县	18	51	33	82.27	83.14	76.28	88.38
成县	19	48	29	82.15	87.74	74.86	85.24
陇西县	20	41	21	82.04	81.99	77.41	86.04
庆城县	21	17	-4	81.85	86.59	74.97	85.67
崇信县	22	21	-1	81.57	85.42	75.61	84.65

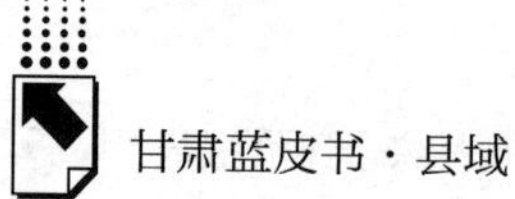

续表

县(市、区)	2018年综合排序	2017年综合排序	排序变化	社会保障竞争力			
				综合竞争力	医疗保险竞争力	养老保险竞争力	基本生活保障竞争力
华池县	23	39	16	81.52	84.79	76.47	82.93
环县	24	50	26	81.44	85.05	75.85	84.10
碌曲县	25	53	28	81.43	88.96	74.55	81.99
高台县	26	22	-4	81.42	82.58	76.37	86.18
金川区	27	/	/	81.21	73.00	80.92	86.52
临洮县	28	23	-5	80.90	84.59	75.03	85.39
宁县	29	24	-5	80.90	83.55	76.30	83.25
西峰区	30	12	-18	80.89	79.98	77.16	86.01
泾川县	31	63	32	80.50	79.38	77.22	85.46
甘州区	32	18	-14	80.42	82.29	75.08	87.06
景泰县	33	13	-20	80.30	80.96	76.57	84.35
麦积区	34	31	-3	80.28	84.42	74.07	86.35
甘谷县	35	1	-34	80.26	83.99	75.32	83.35
合作市	36	47	11	80.13	88.92	76.21	73.05
舟曲县	37	49	12	80.08	83.59	79.05	72.59
民勤县	38	8	-30	80.01	78.26	78.25	82.53
永昌县	39	28	-11	79.93	84.13	74.26	85.10
清水县	40	32	-8	79.67	84.88	74.75	81.74
合水县	41	29	-12	79.51	81.98	75.36	83.75
临夏县	42	68	26	79.31	85.06	77.32	72.89
正宁县	43	26	-17	79.27	82.71	74.84	83.40
渭源县	44	25	-19	79.25	79.95	76.38	82.94
玉门市	45	43	-2	79.16	79.83	77.75	78.86
镇原县	46	36	-10	79.11	85.54	72.71	84.83
山丹县	47	5	-42	79.05	83.41	74.25	83.31
靖远县	48	45	-3	78.77	84.72	72.73	84.86
肃南裕固族自治县	49	64	15	78.70	79.13	76.03	83.38
七里河区	50	/	/	78.57	79.33	74.05	88.39
岷县	51	67	16	78.54	86.65	72.79	81.10
崆峒区	52	57	5	78.00	80.78	74.13	84.15
玛曲县	53	27	-26	77.98	86.32	73.22	78.51
礼县	54	44	-10	77.31	86.85	71.59	80.28
民乐县	55	33	-22	77.04	79.31	73.67	84.53

续表

县(市、区)	2018年综合排序	2017年综合排序	排序变化	社会保障竞争力			
				综合竞争力	医疗保险竞争力	养老保险竞争力	基本生活保障竞争力
广河县	56	72	16	76.99	86.90	70.82	81.36
临潭县	57	62	5	76.96	84.15	73.59	77.32
迭部县	58	71	13	76.92	79.37	74.69	81.10
武山县	59	30	-29	76.92	79.35	73.60	84.26
宕昌县	60	42	-18	76.87	83.14	74.27	76.54
华亭市	61	69	8	76.70	76.79	74.35	85.18
文县	62	56	-6	76.34	81.16	74.07	78.37
武都区	63	37	-26	76.22	80.57	72.84	82.37
康乐县	64	55	-9	76.13	83.89	72.15	79.15
通渭县	65	54	-11	76.04	77.44	75.69	78.22
平川区	66	/	/	75.71	77.55	73.60	82.97
西固区	67	/	/	75.59	68.70	75.90	89.07
会宁县	68	65	-3	75.45	81.22	72.48	79.96
庄浪县	69	20	-49	75.25	72.92	78.44	74.37
西和县	70	74	4	75.20	78.67	72.20	83.71
古浪县	71	73	2	74.28	82.79	73.05	72.17
临夏市	72	6	-66	74.11	82.00	72.75	73.66
城关区	73	/	/	73.97	80.84	67.58	89.84
和政县	74	75	1	73.87	82.19	71.92	74.99
白银区	75	/	/	73.77	74.43	74.10	79.84
漳县	76	58	-18	73.41	76.99	71.50	82.40
秦安县	77	59	-18	72.92	67.99	74.82	84.53
安定区	78	60	-18	72.89	73.62	72.38	83.15
皋兰县	79	66	-13	72.78	66.82	75.35	84.29
红古区	80	/	/	72.25	65.00	76.34	82.38
夏河县	81	61	-20	72.24	80.79	72.08	71.27
秦州区	82	/	/	71.10	68.23	72.78	84.11
张家川回族自治县	83	52	-31	70.26	66.83	73.43	81.59
阿克塞哈萨克族自治县	84	70	-14	68.96	69.74	68.48	87.31
积石山保安族东乡族撒拉族自治县	85	77	-8	65.24	71.98	70.87	65.00
东乡族自治县	86	76	-10	65.00	74.48	65.00	77.47

续表

县(市、区)	2018年综合排序	2017年综合排序	排序变化	社会保障竞争力			
				综合竞争力	医疗保险竞争力	养老保险竞争力	基本生活保障竞争力
均值				78.57	81.39	75.00	82.60
极差				25.00	25.00	18.44	25.00
方差				19.68	32.20	7.69	21.42
标准差				4.44	5.67	2.77	4.63

资料来源：根据《甘肃发展年鉴》（2018）和甘肃省统计局提供的数据计算所得。

根据2018年甘肃省县域社会保障竞争力得分可知，甘肃省86个县（市、区）处于绝对优势的有3个，包括安宁区、天祝藏族自治县、金塔县；处于一般优势的县（市、区）有35个，包括徽县、两当县、临泽县、榆中县、敦煌市、瓜州县、凉州区、肃北蒙古族自治县、灵台县、康县、静宁县、卓尼县、肃州区、永登县、永靖县、成县、陇西县、庆城县、崇信县、华池县、环县、碌曲县、高台县、金川区、临洮县、宁县、西峰区、泾川县、甘州区、景泰县、麦积区、甘谷县、合作市、舟曲县、民勤县；处于中势的县（市、区）有32个，包括永昌县、清水县、合水县、临夏县、正宁县、渭源县、玉门市、镇原县、山丹县、靖远县、肃南裕固族自治县、七里河区、岷县、崆峒区、玛曲县、礼县、民乐县、广河县、临潭县、迭部县、武山县、宕昌县、华亭市、文县、武都区、康乐县、通渭县、平川区、西固区、会宁县、庄浪县、西和县；处于一般劣势的县（市、区）有13个，包括古浪县、临夏市、城关区、和政县、白银区、漳县、秦安县、安定区、皋兰县、红古区、夏河县、秦州区、张家川回族自治县；处于绝对劣势的县（市、区）有3个，包括阿克塞哈萨克族自治县、积石山保安族东乡族撒拉族自治县、东乡族自治县（见表20）。

（2）结果分析

2018年甘肃省县域社会保障竞争力86个县（市、区）得分均值为78.57，处于中势，其极差、方差、标准差均相对较大，差异性较大，86个县（市、区）之间发展很不均衡；医疗保险竞争力均值为81.39，基本

表 20　2018 年甘肃省县域社会保障竞争力水平归类分布一览

评价标准	县域名称	个数
绝对优势	安宁区、天祝藏族自治县、金塔县	3
一般优势	徽县、两当县、临泽县、榆中县、敦煌市、瓜州县、凉州区、肃北蒙古族自治县、灵台县、康县、静宁县、卓尼县、肃州区、永登县、永靖县、成县、陇西县、庆城县、崇信县、华池县、环县、碌曲县、高台县、金川区、临洮县、宁县、西峰区、泾川县、甘州区、景泰县、麦积区、甘谷县、合作市、舟曲县、民勤县	35
中势	永昌县、清水县、合水县、临夏县、正宁县、渭源县、玉门市、镇原县、山丹县、靖远县、肃南裕固族自治县、七里河区、岷县、崆峒区、玛曲县、礼县、民乐县、广河县、临潭县、迭部县、武山县、宕昌县、华亭市、文县、武都区、康乐县、通渭县、平川区、西固区、会宁县、庄浪县、西和县	32
一般劣势	古浪县、临夏市、城关区、和政县、白银区、漳县、秦安县、安定区、皋兰县、红古区、夏河县、秦州区、张家川回族自治县	13
绝对劣势	阿克塞哈萨克族自治县、积石山保安族东乡族撒拉族自治县、东乡族自治县	3

生活保障竞争力均值为 82.60，均处于一般优势；养老保险竞争力均值为 75.00，处于中势；从 3 个二级指标的极差、方差、标准差来看，都存在较大差异，在 86 个县（市、区）之间，3 个要素配置存在较大失衡（见表 19）。

从 86 个县（市、区）社会保障竞争力水平归类分布来看，行政区域分布特征、地理位置特征及贫困特征均不太明显（见表 20）。

从排序变化来看，排序上升的有 32 个县（市、区），上升较快的县（市、区）及其排序为天祝藏族自治县（36）、永靖县（33）、泾川县（32）、卓尼县（31）、成县（29）、灵台县（28）、碌曲县（28）、环县（26）、临夏县（26）、陇西县（21）、静宁县（20）、肃州区（19）、华池县（16）、岷县（16）、广河县（16）、肃南裕固族自治县（15）、迭部县（13）、舟曲县（12）、合作市（11）、瓜州县（10）；只有金塔县排序未变；排序下降的有 44 个县（市、区），下降较快的县（市、区）及其排序为：临夏市（66）、庄浪县（49）、山丹县（42）、甘谷县（34）、张家川回族自治县（31）、民勤县（30）、武山县（29）、玛曲县（26）、武都区（26）、民乐县（22）、景泰县（20）、夏河县（20）、渭源县（19）、西峰区（18）、宕昌县（18）、漳县（18）、秦安县（18）、安定区（18）、正宁县（17）、甘州区（14）、阿克塞哈萨克族自治县（14）、皋兰县（13）、合水县（12）、永昌县（11）、通渭县

(11)、镇原县(10)、礼县(10)、东乡族自治县(10)(见表19)。

2. 甘肃省市(州)县域社会保障竞争力子系统评价分析

(1)评价结果

2018 年甘肃省 14 个市(州)县域社会保障竞争力综合评价情况如表 21 所示。

表 21 2018 年甘肃省 14 个市(州)县域社会保障竞争力评价

市(州)	2018 年综合排序	2017 年综合排序	排序变化	社会保障竞争力			
				综合竞争力	医疗保险竞争力	养老保险竞争力	基本生活保障竞争力
酒泉市	1	1	0	90.00	90.00	72.74	82.51
庆阳市	2	5	3	86.98	88.66	71.50	82.75
武威市	3	8	5	85.13	88.96	71.72	77.64
张掖市	4	2	-2	84.93	86.38	70.51	86.45
金昌市	5	6	1	84.18	83.63	72.14	86.69
平凉市	6	10	4	80.30	84.33	70.69	81.06
陇南市	7	9	2	79.75	87.92	68.42	78.01
嘉峪关市	8	/	/	78.74	65.00	90.00	68.78
定西市	9	11	2	78.60	84.42	69.73	80.01
甘南州	10	12	2	78.10	89.00	70.54	66.26
兰州市	11	4	-7	77.87	77.36	71.40	90.00
白银市	12	7	-5	74.08	84.25	67.55	77.07
天水市	13	3	-10	70.71	77.62	68.75	81.92
临夏州	14	13	-1	65.00	84.39	65.00	65.00
均值				79.60	83.71	71.48	78.87
极差				25.00	25.00	25.00	25.00
方差				44.05	44.12	32.68	57.31
标准差				6.64	6.64	5.72	7.57

资料来源:根据《甘肃发展年鉴》(2018)和甘肃省统计局提供的数据计算所得。

2018 年甘肃省 14 个市(州)县域社会保障竞争力得分:酒泉市 90.00、庆阳市 86.98、武威市 85.13,处于绝对优势;张掖市 84.93、金昌市 84.18、平凉市 80.30,处于一般优势;陇南市 79.75、嘉峪关市 78.74、定西市 78.60、甘南州 78.10、兰州市 77.87,处于中势;白银市 74.08、天水市 70.71,处于一般劣势;临夏州 65.00,处于绝对劣势(见表 22)。

表 22　2018 年甘肃省 14 个市（州）县域社会保障竞争力水平归类分布一览

评价标准	市(州)名称	个数
绝对优势	酒泉市、庆阳市、武威市	3
一般优势	张掖市、金昌市、平凉市	3
中势	陇南市、嘉峪关市、定西市、甘南州、兰州市	5
一般劣势	白银市、天水市	2
绝对劣势	临夏州	1

（2）结果分析

从 14 个市（州）社会保障竞争力总体来看，均值为 79.60，与 86 个县（市、区）结果一致，均处在中势；医疗保险竞争力均值为 83.71，处于一般优势；基本生活保障竞争力均值为 78.87，处于中势；养老保险竞争力均值为 71.48，处于一般劣势。极差、方差、标准差相对较大，说明在 14 个市（州）之间差异较大，各市（州）之间不均衡（见表 21）。

从 14 个市（州）县域社会保障竞争力 3 个二级指标得分的极差、方差、标准差来看，比 86 个县（市、区）明显扩大，同时结合 86 个县（市、区）评价结果，说明各市（州）所辖县域之间存在一定差异，各市（州）所辖县域之间要素配置不均衡（见表 21）。

从排序变化来看，排序上升的有 7 个市（州），包括武威市、平凉市、庆阳市、陇南市、定西市、甘南州、金昌市；只有酒泉市 1 个市（州）排序未变；排序下降的有 5 个市（州），包括临夏州、张掖市、白银市、兰州市、天水市（见表 21）。

（五）甘肃省县域公共服务竞争力子系统评价分析

1. 甘肃省县域公共服务竞争力子系统评价结果

（1）评价结果

通过对科技文化竞争力、医疗卫生竞争力 2 个二级指标进行计算和分析，2018 年甘肃省 86 个县（市、区）县域公共服务竞争力评价情况如表 23 所示。

表 23　2018 年甘肃省县域公共服务竞争力评价

县(市、区)	2018 年综合排序	2017 年综合排序	排序变化	公共服务竞争力		
				综合竞争力	科技文化竞争力	医疗卫生竞争力
阿克塞哈萨克族自治县	1	1	0	90.00	90.00	76.56
肃北蒙古族自治县	2	2	0	88.52	86.53	78.00
城关区	3	/	/	88.13	73.96	90.00
肃南裕固族自治县	4	5	1	84.59	80.37	78.79
七里河区	5	/	/	82.03	67.39	88.25
白银区	6	/	/	80.43	69.16	84.32
金川区	7	/	/	80.13	70.12	82.95
西峰区	8	8	0	80.06	66.74	86.22
临泽县	9	17	8	79.31	72.32	79.65
肃州区	10	3	-7	78.88	67.71	83.66
山丹县	11	22	11	78.77	69.71	81.50
凉州区	12	10	-2	78.07	66.27	83.99
甘州区	13	6	-7	77.80	67.45	82.45
平川区	14	/	/	77.31	67.09	82.13
民乐县	15	35	20	77.27	70.01	79.17
高台县	16	13	-3	77.27	68.48	80.69
西固区	17	/	/	77.05	67.94	80.94
成县	18	39	21	77.03	67.89	80.95
永登县	19	38	19	76.27	67.26	80.55
民勤县	20	18	-2	76.17	67.80	79.88
临夏市	21	21	0	76.11	65.16	82.43
敦煌市	22	11	-11	76.05	69.45	78.07
崆峒区	23	9	-14	76.03	65.48	82.01
泾川县	24	44	20	75.49	67.15	79.60
华亭市	25	7	-18	75.47	66.19	80.53
麦积区	26	15	-11	75.38	65.91	80.69
临洮县	27	45	18	75.30	65.31	81.18
碌曲县	28	4	-24	75.28	68.36	78.11
金塔县	29	30	1	75.23	67.88	78.53
玉门市	30	29	-1	75.15	67.70	78.59
静宁县	31	26	-5	75.13	65.91	80.35
陇西县	32	23	-9	75.07	65.60	80.57

续表

县(市、区)	2018年综合排序	2017年综合排序	排序变化	公共服务竞争力		
				综合竞争力	科技文化竞争力	医疗卫生竞争力
榆中县	33	34	1	75.05	65.71	80.44
红古区	34	/	/	74.96	66.20	79.82
天祝藏族自治县	35	16	-19	74.83	67.14	78.71
灵台县	36	40	4	74.77	70.17	75.62
镇原县	37	58	21	74.45	68.18	77.16
华池县	38	14	-24	74.29	66.86	78.26
会宁县	39	37	-2	74.18	65.41	79.56
永昌县	40	36	-4	74.16	67.35	77.60
庄浪县	41	28	-13	74.10	65.67	79.19
合作市	42	61	19	74.08	66.18	78.64
安定区	43	54	11	74.04	66.06	78.72
张家川回族自治县	44	46	2	74.01	65.78	78.95
瓜州县	45	24	-21	73.76	67.59	76.80
永靖县	46	19	-27	73.66	65.91	78.34
合水县	47	41	-6	73.52	66.73	77.34
武都区	48	52	4	73.37	65.40	78.46
崇信县	49	32	-17	73.24	65.97	77.73
迭部县	50	20	-30	73.06	67.16	76.30
宕昌县	51	60	9	72.79	65.41	77.66
徽县	52	57	5	72.77	66.41	76.65
岷县	53	43	-10	72.74	65.00	78.00
景泰县	54	67	13	72.73	67.06	75.93
正宁县	55	68	13	72.62	66.19	76.66
靖远县	56	33	-23	72.57	66.01	76.76
皋兰县	57	48	-9	72.52	66.64	76.08
通渭县	58	42	-16	72.43	65.42	77.16
舟曲县	59	12	-47	72.32	66.76	75.68
甘谷县	60	59	-1	72.21	65.40	76.88
夏河县	61	62	1	72.18	66.51	75.75
广河县	62	74	12	72.16	65.15	77.07
庆城县	63	49	-14	72.12	66.54	75.63
武山县	64	53	-11	72.11	65.05	77.10
两当县	65	65	0	72.08	69.41	72.71

续表

县(市、区)	2018年综合排序	2017年综合排序	排序变化	公共服务竞争力		
				综合竞争力	科技文化竞争力	医疗卫生竞争力
秦安县	66	64	-2	72.07	65.02	77.06
卓尼县	67	25	-42	71.85	65.87	75.93
临夏县	68	56	-12	71.81	65.09	76.64
玛曲县	69	27	-42	71.67	66.36	75.20
渭源县	70	47	-23	71.53	65.70	75.66
康县	71	31	-40	71.43	67.25	73.98
古浪县	72	51	-21	71.35	65.44	75.68
环县	73	50	-23	71.26	66.20	74.79
康乐县	74	55	-19	71.02	65.60	75.07
临潭县	75	71	-4	70.85	66.09	74.35
宁县	76	72	-4	70.73	66.38	73.89
清水县	77	66	-11	70.64	65.34	74.81
秦州区	78	/	/	70.42	65.95	73.90
礼县	79	69	-10	70.38	65.24	74.55
漳县	80	70	-10	70.38	65.68	74.11
积石山保安族东乡族撒拉族自治县	81	63	-18	70.20	65.35	74.20
西和县	82	73	-9	69.49	65.34	73.25
文县	83	75	-8	68.32	65.57	71.43
和政县	84	76	-8	68.12	65.85	70.87
东乡族自治县	85	77	-8	67.18	65.52	69.92
安宁区	86	/	/	65.00	67.48	65.00
均值				74.49	67.43	77.96
极差				25.00	25.00	25.00
方差				18.01	15.30	14.27
标准差				4.24	3.91	3.78

资料来源：根据《甘肃发展年鉴》（2018）和甘肃省统计局提供的数据计算所得。

根据2018年甘肃省县域公共服务竞争力得分，甘肃省86个县（市、区）处于绝对优势的有阿克塞哈萨克族自治县、肃北蒙古族自治县、城关区3个；处于一般优势的有5个，包括肃南裕固族自治县、七里河区、白银区、金川区、西峰区；处于中势的有25个，包括临泽县、肃州区、山丹县、凉州区、甘州区、平川区、民乐县、高台县、西固区、成县、永登县、民勤县、临夏市、敦煌市、崆峒区、泾川县、华亭市、麦积区、临洮县、碌曲县、金塔县、玉门市、静宁县、陇西县、榆中县；处于一般劣势的有48个，包括红古区、天祝藏族自治县、灵台县、镇原县、华池县、会宁县、永昌县、庄浪县、合作市、安定区、张家川回族自治县、瓜州县、永靖县、合水县、武都区、崇信县、迭部县、宕昌县、徽县、岷县、景泰县、正宁县、靖远县、皋兰县、通渭县、舟曲县、甘谷县、夏河县、广河县、庆城县、武山县、两当县、秦安县、卓尼县、临夏县、玛曲县、渭源县、康县、古浪县、环县、康乐县、临潭县、宁县、清水县、秦州区、礼县、漳县、积石山保安族东乡族撒拉族自治县；处于绝对劣势的有5个，包括西和县、文县、和政县、东乡族自治县、安宁区（见表24）。

表24　2018年甘肃省县域公共服务竞争力水平归类分布一览

评价标准	县域名称	个数
绝对优势	阿克塞哈萨克族自治县、肃北蒙古族自治县、城关区	3
一般优势	肃南裕固族自治县、七里河区、白银区、金川区、西峰区	5
中势	临泽县、肃州区、山丹县、凉州区、甘州区、平川区、民乐县、高台县、西固区、成县、永登县、民勤县、临夏市、敦煌市、崆峒区、泾川县、华亭市、麦积区、临洮县、碌曲县、金塔县、玉门市、静宁县、陇西县、榆中县	25
一般劣势	红古区、天祝藏族自治县、灵台县、镇原县、华池县、会宁县、永昌县、庄浪县、合作市、安定区、张家川回族自治县、瓜州县、永靖县、合水县、武都区、崇信县、迭部县、宕昌县、徽县、岷县、景泰县、正宁县、靖远县、皋兰县、通渭县、舟曲县、甘谷县、夏河县、广河县、庆城县、武山县、两当县、秦安县、卓尼县、临夏县、玛曲县、渭源县、康县、古浪县、环县、康乐县、临潭县、宁县、清水县、秦州区、礼县、漳县、积石山保安族东乡族撒拉族自治县	48
绝对劣势	西和县、文县、和政县、东乡族自治县、安宁区	5

（2）结果分析

2018年甘肃省县域公共服务竞争力86个县（市、区）得分均值为74.49，处于一般劣势，其极差、方差、标准差均相对较大，差异性较大，86个县（市、区）之间发展很不均衡。医疗卫生竞争力均值为77.96，处于中势；科技文化竞争力均值为67.43，处于绝对劣势。从2个二级指标的

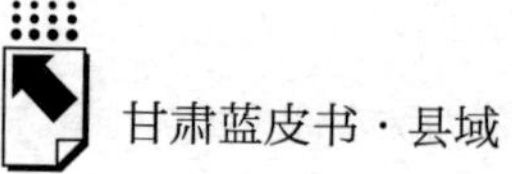

极差、方差、标准差来看，都存在较大差异，在86个县（市、区）之间两种要素配置较大失衡（见表23）。

从86个县（市、区）公共服务竞争力水平归类分布来看，地理位置特征及贫困特征均较为明显，河西地区、经济发展较好的地区公共服务竞争力相对较好，而贫困地区公共服务竞争力水平相对较低（见表24）。

从排序变化来看，排序上升的有22个县（市、区），上升较快的县（市、区）及其排序为：成县（21）、镇原县（21）、民乐县（20）、泾川县（20）、永登县（19）、合作市（19）、临洮县（18）、景泰县（13）、正宁县（13）、广河县（12）、山丹县（11）、安定区（11）。阿克塞哈萨克族自治县、肃北蒙古族自治县、西峰区、临夏市、两当县5个县（市、区）排序未变。排序下降的有50个县（市、区），下降较快的县（市、区）及其排序为：舟曲县（47）、卓尼县（42）、玛曲县（42）、康县（40）、迭部县（30）、永靖县（27）、碌曲县（24）、华池县（24）、靖远县（23）、渭源县（23）、环县（23）、瓜州县（21）、古浪县（21）、天祝藏族自治县（19）、康乐县（19）、华亭市（18）、积石山保安族东乡族撒拉族自治县（18）、崇信县（17）、通渭县（16）、崆峒区（14）、庆城县（14）、庄浪县（13）、临夏县（12）、敦煌市（11）、麦积区（11）、武山县（11）、清水县（11）、岷县（10）、礼县（10）、漳县（10）（见表23）。

2.甘肃省市（州）县域公共服务竞争力子系统评价分析

（1）评价结果

2018年甘肃省14个市（州）县域公共服务竞争力综合评价情况如表25所示。2018年甘肃省14个市（州）县域公共服务竞争力得分：嘉峪关市90.00、兰州市88.13，处于绝对优势；张掖市78.29、酒泉市76.46，处于中势；庆阳市73.04、金昌市72.75、平凉市72.65、武威市71.44、白银市71.34，处于一般劣势；定西市67.90、甘南州67.39、天水市66.07、陇南市66.00、临夏州65.00，处于绝对劣势；14个市（州）县域公共服务竞争力得分无处于一般优势的情况（见表26）。

表 25　2018 年甘肃省 14 个市（州）县域公共服务竞争力评价

市(州)	2018 年综合排序	2017 年综合排序	排序变化	公共服务竞争力		
				综合竞争力	科技文化竞争力	医疗卫生竞争力
嘉峪关市	1	/	/	90.00	90.00	78.43
兰州市	2	7	5	88.13	77.21	90.00
张掖市	3	2	-1	78.29	75.23	76.04
酒泉市	4	1	-3	76.46	74.30	74.09
庆阳市	5	8	3	73.04	71.20	72.01
金昌市	6	6	0	72.75	73.09	69.36
平凉市	7	4	-3	72.65	68.37	74.60
武威市	8	3	-5	71.44	67.09	74.07
白银市	9	9	0	71.34	68.22	72.61
定西市	10	10	0	67.90	65.00	70.63
甘南州	11	5	-6	67.39	69.18	65.00
天水市	12	11	-1	66.07	65.08	67.53
陇南市	13	13	0	66.00	66.72	65.52
临夏州	14	12	-2	65.00	65.03	65.81
均值				73.32	71.12	72.55
极差				25.00	25.00	25.00
方差				60.02	45.45	42.41
标准差				7.75	6.74	6.51

资料来源：根据《甘肃发展年鉴》（2018）和甘肃省统计局提供的数据计算所得。

表 26　2018 年甘肃省 14 个市（州）县域公共服务竞争力水平归类分布一览

评价标准	市(州)名称	个数
绝对优势	嘉峪关市、兰州市	2
一般优势	—	0
中势	张掖市、酒泉市	2
一般劣势	庆阳市、金昌市、平凉市、武威市、白银市	5
绝对劣势	定西市、甘南州、天水市、陇南市、临夏州	5

（2）结果分析

从 14 个市（州）公共服务竞争力总体来看，均值为 73.32，与 86 个县（市、区）结果一致，均处在一般劣势。医疗卫生竞争力和科技文化竞争力均值分别为72.55和71.12，处于一般劣势；极差、方差、标准差明显扩大，说明在14个市（州）之间差异较大，各市（州）之间相对不均衡，结合86个县（市、区）的评价结果，反映出各市（州）所辖县域之间存在较大差异，各市（州）所辖县域之间发展不均衡（见表25）。

从14个市（州）县域社会保障竞争力2个二级指标得分的极差、方差、标准差来看，比86个县（市、区）明显扩大，科技文化竞争力和医疗卫生竞争力存在较大差异，要素配置不均衡；同时结合86个县（市、区）评价结果，也说明各市（州）所辖县域之间存在一定差异，各市（州）所辖县域之间要素配置不均衡（见表25）。

从排序变化来看，排序上升的有2个市（州），包括兰州市、庆阳市；排序未变的有4个市（州），包括金昌市、白银市、定西市、陇南市；排序下降的有7个市（州），包括张掖市、天水市、临夏州、酒泉市、平凉市、武威市、甘南州（见表25）。

（六）甘肃省县域人居环境竞争力子系统评价分析

1. 甘肃省县域人居环境竞争力子系统评价结果

（1）评价结果

通过对生活环境竞争力和农业环境竞争力2个二级指标进行计算和分析，2018年甘肃省86个县（市、区）县域人居环境竞争力评价情况如表27所示。

表27　2018年甘肃省县域人居环境竞争力评价

县(市、区)	2018年综合排序	2017年综合排序	排序变化	人居环境竞争力		
				综合竞争力	生活环境竞争力	农业环境竞争力
两当县	1	20	19	90.00	86.17	89.38
城关区	2	/	/	88.48	90.00	85.49
康乐县	3	33	30	85.94	83.67	86.30
碌曲县	4	11	7	85.14	75.68	90.00

续表

县(市、区)	2018年综合排序	2017年综合排序	排序变化	人居环境竞争力		
				综合竞争力	生活环境竞争力	农业环境竞争力
华池县	5	16	11	84.38	86.76	82.79
安宁区	6	/	/	84.35	79.59	86.87
迭部县	7	7	0	83.90	79.40	86.48
舟曲县	8	4	-4	82.98	78.69	85.87
成县	9	24	15	82.79	77.79	86.17
永昌县	10	41	31	82.53	84.63	81.95
康县	11	1	-10	82.16	84.52	81.61
合水县	12	53	41	82.13	84.96	81.33
麦积区	13	14	1	82.04	83.59	82.01
镇原县	14	27	13	81.77	80.18	83.68
合作市	15	31	16	81.00	69.80	88.77
武都区	16	17	1	80.89	78.36	83.73
徽县	17	8	-9	80.53	76.91	84.17
崇信县	18	23	5	80.20	76.60	83.98
西固区	19	/	/	79.95	77.28	83.31
清水县	20	40	20	79.80	80.42	81.34
天祝藏族自治县	21	5	-16	79.64	73.01	85.42
正宁县	22	18	-4	79.59	77.61	82.72
庄浪县	23	60	37	79.52	72.13	85.79
夏河县	24	30	6	79.51	70.44	86.74
宁县	25	71	46	79.49	75.14	84.03
甘谷县	26	35	9	79.37	75.17	83.88
西和县	27	12	-15	79.19	77.07	82.59
七里河区	28	/	/	79.02	74.21	84.03
广河县	29	61	32	78.65	73.59	83.99
静宁县	30	47	17	78.28	72.77	84.04
西峰区	31	19	-12	78.26	71.80	84.58
凉州区	32	58	26	77.93	74.64	82.58
玛曲县	33	2	-31	77.70	67.25	86.56
临泽县	34	28	-6	77.49	72.28	83.45
卓尼县	35	9	-26	77.29	66.92	86.29
渭源县	36	66	30	77.05	71.37	83.48

续表

县(市、区)	2018 年综合排序	2017 年综合排序	排序变化	人居环境竞争力		
				综合竞争力	生活环境竞争力	农业环境竞争力
永靖县	37	64	27	76.99	67.37	85.71
礼县	38	72	34	76.86	73.35	82.13
临夏市	39	49	10	76.85	68.48	84.92
红古区	40	/	/	76.74	71.48	83.07
安定区	41	15	-26	76.37	78.89	78.41
平川区	42	/	/	76.30	71.94	82.32
临潭县	43	46	3	76.04	65.42	85.77
甘州区	44	38	-6	76.03	68.98	83.71
临夏县	45	29	-16	76.02	68.83	83.79
庆城县	46	34	-12	76.00	73.16	81.29
肃南裕固族自治县	47	13	-34	75.87	65.65	85.45
漳县	48	73	25	75.80	70.28	82.72
金川区	49	/	/	75.77	72.00	81.70
泾川县	50	10	-40	75.72	75.23	79.79
灵台县	51	6	-45	75.60	74.06	80.32
和政县	52	50	-2	75.55	68.28	83.58
岷县	53	26	-27	75.52	67.41	84.05
张家川回族自治县	54	36	-18	75.46	72.77	80.91
秦州区	55	/	/	75.05	69.84	82.13
宕昌县	56	62	6	74.94	68.46	82.81
玉门市	57	76	19	74.88	71.01	81.27
陇西县	58	51	-7	74.87	68.39	82.77
秦安县	59	74	15	74.82	71.23	81.08
东乡族自治县	60	75	15	74.44	66.52	83.37
古浪县	61	59	-2	74.21	69.73	81.27
文县	62	3	-59	74.17	75.13	78.12
临洮县	63	37	-26	74.15	71.07	80.42
皋兰县	64	69	5	74.11	65.00	83.87
肃北蒙古族自治县	65	43	-22	74.08	65.76	83.39
永登县	66	44	-22	74.04	66.56	82.90
高台县	67	39	-28	74.02	69.27	81.31
会宁县	68	22	-46	73.97	67.77	82.13
武山县	69	42	-27	73.97	70.49	80.56

续表

县(市、区)	2018年综合排序	2017年综合排序	排序变化	人居环境竞争力		
				综合竞争力	生活环境竞争力	农业环境竞争力
肃州区	70	55	-15	73.96	68.52	81.68
阿克塞哈萨克族自治县	71	57	-14	73.93	65.64	83.30
榆中县	72	65	-7	73.86	70.97	80.16
金塔县	73	48	-25	73.84	65.92	83.04
山丹县	74	32	-42	73.83	68.67	81.45
景泰县	75	67	-8	73.72	69.09	81.08
民勤县	76	25	-51	73.67	67.81	81.76
崆峒区	77	56	-21	73.50	70.88	79.82
民乐县	78	45	-33	73.43	67.41	81.73
靖远县	79	63	-16	73.36	70.12	80.10
白银区	80	/	/	73.11	68.51	80.74
瓜州县	81	77	-4	73.04	66.21	81.99
敦煌市	82	52	-30	72.49	67.18	80.82
环县	83	68	-15	72.48	70.69	78.79
积石山保安族东乡族撒拉族自治县	84	70	-14	70.38	70.84	76.38
通渭县	85	54	-31	69.68	67.27	77.65
华亭市	86	21	-65	65.00	80.25	65.00
均值				77.18	72.86	82.77
极差				25.00	25.00	25.00
方差				17.32	33.15	9.93
标准差				4.16	5.76	3.15

资料来源：根据《甘肃发展年鉴》（2018）和甘肃省统计局提供的数据计算所得。

根据2018年甘肃省县域人居环境竞争力得分，甘肃省86个县（市、区）处于绝对优势的县（市、区）有4个，包括两当县、城关区、康乐县、碌曲县；处于一般优势的县（市、区）有14个，包括华池县、安宁区、迭部县、舟曲县、成县、永昌县、康县、合水县、麦积区、镇原县、合作市、武都区、徽县、崇信县；处于中势的县（市、区）有37个，包括西固区、清水县、天祝藏族自治县、正宁县、庄浪县、夏河县、宁县、甘谷县、西和县、七里河区、广河县、静宁县、西峰区、凉州区、玛曲县、临泽县、卓尼县、渭源县、永靖县、礼县、临夏市、红古区、安定区、平川区、临潭县、甘州区、临夏县、庆城县、肃南裕固族自治县、漳县、金川区、泾川县、灵台县、和政县、岷县、张家川回族自治县、秦州区；处于一般劣势有29个，包括宕昌县、玉门市、陇西县、秦安县、东乡族自治县、古浪县、文县、临洮县、皋兰县、肃北蒙古族自治县、永登县、高台县、会宁县、武山县、肃州区、阿克塞哈萨克族自治县、榆中县、金塔县、山丹县、景泰县、民勤县、崆峒区、民乐县、靖远县、白银区、瓜州县、敦煌市、环县、积石山保安族东乡族撒拉族自治县。处于绝对劣势的县（市、区）有2个，包括通渭县、华亭市（见表28）。

表28　2018年甘肃省县域人居环境竞争力水平归类分布一览

评价标准	县域名称	个数
绝对优势	两当县、城关区、康乐县、碌曲县	4
一般优势	华池县、安宁区、迭部县、舟曲县、成县、永昌县、康县、合水县、麦积区、镇原县、合作市、武都区、徽县、崇信县	14
中势	西固区、清水县、天祝藏族自治县、正宁县、庄浪县、夏河县、宁县、甘谷县、西和县、七里河区、广河县、静宁县、西峰区、凉州区、玛曲县、临泽县、卓尼县、渭源县、永靖县、礼县、临夏市、红古区、安定区、平川区、临潭县、甘州区、临夏县、庆城县、肃南裕固族自治县、漳县、金川区、泾川县、灵台县、和政县、岷县、张家川回族自治县、秦州区	37
一般劣势	宕昌县、玉门市、陇西县、秦安县、东乡族自治县、古浪县、文县、临洮县、皋兰县、肃北蒙古族自治县、永登县、高台县、会宁县、武山县、肃州区、阿克塞哈萨克族自治县、榆中县、金塔县、山丹县、景泰县、民勤县、崆峒区、民乐县、靖远县、白银区、瓜州县、敦煌市、环县、积石山保安族东乡族撒拉族自治县	29
绝对劣势	通渭县、华亭市	2

（2）结果分析

2018年甘肃省县域人居环境竞争力86个县（市、区）得分均值为77.18，处于中势，其极差、方差、标准差均相对较大，差异性较大，86个县（市、区）之间发展很不均衡。农业环境竞争力均值为82.77，处于一般优势；生活环境竞争力均值为72.86，处于一般劣势；从2个二级指标的极差、方差、标准差来看，都存在较大差异，在86个县（市、区）之间2种要素配置存在较大失衡（见表27）。

从86个县（市、区）人居环境竞争力水平归类分布来看，经济结构特征均较为明显，工业化发展较快的地区人居环境竞争力水平相对较低，而产业单一或以农业和旅游业发展为主的地区人居环境竞争力水平相对较高；就甘肃省整体而言，县域经济社会发展工业化程度较低，因此，人居环境竞争力整体水平相对较高（见表28）。

从排序变化来看，排序上升的有31个县（市、区），上升较快的县（市、区）及其排序为：宁县（46）、合水县（41）、庄浪县（37）、礼县（34）、广河县（32）、永昌县（31）、康乐县（30）、渭源县（30）、永靖县（27）、凉州区（26）、漳县（25）、清水县（20）、两当县（19）、玉门市（19）、静宁县（17）、合作市（16）、成县（15）、秦安县（15）、东乡族自治县（15）、镇原县（13）、华池县（11）、临夏市（10）。只有迭部县排序未变。排序下降的有45个县（市、区），下降较快的县（市、区）及其排序为：华亭市（65）、文县（59）、民勤县（51）、会宁县（46）、灵台县（45）、山丹县（42）、泾川县（40）、肃南裕固族自治县（34）、民乐县（33）、玛曲县（31）、通渭县（31）、敦煌市（30）、高台县（28）、岷县（27）、武山县（27）、卓尼县（26）、安定区（26）、临洮县（26）、金塔县（25）、肃北蒙古族自治县（22）、永登县（22）、崆峒区（21）、张家川回族自治县（18）、天祝藏族自治县（16）、临夏县（16）、靖远县（16）、西和县（15）、肃州区（15）、环县（15）、阿克塞哈萨克族自治县（14）、积石山保安族东乡族撒拉族自治县（14）、西峰区（12）、庆城县（12）、康县（10）（见表27）。

2. 甘肃省市（州）县域人居环境竞争力子系统评价分析

（1）评价结果

2018年甘肃省14个市（州）县域人居环境竞争力综合评价情况如表29所示。2018年甘肃省14个市（州）县域人居环境竞争力得分：甘南州90.00、庆阳市86.07、陇南市85.89，处于绝对优势；兰州市80.78，处于一般优势；临夏州79.76、天水市78.88、平凉市75.48，处于中势；金昌市74.70、武威市73.94、张掖市71.11、定西市70.20，处于一般劣势；酒泉市69.90、嘉峪关市66.58、白银市65.00，处于绝对劣势（见表30）。

表 29　2018 年甘肃省 14 个市（州）县域人居环境竞争力评价

市(州)	2018 年综合排序	2017 年综合排序	排序变化	人居环境竞争力		
				综合竞争力	生活环境竞争力	农业环境竞争力
甘南州	1	1	0	90.00	79.88	90.00
庆阳市	2	7	5	86.07	90.00	71.09
陇南市	3	2	-1	85.89	88.18	73.29
兰州市	4	12	8	80.78	81.66	75.02
临夏州	5	11	6	79.76	79.71	76.23
天水市	6	8	2	78.88	86.43	66.04
平凉市	7	3	-4	75.48	80.60	69.19
金昌市	8	6	-2	74.70	78.90	70.39
武威市	9	5	-4	73.94	75.76	73.55
张掖市	10	4	-6	71.11	72.36	74.22
定西市	11	9	-2	70.20	78.33	65.00
酒泉市	12	13	1	69.90	72.22	72.77
嘉峪关市	13	/	/	66.58	65.00	77.88
白银市	14	10	-4	65.00	72.77	65.33
均值				76.31	78.70	72.86
极差				25.00	25.00	25.00
方差				57.68	46.61	40.40
标准差				7.59	6.83	6.36

资料来源：根据《甘肃发展年鉴》（2018）和甘肃省统计局提供的数据计算所得。

表 30　2018 年甘肃省 14 个市（州）县域人居环境竞争力水平归类分布一览

评价标准	市(州)名称	个数
绝对优势	甘南州、庆阳市、陇南市	3
一般优势	兰州市	1
中势	临夏州、天水市、平凉市	3
一般劣势	金昌市、武威市、张掖市、定西市	4
绝对劣势	酒泉市、嘉峪关市、白银市	3

（2）结果分析

从 14 个市（州）人居环境竞争力总体来看，均值为 76.31，与 86 个县（市、区）结果一致，均处于中势。生活环境竞争力均值为 78.70，处于中势；农业环境竞争力均值为72.86，处于一般劣势。极差、方差、标准差明显扩大，说明在14个市（州）之间差异较大，各市（州）之间发展不均衡，结合86个县（市、区）的评价结果，反映出各市（州）所辖县域之间存在较大差异，各市（州）所辖县域之间发展不均衡，要素配置不均衡（见表29）。

从排序变化来看，排序上升的有5个市（州），包括兰州市、临夏州、庆阳市、天水市、酒泉市；排序未变的只有甘南州1个；排序下降的有7个，包括陇南市、金昌市、定西市、平凉市、武威市、白银市、张掖市（见表29）。

（七）甘肃省县域社会结构竞争力子系统评价分析

1. 甘肃省县域社会结构竞争力子系统评价结果

（1）评价结果

通过对人口结构竞争力和城乡结构竞争力2个二级指标进行计算和分析，2018年甘肃省86个县（市、区）县域社会结构竞争力评价情况如表31所示。

表31 2018年甘肃省县域社会结构竞争力评价

县(市、区)	2018年综合排序	2017年综合排序	排序变化	社会结构竞争力		
				综合竞争力	人口结构竞争力	城乡结构竞争力
城关区	1	/	/	90.00	90.00	84.98
安宁区	2	/	/	86.74	76.89	90.00
临夏市	3	2	-1	83.16	75.52	85.44
凉州区	4	1	-3	81.50	79.63	79.65
西固区	5	/	/	81.34	76.78	81.59
白银区	6	/	/	80.11	75.83	80.41
秦州区	7	/	/	79.18	77.00	78.04
武都区	8	3	-5	79.13	73.10	80.98
崆峒区	9	6	-3	78.86	75.38	78.78
七里河区	10	/	/	78.41	78.92	75.33
和政县	11	4	-7	77.89	66.39	84.23

续表

县(市、区)	2018年综合排序	2017年综合排序	排序变化	社会结构竞争力		
				综合竞争力	人口结构竞争力	城乡结构竞争力
肃州区	12	5	-7	77.67	75.08	77.14
麦积区	13	11	-2	77.45	74.84	76.99
金川区	14	/	/	77.11	74.95	76.36
庄浪县	15	21	6	77.01	68.47	81.22
敦煌市	16	29	13	77.00	71.60	78.79
山丹县	17	8	-9	76.94	68.50	81.10
西峰区	18	13	-5	76.70	72.92	77.30
临夏县	19	7	-12	76.67	67.59	81.37
永登县	20	12	-8	76.52	71.02	78.48
甘谷县	21	14	-7	76.47	71.94	77.69
徽县	22	19	-3	76.16	68.03	80.23
甘州区	23	9	-14	76.09	73.57	75.84
静宁县	24	26	2	75.66	69.27	78.48
高台县	25	28	3	75.63	68.65	78.92
榆中县	26	24	-2	75.58	71.99	76.25
平川区	27	/	/	75.25	72.09	75.66
镇原县	28	17	-11	75.24	69.72	77.47
漳县	29	15	-14	75.23	66.80	79.73
武山县	30	20	-10	75.11	70.20	76.90
红古区	31	/	/	75.08	72.04	75.43
临泽县	32	16	-16	75.03	67.87	78.58
环县	33	18	-15	75.02	68.13	78.36
成县	34	30	-4	74.93	69.77	76.95
宁县	35	23	-12	74.80	69.57	76.90
陇西县	36	34	-2	74.77	72.56	74.54
崇信县	37	25	-12	74.72	67.21	78.60
舟曲县	38	27	-11	74.59	66.02	79.33
玉门市	39	31	-8	74.58	70.62	75.74
临洮县	40	41	1	74.56	71.61	74.94
皋兰县	41	37	-4	74.53	68.32	77.44
永昌县	42	22	-20	74.51	69.90	76.20
安定区	43	36	-7	74.36	72.30	74.10
秦安县	44	43	-1	73.98	71.33	74.25

续表

县(市、区)	2018年综合排序	2017年综合排序	排序变化	社会结构竞争力		
				综合竞争力	人口结构竞争力	城乡结构竞争力
礼县	45	32	-13	73.92	70.08	75.12
华亭市	46	10	-36	73.73	70.38	74.59
永靖县	47	40	-7	73.62	69.32	75.24
正宁县	48	33	-15	73.46	67.52	76.38
通渭县	49	38	-11	73.37	68.83	75.23
金塔县	50	49	-1	73.37	67.94	75.92
泾川县	51	35	-16	73.31	68.75	75.20
西和县	52	39	-13	73.26	68.98	74.93
灵台县	53	42	-11	72.95	66.50	76.36
景泰县	54	51	-3	72.93	69.93	73.68
庆城县	55	53	-2	72.89	69.47	73.97
文县	56	45	-11	72.87	66.79	76.03
阿克塞哈萨克族自治县	57	47	-10	72.87	72.88	71.30
会宁县	58	57	-1	72.50	71.38	71.89
古浪县	59	60	1	72.38	69.11	73.46
天祝藏族自治县	60	44	-16	72.32	68.17	74.08
两当县	61	50	-11	72.25	66.51	75.26
宕昌县	62	56	-6	72.14	67.24	74.52
张家川回族自治县	63	48	-15	72.12	67.57	74.24
民乐县	64	46	-18	72.10	68.47	73.50
合水县	65	62	-3	72.04	67.06	74.52
岷县	66	59	-7	72.00	69.63	72.45
清水县	67	61	-6	71.92	67.29	74.14
广河县	68	52	-16	71.82	67.52	73.80
积石山保安族东乡族撒拉族自治县	69	55	-14	71.81	66.26	74.77
靖远县	70	64	-6	71.73	71.11	70.88
肃北蒙古族自治县	71	58	-13	71.30	68.81	71.99
瓜州县	72	69	-3	71.08	67.32	72.80
东乡族自治县	73	54	-19	70.84	67.24	72.48
临潭县	74	63	-11	70.81	66.78	72.78
民勤县	75	68	-7	70.77	68.17	71.65
渭源县	76	72	-4	70.70	68.03	71.65

续表

县(市、区)	2018年综合排序	2017年综合排序	排序变化	社会结构竞争力		
				综合竞争力	人口结构竞争力	城乡结构竞争力
康县	77	67	-10	70.56	66.51	72.61
肃南裕固族自治县	78	70	-8	70.29	66.39	72.27
康乐县	79	65	-14	70.13	66.34	72.06
迭部县	80	66	-14	68.65	65.00	70.77
卓尼县	81	75	-6	68.44	65.76	69.85
夏河县	82	73	-9	68.32	65.37	69.97
华池县	83	74	-9	68.29	66.79	68.83
合作市	84	71	-13	68.24	69.11	66.94
碌曲县	85	76	-9	65.86	65.79	65.78
玛曲县	86	77	-9	65.00	65.05	65.00
均值				74.30	70.04	75.76
极差				25.00	25.00	25.00
方差				15.66	15.66	16.97
标准差				3.96	3.96	4.12

资料来源：根据《甘肃发展年鉴》（2018）和甘肃省统计局提供的数据计算所得。

根据2018年甘肃省县域社会结构竞争力得分，甘肃省86个县（市、区）处于绝对优势的县（市、区）有2个，包括城关区、安宁区；处于一般优势的县（市、区）有4个，包括临夏市、凉州区、西固区、白银区；处于中势的县（市、区）有27个，包括秦州区、武都区、崆峒区、七里河区、和政县、肃州区、麦积区、金川区、庄浪县、敦煌市、山丹县、西峰区、临夏县、永登县、甘谷县、徽县、甘州区、静宁县、高台县、榆中县、平川区、镇原县、漳县、武山县、红古区、临泽县、环县；处于一般劣势的县（市、区）有46个，包括成县、宁县、陇西县、崇信县、舟曲县、玉门市、临洮县、皋兰县、永昌县、安定区、秦安县、礼县、华亭市、永靖县、正宁县、通渭县、金塔县、泾川县、西和县、灵台县、景泰县、庆城县、文县、阿克塞哈萨克族自治县、会宁县、古浪县、天祝藏族自治县、两当县、宕昌县、张家川回族自治县、民乐县、合水县、岷县、清水县、广河县、积石山保安族东乡族撒拉族自治县、靖远县、肃北蒙古族自治县、瓜州县、东乡族自治县、临潭县、民勤县、渭源县、康县、肃南裕固族自治县、康乐县；处于绝对劣势的县（市、区）有7个，包括迭部县、卓尼县、夏河县、华池县、合作市、碌曲县、玛曲县（见表32）。

表32 2018年甘肃省县域社会结构竞争力水平归类分布一览

评价标准	县域名称	个数
绝对优势	城关区、安宁区	2
一般优势	临夏市、凉州区、西固区、白银区	4
中势	秦州区、武都区、崆峒区、七里河区、和政县、肃州区、麦积区、金川区、庄浪县、敦煌市、山丹县、西峰区、临夏县、永登县、甘谷县、徽县、甘州区、静宁县、高台县、榆中县、平川区、镇原县、漳县、武山县、红古区、临泽县、环县	27
一般劣势	成县、宁县、陇西县、崇信县、舟曲县、玉门市、临洮县、皋兰县、永昌县、安定区、秦安县、礼县、华亭市、永靖县、正宁县、通渭县、金塔县、泾川县、西和县、灵台县、景泰县、庆城县、文县、阿克塞哈萨克族自治县、会宁县、古浪县、天祝藏族自治县、两当县、宕昌县、张家川回族自治县、民乐县、合水县、岷县、清水县、广河县、积石山保安族东乡族撒拉族自治县、靖远县、肃北蒙古族自治县、瓜州县、东乡族自治县、临潭县、民勤县、渭源县、康县、肃南裕固族自治县、康乐县	46
绝对劣势	迭部县、卓尼县、夏河县、华池县、合作市、碌曲县、玛曲县	7

（2）结果分析

2018年甘肃省县域社会结构竞争力86个县（市、区）得分均值为74.30，处于一般劣势，其极差、方差、标准差均相对较大，差异性较大，86个县（市、区）之间发展很不均衡。城乡结构竞争力均值为75.76，处于中势；人口结构竞争力均值为70.04，处于一般劣势。从两个二级指标的极差、方差、标准差来看，均存在较大差异，在86个县（市、区）之间，城乡结构配置存在严重失衡，人口结构配置存在较大失衡（见表31）。

从86个县（市、区）社会结构竞争力水平归类分布来看，行政区域分布特征及贫困特征均不太明显；地理位置及产业结构特征明显，少数民族地区及牧区社会结构竞争力相对较弱（见表32）。

从排序变化来看，排序上升的有6个县（市、区），上升的县（市、区）及其排序为：敦煌市（13）、庄浪县（6）、高台县（3）、静宁县（2）、临洮县（1）、古浪县（1）。排序未变的有0个县（市、区）。排序下降的有71个县（市、区），下降较快的县（市、区）及其排序为：华亭市（36）、永昌县（20）、东乡族自治县（19）、民乐县（18）、临泽县（16）、泾川县（16）、天祝藏族自治县（16）、广河县（16）、环县（15）、正宁县（15）、张家川回族自治县（15）、甘州区（14）、漳县（14）、积石山保安族东乡族撒拉族自治县（14）、康乐县（14）、迭部县（14）、礼县（13）、西和县（13）、肃北蒙古族自治县（13）、合作市（13）、临夏县（12）、宁县（12）、崇信县（12）、镇原县（11）、舟曲县（11）、通渭县（11）、灵台县（11）、文县（11）、两当县（11）、临潭县（11）、武山县（10）、阿克塞哈萨克族自治县（10）、康县（10）（见表31）。

2. 甘肃省市（州）县域社会结构竞争力子系统评价分析

（1）评价结果

2018年甘肃省14个市（州）县域社会结构竞争力综合评价情况如表33所示。

表33　2018年甘肃省14个市（州）县域社会结构竞争力评价

市(州)	2018年综合排序	2017年综合排序	排序变化	社会结构竞争力		
				综合竞争力	人口结构竞争力	城乡结构竞争力
兰州市	1	3	2	90.00	90.00	90.00
天水市	2	7	5	80.80	78.64	82.42
平凉市	3	2	-1	80.57	72.78	86.43
陇南市	4	8	4	79.61	73.38	84.31
临夏州	5	4	-1	79.24	71.21	85.27
张掖市	6	5	-1	78.67	70.29	84.97
武威市	7	6	-1	78.60	71.72	83.78
庆阳市	8	9	1	78.58	72.78	82.94
酒泉市	9	10	1	78.50	73.30	82.41
金昌市	10	1	-9	78.28	72.50	82.62
嘉峪关市	11	/	/	76.08	77.33	75.15
定西市	12	11	-1	74.72	74.63	74.80
白银市	13	12	-1	70.22	73.38	67.84
甘南州	14	13	-1	65.00	65.00	65.00
均值				77.78	74.07	80.57
极差				25.00	25.00	25.00
方差				31.33	31.01	51.76
标准差				5.60	5.57	7.19

资料来源：根据《甘肃发展年鉴》（2018）和甘肃省统计局提供的数据计算所得。

2018 年甘肃省 14 个市（州）县域社会结构竞争力得分：兰州市 90.00，处于绝对优势；天水市 80.80、平凉市 80.57，处于一般优势；陇南市 79.61、临夏州 79.24、张掖市 78.67、武威市 78.60、庆阳市 78.58、酒泉市 78.50、金昌市 78.28、嘉峪关市 76.08，处于中势；定西市 74.72、白银市 70.22，处于一般劣势；甘南州 65.00，处于绝对劣势（见表 34）。

表 34　2018 年甘肃省 14 个市（州）县域社会结构竞争力水平归类分布一览

评价标准	市(州)名称	个数
绝对优势	兰州市	1
一般优势	天水市、平凉市	2
中势	陇南市、临夏州、张掖市、武威市、庆阳市、酒泉市、金昌市、嘉峪关市	8
一般劣势	定西市、白银市	2
绝对劣势	甘南州	1

（2）结果分析

从 14 个市（州）社会结构竞争力总体来看，均值为 77.78，处于中势，高于 86 个县（市、区）均值。城乡结构竞争力均值为 80.57，处于一般优势；人口结构竞争力均值为 74.07，处于一般劣势。极差、方差、标准差明显扩大，说明在 14 个市（州）之间存在较大差异，结合 86 个县（市、区）的评价结果，反映出各市（州）所辖县域之间存在较大差异，各市（州）所辖县域之间发展不均衡，要素配置不均衡（见表 33）。

从排序变化来看，排序上升的有 5 个市（州），包括天水市、陇南市、兰州市、庆阳市、酒泉市；排序未变的有 0 个市（州）；排序下降的有 8 个市（州），包括平凉市、临夏州、张掖市、武威市、定西市、白银市、甘南州、金昌市（见表 33）。

（八）甘肃省县域科学教育竞争力子系统评价分析

1. 甘肃省县域科学教育竞争力子系统评价结果

（1）评价结果

通过对科教支出竞争力和科教资源竞争力 2 个二级指标进行计算和分

析，2018 年甘肃省 86 个县（市、区）县域科学教育竞争力评价情况如表 35 所示。

表 35　2018 年甘肃省县域科学教育竞争力评价

县(市、区)	2018 年综合排序	2017 年综合排序	排序变化	科学教育竞争力		
				综合竞争力	科教支出竞争力	科教资源竞争力
文县	1	6	5	90.00	90.00	80.90
通渭县	2	8	6	86.11	78.26	90.00
肃南裕固族自治县	3	46	43	84.23	77.12	88.17
皋兰县	4	17	13	83.86	83.63	78.59
民勤县	5	29	24	83.77	86.76	74.14
礼县	6	10	4	83.48	79.79	83.17
环县	7	1	-6	82.93	83.41	77.21
景泰县	8	38	30	82.90	77.64	85.06
积石山保安族东乡族撒拉族自治县	9	9	0	82.46	81.44	79.06
靖远县	10	13	3	81.94	78.51	82.15
陇西县	11	7	-4	81.91	81.17	78.45
天祝藏族自治县	12	40	28	81.89	80.52	79.30
会宁县	13	18	5	81.88	79.81	80.26
渭源县	14	35	21	81.87	79.53	80.64
岷县	15	5	-10	81.76	89.08	67.35
永靖县	16	43	27	80.86	77.05	82.21
静宁县	17	3	-14	80.79	78.58	79.98
榆中县	18	20	2	80.40	81.19	75.71
永登县	19	37	18	80.39	79.98	77.35
卓尼县	20	15	-5	79.72	77.03	80.18
安定区	21	34	13	79.60	79.43	76.68
凉州区	22	24	2	79.35	80.63	74.58
西固区	23	/	/	79.00	81.12	73.28
城关区	24	/	/	78.93	84.78	68.15
古浪县	25	41	16	78.81	77.78	77.51
秦州区	26	/	/	78.77	83.38	69.79
华池县	27	31	4	78.57	73.92	82.37
平川区	28	/	/	78.47	74.54	81.33

续表

县(市、区)	2018 年综合排序	2017 年综合排序	排序变化	科学教育竞争力		
				综合竞争力	科教支出竞争力	科教资源竞争力
七里河区	29	/	/	78.46	81.35	72.01
康县	30	22	-8	78.35	79.69	74.07
临洮县	31	36	5	78.32	77.73	76.70
正宁县	32	52	20	78.18	76.76	77.78
灵台县	33	30	-3	78.07	74.51	80.66
徽县	34	28	-6	78.06	76.74	77.59
麦积区	35	32	-3	77.97	79.29	73.94
西峰区	36	23	-13	77.90	78.82	74.45
清水县	37	4	-33	77.85	75.98	78.25
高台县	38	75	37	77.75	80.03	72.54
玉门市	39	59	20	77.72	81.20	70.87
泾川县	40	25	-15	77.66	77.22	76.22
甘谷县	41	12	-29	77.58	76.41	77.18
肃北蒙古族自治县	42	27	-15	77.46	71.90	83.16
白银区	43	/	/	77.34	75.36	78.20
秦安县	44	42	-2	77.22	79.07	72.90
临泽县	45	61	16	77.21	77.73	74.71
临潭县	46	33	-13	77.15	75.83	77.21
张家川回族自治县	47	11	-36	76.86	75.00	77.81
迭部县	48	19	-29	76.67	74.97	77.52
红古区	49	/	/	76.52	78.73	72.10
宁县	50	44	-6	76.49	75.26	76.81
舟曲县	51	51	0	76.20	76.66	74.36
肃州区	52	74	22	76.02	79.22	70.53
武都区	53	53	0	75.91	81.27	67.52
金塔县	54	73	19	75.73	77.50	72.36
镇原县	55	39	-16	75.52	74.15	76.58
甘州区	56	50	-6	75.35	77.48	71.72
两当县	57	48	-9	75.22	70.93	80.44
成县	58	54	-4	75.09	74.25	75.67
华亭市	59	56	-3	74.89	74.03	75.60
东乡族自治县	60	21	-39	74.55	79.49	67.52
安宁区	61	/	/	74.49	76.73	71.20
夏河县	62	60	-2	74.49	74.37	74.43

续表

县(市、区)	2018年综合排序	2017年综合排序	排序变化	科学教育竞争力		
				综合竞争力	科教支出竞争力	科教资源竞争力
和政县	63	49	-14	74.25	76.50	71.07
崇信县	64	64	0	74.20	69.92	80.01
崆峒区	65	57	-8	74.19	75.17	72.79
武山县	66	26	-40	74.03	76.50	70.67
碌曲县	67	16	-51	73.97	72.31	76.30
临夏县	68	55	-13	73.96	75.21	72.32
瓜州县	69	72	3	73.93	74.96	72.61
合水县	70	68	-2	73.92	72.92	75.39
庄浪县	71	14	-57	73.79	74.97	72.35
永昌县	72	77	5	73.45	79.30	65.80
山丹县	73	70	-3	73.17	76.72	68.84
敦煌市	74	76	2	72.91	73.43	72.88
西和县	75	45	-30	72.91	73.61	72.62
民乐县	76	63	-13	72.58	76.48	68.11
庆城县	77	66	-11	72.40	71.12	75.11
康乐县	78	2	-76	71.79	74.20	69.81
漳县	79	62	-17	71.65	71.49	73.25
宕昌县	80	69	-11	70.92	75.40	66.60
广河县	81	65	-16	70.52	74.22	67.49
玛曲县	82	67	-15	69.70	73.10	67.54
阿克塞哈萨克族自治县	83	71	-12	69.50	68.24	73.84
临夏市	84	47	-37	68.99	73.49	65.74
合作市	85	58	-27	68.98	69.98	70.53
金川区	86	/	/	65.00	65.00	70.19
均值				77.04	77.16	75.19
极差				25.00	25.00	24.26
方差				17.93	17.44	25.20
标准差				4.23	4.18	5.02

资料来源：根据《甘肃发展年鉴》(2018) 和甘肃省统计局提供的数据计算所得。

根据2018年甘肃省县域科学教育竞争力得分，甘肃省86个县（市、区）处于绝对优势的县（市、区）有2个，包括文县、通渭县；处于一般优势的县（市、区）有17个，包括肃南裕固族自治县、皋兰县、民勤县、礼县、环县、景泰县、积石山保安族东乡族撒拉族自治县、靖远县、陇西县、天祝藏族自治县、会宁县、渭源县、岷县、永靖县、静宁县、榆中县、永登县；处于中势的县（市、区）有39个，包括卓尼县、安定区、凉州区、西固区、城关区、古浪县、秦州区、华池县、平川区、七里河区、康县、临洮县、正宁县、灵台县、徽县、麦积区、西峰区、清水县、高台县、玉门市、泾川县、甘谷县、肃北蒙古族自治县、白银区、秦安县、临泽县、临潭县、张家川回族自治县、迭部县、红古区、宁县、舟曲县、肃州区、武都区、金塔县、镇原县、甘州区、两当县、成县；处于一般劣势的县（市、区）有23个，包括华亭市、东乡族自治县、安宁区、夏河县、和政县、崇信县、崆峒区、武山县、碌曲县、临夏县、瓜州县、合水县、庄浪县、永昌县、山丹县、敦煌市、西和县、民乐县、庆城县、康乐县、漳县、宕昌县、广河县；处于绝对劣势的县（市、区）有5个，包括玛曲县、阿克塞哈萨克族自治县、临夏市、合作市、金川区（见表36）。

表36　2018年甘肃省县域科学教育竞争力水平归类分布一览

评价标准	县域名称	个数
绝对优势	文县、通渭县	2
一般优势	肃南裕固族自治县、皋兰县、民勤县、礼县、环县、景泰县、积石山保安族东乡族撒拉族自治县、靖远县、陇西县、天祝藏族自治县、会宁县、渭源县、岷县、永靖县、静宁县、榆中县、永登县	17
中势	卓尼县、安定区、凉州区、西固区、城关区、古浪县、秦州区、华池县、平川区、七里河区、康县、临洮县、正宁县、灵台县、徽县、麦积区、西峰区、清水县、高台县、玉门市、泾川县、甘谷县、肃北蒙古族自治县、白银区、秦安县、临泽县、临潭县、张家川回族自治县、迭部县、红古区、宁县、舟曲县、肃州区、武都区、金塔县、镇原县、甘州区、两当县、成县	39
一般劣势	华亭市、东乡族自治县、安宁区、夏河县、和政县、崇信县、崆峒区、武山县、碌曲县、临夏县、瓜州县、合水县、庄浪县、永昌县、山丹县、敦煌市、西和县、民乐县、庆城县、康乐县、漳县、宕昌县、广河县	23
绝对劣势	玛曲县、阿克塞哈萨克族自治县、临夏市、合作市、金川区	5

（2）结果分析

2018年甘肃省县域社会结构竞争力86个县（市、区）得分均值为

77.04，处于中势，其极差、方差、标准差均相对较大，差异性较大，86个县（市、区）之间发展很不均衡。科教资源竞争力均值为75.19、科教支出竞争力均值为77.16，均处于中势。从2个二级指标的极差、方差、标准差来看，均存在较大差异，在86个县（市、区）之间。科教支出和科教资源配置存在较大失衡（见表35）。

从86个县（市、区）科学教育竞争力水平归类分布来看，行政区域分布特征、地理位置特征及贫困特征均不太明显（见表36）。

从排序变化来看，排序上升的有28个县（市、区），上升较快的县（市、区）及其排序为：肃南裕固族自治县（43）、高台县（37）、景泰县（30）、天祝藏族自治县（28）、永靖县（27）、民勤县（24）、肃州区（22）、渭源县（21）、正宁县（20）、玉门市（20）、金塔县（19）、永登县（18）、古浪县（16）、临泽县（16）、皋兰县（13）、安定区（13）。积石山保安族东乡族撒拉族自治县、舟曲县、武都区、崇信县4个县（市、区）排序未变。排序下降的有45个县（市、区），下降较快的县（市、区）及其排序为：康乐县（76）、庄浪县（57）、碌曲县（51）、武山县（40）、东乡族自治县（39）、临夏市（37）、张家川回族自治县（36）、清水县（33）、西和县（30）、甘谷县（29）、迭部县（29）、合作市（27）、漳县（17）、镇原县（16）、广河县（16）、泾川县（15）、肃北蒙古族自治县（15）、玛曲县（15）、静宁县（14）、和政县（14）、西峰区（13）、临潭县（13）、临夏县（13）、民乐县（13）、阿克塞哈萨克族自治县（12）、庆城县（11）、宕昌县（11）、岷县（10）（见表35）。

2. 甘肃省市（州）县域科学教育竞争力子系统评价分析

（1）评价结果

2018年甘肃省14个市（州）县域科学教育竞争力综合评价情况如表37所示。2018年甘肃省14个市（州）县域科学教育竞争力得分：定西市90.00、白银市87.21、陇南市86.89、武威市85.94，处于绝对优势；庆阳市84.84、兰州市84.23、甘南州83.65、天水市82.83、酒泉市81.14、平凉市81.09、张掖市80.11、临夏州80.01，处于一般优势；嘉峪关市

65.92、金昌市65.00，处于绝对劣势；14个市（州）县域科学教育竞争力得分均无处于中势和一般劣势的情况（见表38）。

表37 2018年甘肃省14个市（州）县域科学教育竞争力评价

市(州)	2018年综合排序	2017年综合排序	排序变化	科学教育竞争力		
				综合竞争力	科教支出竞争力	科教资源竞争力
定西市	1	4	3	90.00	90.00	84.58
白银市	2	2	0	87.21	79.71	90.00
陇南市	3	9	6	86.89	88.88	80.65
武威市	4	6	2	85.94	85.85	82.03
庆阳市	5	8	3	84.84	83.45	82.57
兰州市	6	3	-3	84.23	89.92	75.36
甘南州	7	10	3	83.65	82.77	81.31
天水市	8	1	-7	82.83	85.13	77.71
酒泉市	9	12	3	81.14	84.38	75.71
平凉市	10	7	-3	81.09	77.78	81.99
张掖市	11	11	0	80.11	82.76	75.61
临夏州	12	5	-7	80.01	82.60	75.60
嘉峪关市	13	/	/	65.92	70.01	65.00
金昌市	14	13	-1	65.00	65.00	68.36
均值				81.35	82.02	78.32
极差				25.00	25.00	25.00
方差				53.68	51.06	41.75
标准差				7.33	7.15	6.46

资料来源：根据《甘肃发展年鉴》（2018）和甘肃省统计局提供的数据计算所得。

表38 2018年甘肃省14个市（州）县域科学教育竞争力水平归类分布一览

评价标准	市(州)名称	个数
绝对优势	定西市、白银市、陇南市、武威市	4
一般优势	庆阳市、兰州市、甘南州、天水市、酒泉市、平凉市、张掖市、临夏州	8
中势	—	0
一般劣势	—	0
绝对劣势	嘉峪关市、金昌市	2

(2) 结果分析

从14个市（州）科学教育竞争力总体来看，均值为81.35，处于一般优势，高于86个县（市、区）均值。科教支出竞争力均值为82.02，处于一般优势；科教资源竞争力均值为78.32，处于中势。极差、方差、标准差明显扩大，说明在14个市（州）之间存在较大差异，结合86个县（市、区）的评价结果，反映出各市（州）所辖县域之间存在较大差异，各市（州）所辖县域之间发展不均衡，要素配置不均衡（见表37）。

从排序变化来看，排序上升的有6个市（州），包括陇南市、定西市、庆阳市、甘南州、酒泉市、武威市；排序未变的有2个市（州），为白银市、张掖市；排序下降的有5个市（州），包括金昌市、兰州市、平凉市、天水市、临夏州（见表37）。

小　结

通过以上分析，2018年甘肃省县域竞争力具有以下明显特征。

第一，2018年甘肃省县域竞争力整体水平相对较低，与2017年相比提升明显；指标极差、方差、标准差相对2017年明显扩大，各县（市、区）及各地（州）县域综合竞争力不均衡化趋势显现。

第二，2018年甘肃省县域竞争力从8个一级指标均值来看，社会保障竞争力为78.57、人居环境竞争力为77.18、科学教育竞争力为77.04、基础设施竞争力为76.64、产业发展竞争力为75.93，均处于中势；公共服务竞争力为74.49、社会结构竞争力为74.30、宏观经济竞争力为73.15，均处于一般劣势。

第三，2018年甘肃省县域竞争力各市（州）及各市（州）所辖县域之间差异性较大，县域竞争力发展很不均衡；各县（市、区）排序波动较大、政策连续性及稳定性较差，县域竞争力可持续性不强。

第四，2018年甘肃省县域竞争力各市（州）及各市（州）所辖县域之间要素配置差异性较大，县域竞争力要素配置很不均衡。

第五，2018 年甘肃省各市（州）及各市（州）所辖县域之间竞争力具有一定的行政区域、地理位置、经济发展、经济结构等因素制约下的分布特征。

第六，2018 年甘肃省贫困地区县域竞争力上升趋势出现分化，合水县、景泰县、华池县、永靖县、天祝藏族自治县等上升明显；泾川县、张家川回族自治县、康乐县、康县、环县、庄浪县、甘谷县、武山县、迭部县、文县、岷县等下降加速。

第七，从 2018 年甘肃省县域产业发展竞争力来看，各县（市、区）产业发展竞争力出现回归最初传统产业竞争力优势现象，反映出甘肃省 2018 年新兴产业发展不足，产业扶贫效果不明显。

第八，从 2018 年甘肃省县域基础设施竞争力来看，贫困县域与非贫困县域差异性不明显，一方面反映出近几年对各贫困县（市、区）基础设施投资力度较大，成效显著；另一方面反映出近几年对各非贫困县（市、区）基础设施建设投入相对不足。

B.3
甘肃省各市（州）县域竞争力评价

何 剑　张福昌*

摘　要：本报告利用层次分析法，构建包括宏观经济、产业发展、基础设施、社会保障、公共服务、人居环境、社会结构及科学教育等8个一级指标的甘肃省县域竞争力评价指标体系，根据这8个一级指标的综合得分情况，将甘肃省86个县（市、区）的县域竞争力划归为5个类别，即绝对优势、一般优势、中势、一般劣势和绝对劣势。在此基础上，对甘肃省13个市（州）内部县域竞争力进行总体评价，并对各市（州）所辖县（市、区）县域社会发展优劣势进行对比分析。

关键词：甘肃省　市（州）辖县　社会发展　排名　层次分析法

一　2018年甘肃省市（州）县域竞争力总体评价

十九大报告指出，当前我国社会的主要矛盾已经转化为人民日益增长的美好生活需要和不平衡不充分的发展之间的矛盾。为了能够体现这一新论断，切实贯彻落实好十九大精神，本报告根据县域综合竞争力和各分项竞争力得分，以及各分项竞争力得分标准差，将甘肃14个市（州）① 和86个县

* 何剑，硕士，甘肃省社会科学院农村发展研究所助理研究员，主要研究方向为农业经济、农村发展；张福昌，甘肃省统计局农村工作处中级统计师。

① 嘉峪关市无所辖县（市、区），因此对其县域竞争力不作分析，但在市（州）排序时仍将其作为整体列出。

（市、区）划分为“平衡较充分”、“平衡一般充分”、“平衡较不充分”、“非平衡较充分、“非平衡一般充分”和“非平衡较不充分”6个发展类型。各发展类型划分依据如表1所示。

表1　甘肃14个市（州）及86个县（市、区）县域发展类型划分标准

项目	分类区间	县域综合竞争力得分		
		≥75	70～75	<70
县域分项竞争力得分标准差	<5	平衡较充分	平衡一般充分	平衡较不充分
	≥5	非平衡较充分	非平衡一般充分	非平衡较不充分

兰州市所辖县域为城关区、七里河区、西固区、安宁区、红古区、永登县、皋兰县和榆中县。2018年，兰州市县域综合竞争力得分为90.00，在甘肃省14个市（州）中居第1位，并处于绝对优势水平。分项来看，2018年兰州市县域在宏观经济、产业发展、基础设施、公共服务和社会结构上均具有绝对优势，在科学教育、人居环境上具有一般优势，在社会保障上处于中势，无中势以下水平指标。兰州市县域发展水平总体较高，县域竞争力优势明显，4项指标得分达到90，相对偏弱的社会保障，发展水平也达到了中势。县域发展类型为平衡较充分型。

金昌市所辖县域为金川区和永昌县。2018年，金昌市县域综合竞争力得分为70.27，在甘肃省14个市（州）中居第12位，处于一般劣势水平。分项来看，2018年金昌市县域在产业发展和社会保障上具有一般优势，在基础设施和社会结构上处于中势，在公共服务和人居环境上处于一般劣势，在宏观经济和科学教育上处于绝对劣势。金昌市县域发展中宏观经济和科学教育是明显短板，两项指标得分均仅勉强超过65。县域发展类型为非平衡一般充分型。

白银市所辖县域为白银区、平川区、靖远县、会宁县和景泰县。2018年，白银市县域综合竞争力得分为71.61，在14个市（州）中居第11位，处于一般劣势。分项来看，2018年白银市县域在科学教育上具有明显优势，在产业发展和基础设施上处于中势，在宏观经济、社会保障、公共服务和社会结构上处于一般劣势，在人居环境上处于绝对劣势。白银市县域发展较不均衡，科学教育得分超过85，而人居环境得分仅为65。县域发展类型为非平衡一般充分型。

天水市所辖县域为秦州区、麦积区、清水县、秦安县、甘谷县、武山县和张家川县。2018年，天水市县域综合竞争力得分为74.94，在14个市（州）中居第5位，处于一般劣势。分项来看，2018年天水市县域在产业发展、基础设施、社会结构和科学教育上具有一般优势，在人居环境上处于中势，在宏观经济和社会保障上处于一般劣势，在公共服务上处于绝对劣势。县域公共服务建设较为滞后（得分仅66.07）。县域发展类型为非平衡一般充分型。

武威市所辖县域为凉州区、民勤县、古浪县和天祝县。2018年，武威市县域综合竞争力得分为74.92，在14个市（州）中居第6位，处于一般劣势。分项来看，2018年武威市县域在社会保障和科学教育上具有绝对优势，在产业发展、基础设施和社会结构上处于中势，在宏观经济、公共服务和人居环境上处于一般劣势，无绝对劣势水平指标。县域发展类型为非平衡一般充分型。

张掖市所辖县域为甘州区、肃南县、民乐县、临泽县、高台县和山丹县。2018年，张掖市县域综合竞争力得分为75.62，在14个市（州）中居第4位，处于中势。分项来看，2018年张掖市县域在基础设施、社会保障和科学教育上具有一般优势，在产业发展、公共服务和社会结构上处于中势，在宏观经济和人居环境上处于一般劣势。张掖市县域各项指标得分标准差在13个市（州）中最小，为4.43，表明其县域发展最为均衡。县域发展类型为平衡较充分型。

平凉市所辖县域为崆峒区、泾川县、灵台县、崇信县、庄浪县、静宁县和华亭市。2018年，平凉市县域综合竞争力得分为73.26，在14个市（州）中居第9位，处于一般劣势。分项来看，2018年平凉市县域在基础设施上具有绝对优势，在社会保障、社会结构和科学教育上具有一般优势，在人居环境上处于中势，在宏观经济、产业发展和公共服务上处于一般劣势。县域发展类型为非平衡一般充分型。

酒泉市所辖县域为肃州区、金塔县、瓜州县、肃北县、阿克塞县、玉门市和敦煌市。2018 年，酒泉市县域综合竞争力得分为 76.79，在 14 个市（州）中居第 3 位，处于中势。分项来看，2018 年酒泉市县域在社会保障上具有绝对优势，在科学教育上具有一般优势，在宏观经济、产业发展、基础设施、公共服务和社会结构上处于中势，在人居环境上处于绝对劣势。相对其他指标，人居环境竞争力得分偏低，成为酒泉市县域竞争力提升的主要制约因素。县域发展类型为非平衡较充分型。

庆阳市所辖县域为西峰区、庆城县、环县、华池县、合水县、正宁县、宁县和镇原县。2018 年，庆阳市县域综合竞争力得分为 76.96，在 14 个市（州）中居第 2 位，处于中势。分项来看，2018 年庆阳市县域在社会保障和人居环境上具有绝对优势，在科学教育上具有一般优势，在宏观经济、产业发展、基础设施和社会结构上处于中势，在公共服务上处于一般劣势。县域发展类型为非平衡较充分型。

定西市所辖县域为安定区、通渭县、陇西县、渭源县、临洮县、漳县和岷县。2018 年，定西市县域综合竞争力得分为 71.61，在 14 个市（州）中居第 10 位，处于一般劣势。分项来看，2018 年定西市县域在科学教育上具有绝对优势，在产业发展和社会保障上处于中势，在基础设施、人居环境和社会结构上处于一般劣势，在宏观经济和公共服务上处于绝对劣势。定西市县域发展较不均衡，各指标发展水平参差不齐，其中科学教育竞争力得分达到 90，而宏观经济和公共服务得分均在 70 以下，同时无一指标处于一般优势水平。县域发展类型为非平衡一般充分型。

陇南市所辖县域为武都区、成县、文县、宕昌县、康县、西和县、礼县、徽县和两当县。2018 年，陇南市县域综合竞争力得分为 73.38，在 14 个市（州）中居第 8 位，处于一般劣势。分项来看，2018 年陇南市县域在人居环境和科学教育上具有绝对优势，在基础设施、社会保障和社会结构上处于中势，在宏观经济和产业发展上处于一般劣势，在公共服务上处于绝对劣势。陇南市县域各项指标得分标准差为 7.11，仅次于甘南州和嘉峪关市，其中人居环境和科学教育得分超过85，而公共服务得分仅为66，同时无一指标处于一般优势水平，发展不均衡性突出。县域发展类型为非平衡一般充分型。

临夏州所辖县域为临夏市、临夏县、康乐县、永靖县、广河县、和政县、东乡县和积石山县。2018 年，临夏州县域综合竞争力得分为69.63，在14个市（州）中居第13位，处于绝对劣势。分项来看，2018年临夏州县域在基础设施和科学教育上具有一般优势，在产业发展、人居环境和社会结构上处于中势，在宏观经济、社会保障和公共服务上处于绝对劣势，无一般劣势水平指标。宏观经济、社会保障和公共服务与其他指标发展差距较大，是提升县域竞争力的突破口。县域发展类型为非平衡较不充分型。

甘南州所辖县域为合作市、临潭县、卓尼县、舟曲县、迭部县、玛曲县、碌曲县和夏河县。2018 年，甘南州县域综合竞争力得分为65.00，在14个市（州）中居第14位，处于绝对劣势。分项来看，2018 年甘南州县域在人居环境上具有明显优势，在科学教育上具有一般优势，在社会保障上处于中势，在宏观经济、产业发展、基础设施、公共服务和社会结构上处于明显劣势，无一般劣势水平指标。甘南州县域各项指标得分标准差达到10.09，高于其他市（州），说明县域发展极不均衡。其中，人居环境、科学教育得分分别达到90、83.65，而宏观经济、产业发展、基础设施、公共服务和社会结构5项指标得分均在65左右，严重拉低了县域竞争力的整体表现。下一步要在加大投入的同时，注意引导资源和要素向以上5个薄弱方面倾斜。县域发展类型为非平衡较不充分型。

总体来看，甘肃省14个市（州）县域发展，科学教育水平最高，平均得分超过80；平均得分75~80的指标按发展优劣排序，依次是社会保障、基础设施、产业发展、社会结构和人居环境；宏观经济和公共服务平均得分均不足75。因此，下一步提升甘肃省县域竞争力的关键是，促进并保持县域经济稳定增长，同时提升公共服务供给水平和效率。

表 2 甘肃 14 个市（州）县域综合竞争力及分项竞争力得分

市(州)	全省位次	2018 年县域竞争力得分									各指标标准差	县域发展类型
		综合	宏观经济	产业发展	基础设施	社会保障	公共服务	人居环境	社会结构	科学教育		
兰州市	1	90.00	90.00	90.00	90.00	77.87	88.13	80.78	90.00	84.23	4.84	平衡较充分
庆阳市	2	76.96	75.54	77.96	75.26	86.98	73.04	86.07	78.58	84.84	5.42	非平衡较充分
酒泉市	3	76.79	76.83	78.81	77.93	90.00	76.46	69.90	78.50	81.14	5.61	非平衡较充分
张掖市	4	75.62	73.32	78.09	82.01	84.93	78.29	71.11	78.67	80.11	4.43	平衡较充分
天水市	5	74.94	73.64	80.11	84.43	70.71	66.07	78.88	80.80	82.83	6.40	非平衡一般充分
武威市	6	74.92	71.71	79.83	77.39	85.13	71.44	73.94	78.60	85.94	5.57	非平衡一般充分
嘉峪关市	7	74.78	68.08	86.27	85.55	78.74	90.00	66.58	76.08	65.92	9.00	非平衡一般充分
陇南市	8	73.38	70.61	74.98	78.23	79.75	66.00	85.89	79.61	86.89	7.11	非平衡一般充分
平凉市	9	73.26	71.99	70.94	86.16	80.30	72.65	75.48	80.57	81.09	5.43	非平衡一般充分
定西市	10	71.61	69.37	77.11	74.77	78.60	67.90	70.20	74.72	90.00	7.04	非平衡一般充分
白银市	11	71.61	71.60	77.42	76.97	74.08	71.34	65.00	70.22	87.21	6.58	非平衡一般充分
金昌市	12	70.27	65.95	80.37	79.35	84.18	72.75	74.70	78.28	65.00	6.86	非平衡一般充分
临夏州	13	69.63	67.57	75.52	80.58	65.00	65.00	79.76	79.24	80.01	7.03	非平衡较不充分
甘南州	14	65.00	65.00	65.00	65.00	78.10	67.39	90.00	65.00	83.65	10.09	非平衡较不充分
均值		74.20	72.23	78.03	79.55	79.60	73.32	76.31	77.78	81.35	—	—

二　2018年甘肃省县域竞争力分市（州）评价分析

各市（州）所辖县域竞争力得分情况如表 3 至表 15 所示，根据表 3 至表 15，做出各市（州）所辖县域分项竞争力雷达图（见图 1 至图 22），结合图表对市（州）所辖县（市、区）在发展中的优势及劣势进行分析。

（一）兰州市所辖县域竞争力评价分析

2018 年城关区县域综合竞争力得分为 90.00，在甘肃省 86 个县（市、区）中具有绝对优势。综合县域竞争力得分在全省居第 1 位、在兰州市居第 1 位。分项来看，2018 年城关区在宏观经济、基础设施、公共服务、人居环境和社会结构上具有绝对优势，在产业发展上具有一般优势，在科学教育上处于中势，在社会保障上处于一般劣势。总体来看，城关区在分项竞争力各项指标上的发展较不均衡，优势较为突出，但短板同样明显。其中，科学教育和社会保障水平明显低于其他指标。县域发展类型为非平衡较充分型。

2018 年七里河区县域竞争力综合得分为 82.57，在 86 个县（市、区）中具有一般优势。县域竞争力综合得分在全省居第 3 位、在兰州市居第 3 位。分项来看，2018 年七里河区在宏观经济、产业发展和公共服务上具有一般优势，在基础设施、社会保障、人居环境、社会结构和科学教育上处于中势，无绝对优势及中势以下指标。总体来看，七里河区在县域竞争力各项指标上发展较为均衡，无明显优势及短板指标，其各项指标得分值近似围成一个面积较大的正八边形，如图 1 所示。县域发展类型为平衡较充分型。

2018 年西固区县域竞争力综合得分为 82.67，具有一般优势。县域竞争力综合得分在全省居第 2 位、在兰州市居第 2 位；分指标来看，2018 年西固区在产业发展上具有明显优势，在宏观经济和社会结构上具有一般优势，在基础设施、社会保障、公共服务、人居环境和科学教育上处于中势，无中势以下水平指标。县域发展类型为平衡较充分型。

2018 年安宁区县域竞争力综合得分为 82.15，具有一般优势。县域竞争力综合得分在全省居第 4 位、在兰州市居第 4 位；分项来看，2018 年安宁区在产业发展、社会保障和社会结构上具有明显优势，在宏观经济和人居环境上具有一般优势，在科学教育上处于一般劣势，在基础设施和公共服务上处于绝对劣势。总体来看，虽然安宁区综合县域竞争力具有一般优势，但县域发展极不均衡，各项指标标准差亦达到 9.49，从直观上看各项指标分值构成一个极不规则的多边形（见图 1）。其中，社会保障、产业发展、社会机构和人居环境得分较为理想，但基础设施和公共服务得分严重偏低，极大地影响了整体县域竞争力的表现。作为兰州市市辖区之一，公共服务建设严重滞后，已成为制约安宁区县域竞争力提升的最大短板。县域发展类型为非平衡较充分型。

2018 年红古区县域竞争力综合得分为 75.51，处于中势。县域竞争力综合得分在全省居第 31 位、在兰州市居第 8 位；分指标来看，2018 年红古区在产业发展上具有一般优势，在宏观经济、人居环境、社会结构和科学教育上处于中势，在社会保障和公共服务上处于一般劣势，在基础设施上处于绝对劣势。总体来看，红古区各项指标发展均相对偏弱，但目前最薄弱的环节是基础设施，因此亟须提升县域基础设施水平，为其他方面发展创造先决条件。县域发展类型为平衡较充分型。

2018 年永登县县域竞争力综合得分为 76.73，处于中势。县域竞争力综合得分在全省居第 18 位、在兰州市居第 6 位；分指标来看，2018 年永登县在社会保障和科学教育上具有一般优势，在宏观经济、产业发展、基础设施、公共服务和社会结构上处于中势，在人居环境上处于一般劣势。总体来看，永登县县域发展较为均衡，无明显优势及短板。县域发展类型为平衡较充分型。

2018 年皋兰县县域竞争力综合得分为 75.74，处于中势。县域竞争力综合得分在全省居第 27 位、在兰州市居第 7 位；分指标来看，2018 年皋兰县在科学教育上具有一般优势，在宏观经济、产业发展和基础设施上处于中势，在社会保障、公共服务、人居环境和社会结构上处于一般劣势。县域发展类型为平衡较充分型。

2018 年榆中县县域竞争力综合得分为 78.56，处于中势。县域竞争力综合得分在全省居第11位、在兰州市居第5位；分指标来看，2018年榆中县在产业发展、社会保障和科学教育上具有一般优势，在宏观经济、基础设施、公共服务和社会结构上处于中势，在人居环境上处于一般劣势。县域发展类型为平衡较充分型。

表3　2018年兰州市县域竞争力一级指标得分及排名情况

县(市、区)	全省排序	市(州)排序	2018年县域竞争力得分									各指标得分标准差	发展类型
			综合	宏观经济	产业发展	基础设施	社会保障	公共服务	人居环境	社会结构	科学教育		
城关区	1	1	90.00	90.00	84.64	90.00	73.97	88.13	88.48	90.00	78.93	6.02	非平衡较充分
七里河区	3	3	82.57	84.83	81.64	78.92	78.57	82.03	79.02	78.41	78.46	2.35	平衡较充分
西固区	2	2	82.67	83.88	85.06	79.78	75.59	77.05	79.95	81.34	79.00	3.19	平衡较充分
安宁区	4	4	82.15	81.63	90.00	69.56	90.00	65.00	84.35	86.74	74.49	9.49	非平均衡较充分
红古区	31	8	75.51	78.69	80.44	68.94	72.25	74.96	76.74	75.08	76.52	3.61	平衡较充分
永登县	18	6	76.73	75.07	77.44	78.69	82.31	76.27	74.04	76.52	80.39	2.76	平衡较充分
皋兰县	27	7	75.74	76.07	79.38	77.32	72.78	72.52	74.11	74.53	83.86	3.82	平衡较充分
榆中县	11	5	78.56	76.86	82.41	78.15	83.46	75.05	73.86	75.58	80.40	3.54	平衡较充分

资料来源：根据《甘肃发展年鉴》（2019）和甘肃省统计局提供的数据处理而来。

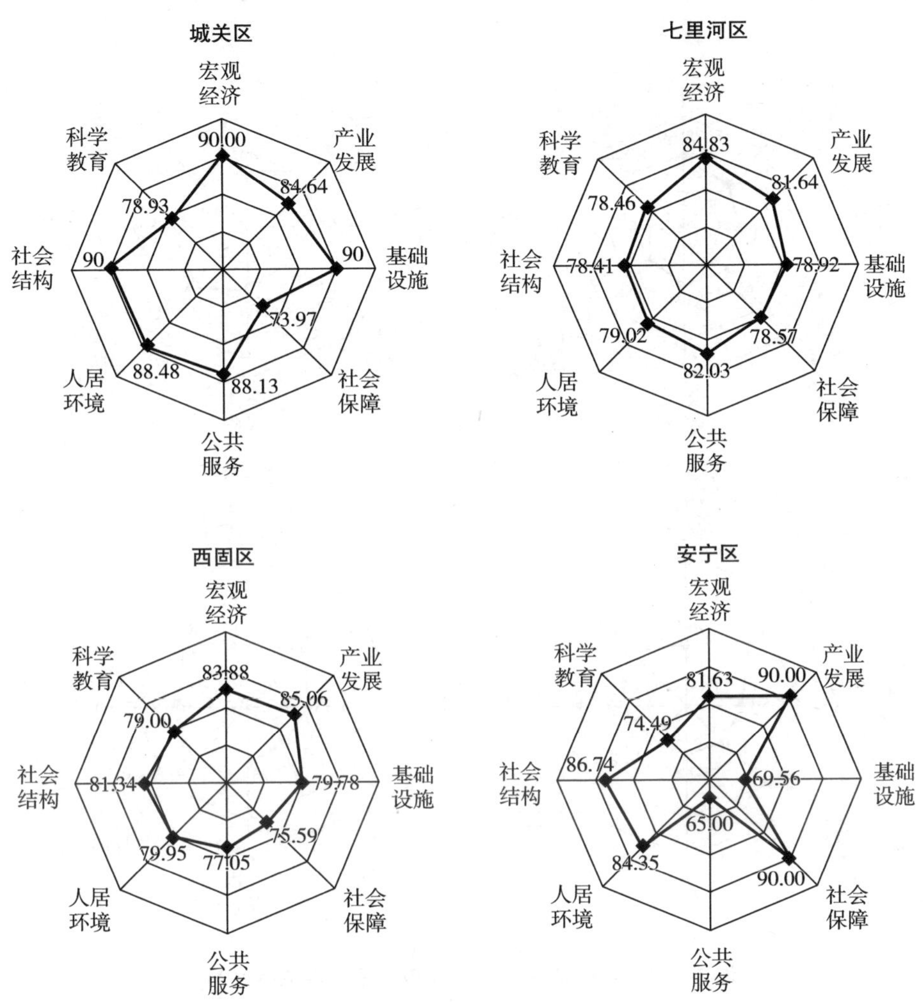

图1　兰州市所辖县（区）县域竞争力雷达图（1）

注：雷达图最小值为60、刻度为10，即在多边形中心点处得分为60，由中心点向外每增加一圈层代表得分增加10，图1至图20同。

（二）金昌市所辖县域竞争力评价分析

2018年金川区县域竞争力综合得分为79.29，处于中势。县域竞争力综合得分在全省居第10位、在金昌市居第1位；分指标来看，2018年金川区

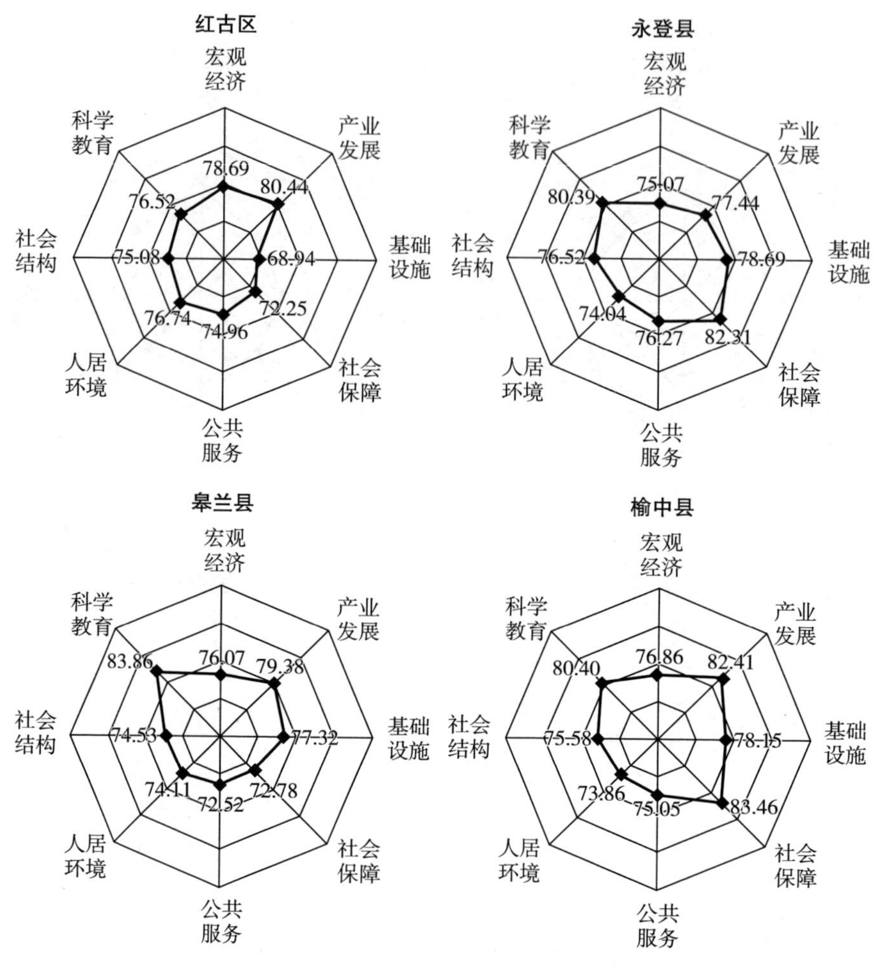

图2　兰州市所辖县（区）县域竞争力雷达图（2）

在宏观经济、产业发展、基础设施、社会保障和公共服务上具有一般优势，在社会结构和人居环境上处于中势，在科学教育上处于绝对劣势，无一般劣势水平指标。科学教育得分偏低，仅为65.00，成为制约金川区县域竞争力提升的主要因素。发展类型为非平衡较充分型。

2018年永昌县县域竞争力综合得分为76.77，处于中势。县域竞争力综合得分在全省居第17位、在金昌市居第2位；分指标来看，2018年永昌县在人居环境上具有一般优势，在宏观经济、产业发展、基础设施和社会保障上处于中势，在公共服务、社会结构和科学教育上处于一般劣势，无绝对优势及绝对劣势水平指标。县域发展总体较为均衡。

表4　2018年金昌市县域竞争力一级指标得分及排名情况

县(市、区)	全省排序	市(州)排序	2018年县域竞争力得分									各指标得分标准差	发展类型
			综合	宏观经济	产业发展	基础设施	社会保障	公共服务	人居环境	社会结构	科学教育		
金川区	10	1	79.29	80.19	81.59	80.98	81.21	80.13	75.77	77.11	65.00	5.55	非平衡较充分
永昌县	17	2	76.77	75.11	79.12	79.69	79.93	74.16	82.53	74.51	73.45	3.39	平衡较充分

资料来源：根据《甘肃发展年鉴》（2019）和甘肃省统计局提供的数据处理而来。

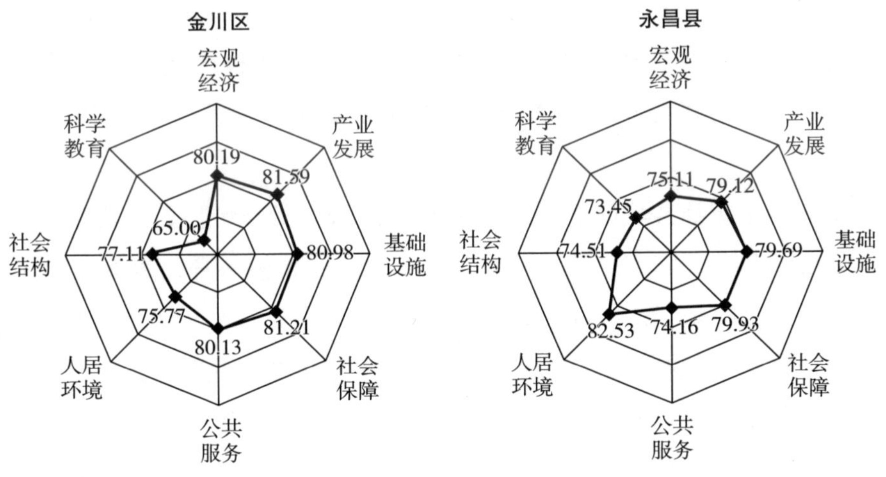

图3　金昌市所辖县（区）县域竞争力雷达图

（三）白银市所辖县域竞争力评价分析

2018年白银区县域竞争力综合得分为79.50，处于中势。县域竞争力综合得分在全省居第 9 位、在白银市居第 1 位。分指标来看，2018 年白银区在宏观经济、产业发展、公共服务和社会结构上具有一般优势，在基础设施和科学教育上处于中势，在社会保障和人居环境上处于一般劣势，无绝对优势及绝对劣势水平指标。县域发展总体较为均衡。发展类型为平衡较充分型。

2018 年平川区县域竞争力综合得分为 76.30，处于中势。县域竞争力综合得分在全省居第 21 位、在白银市居第 2 位。分指标来看，2018 年平川区在基础设施上具有一般优势，在宏观经济、产业发展、社会保障、公共服务、人居环境、社会结构和科学教育上均处于中势，无绝对优势、一般劣势及绝对劣势水平指标。县域发展总体较为均衡。发展类型为平衡较充分型。

2018 年靖远县县域竞争力综合得分为 73.86，处于中势。县域竞争力综合得分在全省居第 45 位、在白银市居第 4 位。分指标来看，2018 年靖远县在科学教育上具有一般优势，在产业发展、基础设施和社会保障上处于中势，在宏观经济、公共服务、人居环境和社会结构上处于一般劣势，无绝对优势及绝对劣势水平指标。县域发展类型为平衡一般充分型。

2018 年会宁县县域竞争力综合得分为 72.18，处于中势。县域竞争力综合得分在全省居第 58 位、在白银市居第 5 位。分指标来看，2018 年会宁县在科学教育上具有一般优势，在社会保障上处于中势，在宏观经济、产业发展、基础设施、公共服务、人居环境和社会结构上处于一般劣势，无绝对优势及绝对劣势水平指标。县域发展类型为平衡一般充分型。

2018 年景泰县县域竞争力综合得分为 74.37，处于中势。县域竞争力综合得分在全省居第 41 位、在白银市居第 3 位。分指标来看，2018 年景泰县在社会保障和科学教育上具有一般优势，在基础设施上处于中势，在宏观经济、产业发展、公共服务、人居环境和社会结构上处于一般劣势，无绝对优势及绝对劣势水平指标。县域发展类型为平衡一般充分型。

表 5　2018 年白银市县域竞争力一级指标得分及排名情况

县(市、区)	全省排序	市(州)排序	2018 年县域竞争力得分									各指标得分标准差	发展类型
			综合	宏观经济	产业发展	基础设施	社会保障	公共服务	人居环境	社会结构	科学教育		
白银区	9	1	79. 50	80. 98	80. 54	79. 83	73. 77	80. 43	73. 11	80. 11	77. 34	3. 18	平衡较充分型
平川区	21	2	76. 30	75. 25	77. 05	81. 04	75. 71	77. 31	76. 30	75. 25	78. 47	1. 96	平衡较充分型
靖远县	45	4	73. 86	73. 13	75. 56	78. 02	78. 77	72. 57	73. 36	71. 73	81. 94	3. 61	平衡一般充分型
会宁县	58	5	72. 18	71. 17	74. 96	73. 46	75. 45	74. 18	73. 97	72. 50	81. 88	3. 20	平衡一般充分型
景泰县	41	3	74. 37	73. 71	74. 48	78. 68	80. 30	72. 73	73. 72	72. 93	82. 90	3. 89	平衡一般充分型

资料来源：根据《甘肃发展年鉴》（2019）和甘肃省统计局提供的数据处理而来。

（四）天水市所辖县域竞争力评价分析

2018 年秦州区县域竞争力综合得分为 77. 19，处于中势。县域竞争力综合得分在全省居第 14 位、在天水市居第 2 位。分指标来看，2018 年秦州区在基础设施上具有一般优势，在宏观经济、产业发展、人居环境、社会结构和科学教育上处于中势，在社会保障和公共服务上处于一般劣势。县域发展类型为平衡较充分型。

2018 年麦积区县域竞争力综合得分为 78. 14，处于中势。县域竞争力综合得分在全省居第 12 位、在天水市居第 1 位。分指标来看，2018 年麦积区在社会保障和人居环境上具有一般优势，在宏观经济、产业发展、基础设

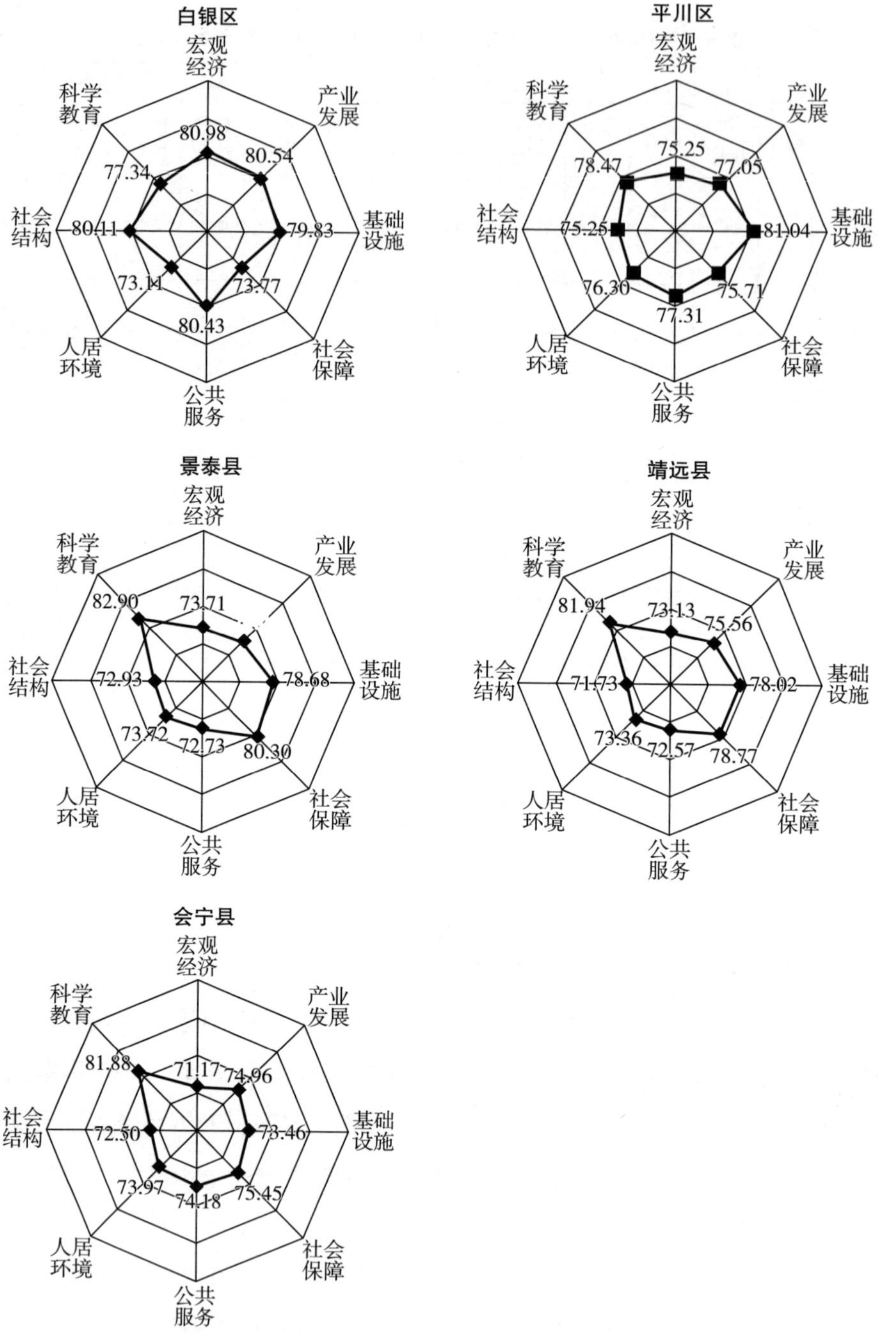

白银区

宏观经济 80.98
产业发展 80.54
基础设施 79.83
社会保障 73.77
公共服务 80.43
人居环境 73.11
社会结构 80.11
科学教育 77.34

平川区

宏观经济 75.25
产业发展 77.05
基础设施 81.04
社会保障 75.71
公共服务 77.31
人居环境 76.30
社会结构 75.25
科学教育 78.47

景泰县

宏观经济 73.71
产业发展
基础设施 78.68
社会保障 80.30
公共服务 72.73
人居环境 73.72
社会结构 72.93
科学教育 82.90

靖远县

宏观经济 73.13
产业发展 75.56
基础设施 78.02
社会保障 78.77
公共服务 72.57
人居环境 73.36
社会结构 71.73
科学教育 81.94

会宁县

宏观经济 71.17
产业发展 74.96
基础设施 73.46
社会保障 75.45
公共服务 74.18
人居环境 73.97
社会结构 72.50
科学教育 81.88

图 4　白银市所辖县（区）县域竞争力雷达图

施、公共服务、社会结构和科学教育上处于中势。县域经济社会呈现在较高水平中均衡发展的特征。发展类型为平衡较充分型。

2018 年清水县县域竞争力综合得分为 72.68，处于一般劣势。县域竞争力综合得分在全省居第 53 位、在天水市居第 4 位。分指标来看，2018 年清水县在基础设施、社会保障、人居环境和科学教育上处于中势，在产业发展、公共服务和社会结构上处于一般劣势，在宏观经济上处于绝对劣势。宏观经济发展和公共服务偏弱，制约了县域竞争力的提升。县域发展类型为平衡一般充分型。

2018 年秦安县县域竞争力综合得分为 72.13，处于一般劣势。县域竞争力综合得分在全省居第 61 位、在天水市居第 6 位。分指标来看，2018 年秦安县在产业发展和科学教育上处于中势，在宏观经济、基础设施、社会保障、公共服务、人居环境和社会结构上处于一般劣势。县域发展类型为平衡一般充分型。

2018 年甘谷县县域竞争力综合得分为 74.70，处于一般劣势。县域竞争力综合得分在全省居第 38 位、在天水市居第 3 位。分指标来看，2018 年甘谷县在社会保障上具有一般优势，在产业发展、基础设施、人居环境、社会结构和科学教育上处于中势，在宏观经济和公共服务上处于一般劣势。县域发展类型为平衡一般充分型。

2018 年武山县县域竞争力综合得分为 72.35，处于一般劣势。县域竞争力综合得分在全省居第 55 位、在天水市居第 5 位。分指标来看，2018 年武山县在基础设施、社会保障和社会结构上处于中势，在宏观经济、产业发展、公共服务、人居环境和科学教育上处于一般劣势。县域发展类型为平衡一般充分型。

2018 年张家川县县域竞争力综合得分为 70.79，处于一般劣势。县域竞争力综合得分在全省居第 73 位、在天水市居第 7 位。分指标来看，2018 年张家川县在基础设施上具有一般优势，在人居环境和科学教育上处于中势，在产业发展、社会保障、公共服务和社会结构上处于一般劣势，在宏观经济上处于绝对劣势。张家川县县域经济社会发展较不协调，其中基础设施条件较好，但宏观经济发展较为滞后。县域发展类型为平衡一般充分型。

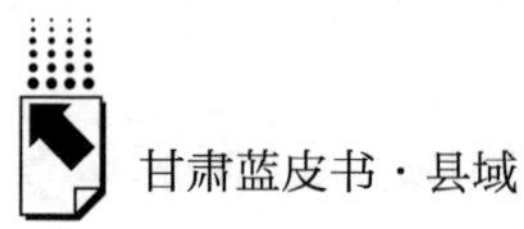

表6　2018年天水市县域竞争力一级指标得分及排名情况

县(市、区)	全省排序	市(州)排序	2018年县域竞争力得分									各指标得分标准差	发展类型
			综合	宏观经济	产业发展	基础设施	社会保障	公共服务	人居环境	社会结构	科学教育		
秦州区	14	2	77.19	79.21	79.99	80.94	71.10	70.42	75.05	79.18	78.77	4.12	平衡较充分
麦积区	12	1	78.14	76.91	79.18	77.85	80.28	75.38	82.04	77.45	77.97	2.07	平衡较充分
清水县	53	4	72.68	69.94	74.81	78.39	79.67	70.64	79.80	71.92	77.85	4.10	平衡一般充分
秦安县	61	6	72.13	72.56	75.24	74.99	72.92	72.07	74.82	73.98	77.22	1.70	平衡一般充分
甘谷县	38	3	74.70	72.33	75.73	79.12	80.26	72.21	79.37	76.47	77.58	3.09	平衡一般充分
武山县	55	5	72.35	71.59	73.80	79.66	76.92	72.11	73.97	75.11	74.03	2.61	平衡一般充分
张家川县	73	7	70.79	68.49	72.92	81.15	70.26	74.01	75.46	72.12	76.86	3.97	平衡一般充分

资料来源：根据《甘肃发展年鉴》（2019）和甘肃省统计局提供的数据处理而来。

（五）武威市所辖县域竞争力评价分析

2018年凉州区县域竞争力综合得分为81.59，具有一般优势。县域竞争力综合得分在全省居第5位、在武威市居第1位。分指标来看，2018年凉州区在宏观经济、产业发展、基础设施、社会保障和社会结构上具有一般优势，在公共服务、人居环境和科学教育上处于中势，无中势以下水平指标。凉州区县域竞争力构成中无明显短板，县域经济社会正处于较高水平的均衡发展阶段。各项指标得分值近似围成一个较大面积的正八边形，如图7所

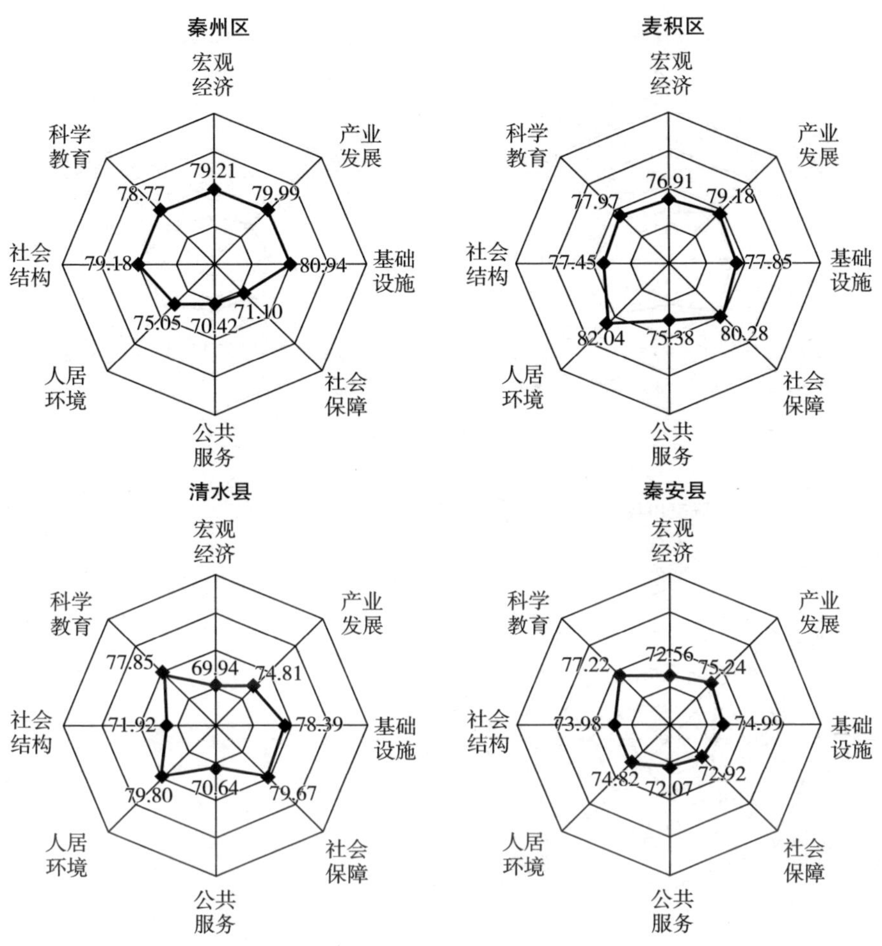

图5　天水市所辖县（区）县域竞争力雷达图（1）

示。县域发展类型为平衡较充分型。

2018 年民勤县县域竞争力综合得分为 75.88，处于中势。县域竞争力综合得分在全省居第 24 位、在武威市居第 2 位。分指标来看，2018 年民勤县在社会保障和科学教育上具有一般优势，在宏观经济、产业发展、基础设施、公共服务上处于中势，在人居环境和社会结构上处于一般劣势。民勤县在科学教育方面表现较为突出。县域发展类型为平衡较充分型。

2018 年古浪县县域竞争力综合得分为 71.66，处于一般劣势。县域竞争

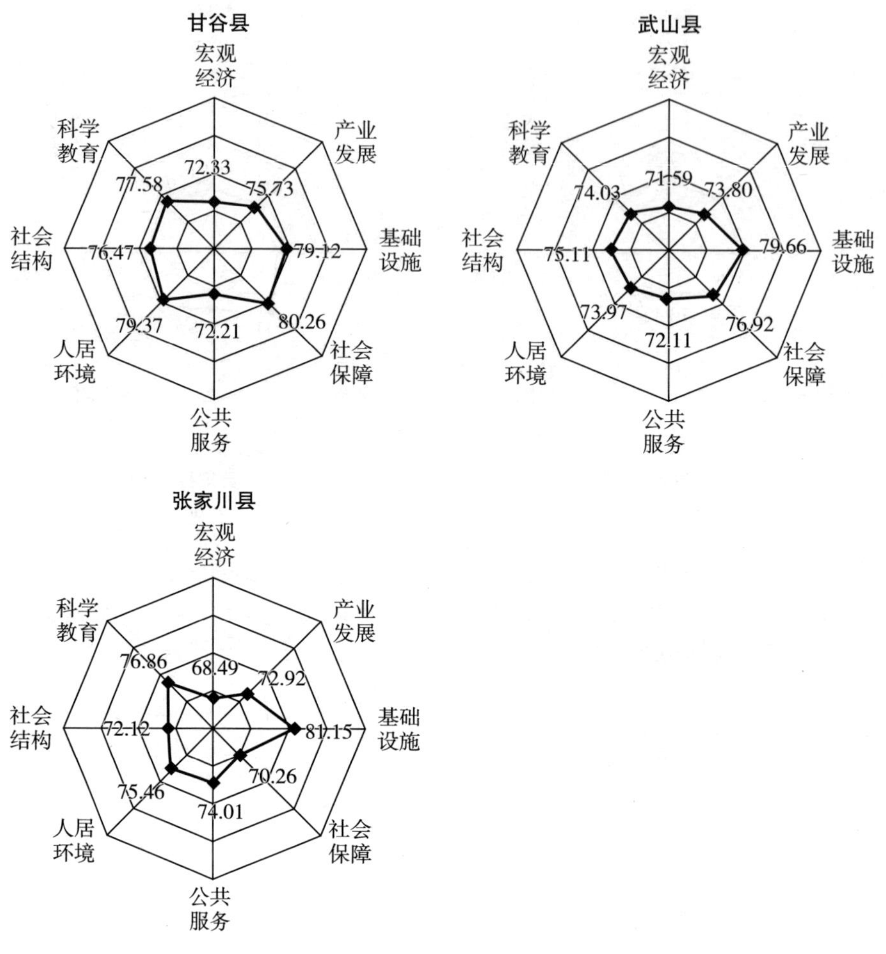

图6　天水市所辖县（区）县域竞争力雷达图（2）

力综合得分在全省居第66位、在武威市居第4位。分指标来看，2018年古浪县在科学教育上处于中势，在宏观经济、产业发展、基础设施、社会保障、公共服务、人居环境和社会结构上均处于一般劣势。县域发展整体相对偏弱，无明显亮点。县域发展类型为平衡一般充分型。

2018年天祝县县域竞争力综合得分为75.76，处于中势。县域竞争力综合得分在全省居第26位、在武威市居第3位。分指标来看，2018年天祝县在社会保障上具有绝对优势，在科学教育上具有一般优势，在基础设施和人居环境上处于中势，在宏观经济、产业发展、公共服务和社会结构上处于一般劣势。天祝县在社会保障方面表现最为突出，其次是科学教育和人居环境。县域发展类型为非平衡较充分型。

表7　2018年武威市县域竞争力一级指标得分及排名情况

县(市、区)	全省排序	市（州）排序	2018年县域竞争力得分									各指标得分标准差	发展类型
			综合	宏观经济	产业发展	基础设施	社会保障	公共服务	人居环境	社会结构	科学教育		
凉州区	5	1	81.59	80.73	81.45	80.74	83.08	78.07	77.93	81.50	79.35	1.79	平衡较充分
民勤县	24	2	75.88	75.49	76.73	77.78	80.01	76.17	73.67	70.77	83.77	3.93	平衡较充分
古浪县	66	4	71.66	71.93	74.69	74.65	74.28	71.35	74.21	72.38	78.81	2.33	平衡一般充分
天祝县	26	3	75.76	73.84	74.96	75.35	87.36	74.83	79.64	72.32	81.89	5.06	非平衡较充分

资料来源：根据《甘肃发展年鉴》（2019）和甘肃省统计局提供的数据处理而来。

（六）张掖市所辖县域竞争力评价分析

2018年甘州区县域竞争力综合得分为79.71，处于中势。县域竞争力综合得分在全省居第8位、在张掖市居第1位。分指标来看，2018年甘州区在产业发展、基础设施和社会保障上具有一般优势，在宏观经济、公共服务、人居环境、社会结构和科学教育上处于中势。甘州区县域发展无明显短板，发展水平较高。县域发展类型为平衡较充分型。

2018年肃南县县域竞争力综合得分为74.94，处于一般劣势。县域竞争力综合得分在全省居第37位、在张掖市居第5位。分指标来看，2018年肃南县在公共服务和科学教育上具有一般优势，在产业发展、社会保障和人居

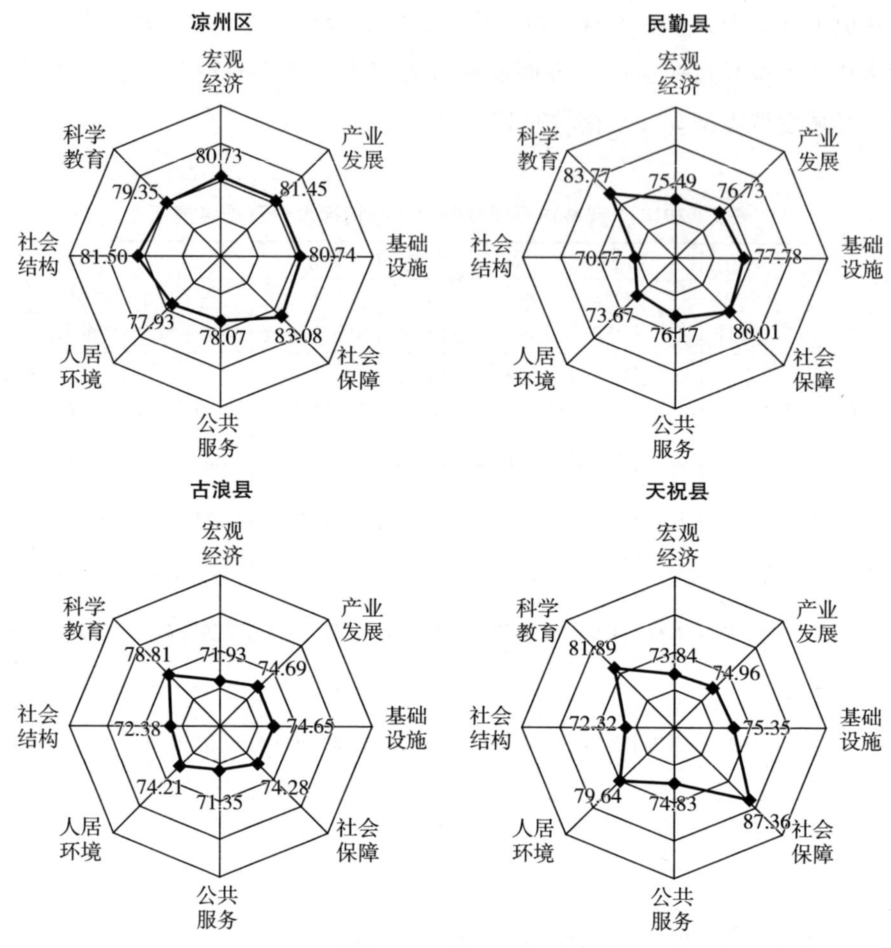

图7　武威市所辖县（区）县域竞争力雷达图

环境上处于中势，在宏观经济、基础设施和社会结构上处于一般劣势。县域发展类型为非平衡一般充分型。

2018 年民乐县县域竞争力综合得分为 74.45，处于一般劣势。县域竞争力综合得分在全省居第 40 位、在张掖市居第 6 位。分指标来看，2018 年民乐县在基础设施上具有一般优势，在产业发展、社会保障和公共服务上处于中势，在宏观经济、人居环境、社会结构和科学教育上处于一般劣势。县域发展较为均衡，优势和劣势均不明显。发展类型为平衡一般充分型。

2018 年临泽县县域竞争力综合得分为 76.65，处于中势。县域竞争力综合得分在全省居第 19 位、在张掖市居第 2 位。分指标来看，2018 年临泽县在社会保障上具有一般优势，在产业发展、基础设施、公共服务、人居环境、社会结构和科学教育上处于中势，在宏观经济上处于一般劣势。宏观经济发展相对滞后。县域发展类型为平衡较充分型。

2018 年高台县县域竞争力综合得分为 75.63，处于中势。县域竞争力综合得分在全省居第 29 位、在张掖市居第 3 位。分指标来看，2018 年高台县在社会保障上具有一般优势，在产业发展、基础设施、公共服务、社会结构和科学教育上处于中势，在宏观经济和人居环境上处于一般劣势。县域发展类型为平衡较充分型。

2018 年山丹县县域竞争力综合得分为 75.47，处于中势。县域竞争力综合得分在全省居第 33 位、在张掖市居第 4 位。分指标来看，2018 年山丹县无一般优势及以上水平指标，在产业发展、基础设施、社会保障、公共服务和社会结构上处于中势，在宏观经济、人居环境和科学教育上处于一般劣势。县域发展类型为平衡较充分型。

表 8　2018 年张掖市县域竞争力一级指标得分及排名情况

县(市、区)	全省排序	市(州)排序	2018 年县域竞争力得分									各指标得分标准差	发展类型
			综合	宏观经济	产业发展	基础设施	社会保障	公共服务	人居环境	社会结构	科学教育		
甘州区	8	1	79.71	79.43	80.74	83.39	80.42	77.80	76.03	76.09	75.35	2.82	平衡较充分
肃南县	37	5	74.94	72.90	75.10	72.05	78.70	84.59	75.87	70.29	84.23	5.39	非平衡一般充分
民乐县	40	6	74.45	72.81	77.61	81.14	77.04	77.27	73.43	72.10	72.58	3.24	平衡一般充分

续表

县(市、区)	全省排序	市(州)排序	2018 年县域竞争力得分									各指标得分标准差	发展类型
			综合	宏观经济	产业发展	基础设施	社会保障	公共服务	人居环境	社会结构	科学教育		
临泽县	19	2	76.65	73.35	77.15	79.20	83.58	79.31	77.49	75.03	77.21	3.07	平衡较充分
高台县	29	3	75.63	73.98	77.09	77.14	81.42	77.27	74.02	75.63	77.75	2.38	平衡较充分
山丹县	33	4	75.47	73.93	77.13	78.78	79.05	78.77	73.83	76.94	73.17	2.82	平衡较充分

资料来源：根据《甘肃发展年鉴》（2019）和甘肃省统计局提供的数据处理而来。

（七）平凉市所辖县域竞争力评价分析

2018 年崆峒区县域竞争力综合得分为 76.86，处于中势。县域竞争力综合得分在全省居第 16 位、在平凉市居第 1 位。分指标来看，2018 年崆峒区在基础设施上具有一般优势，在宏观经济、产业发展、社会保障、公共服务和社会结构上处于中势，在人居环境和科学教育上处于一般劣势。县域发展类型为平衡较充分型。

2018 年泾川县县域竞争力综合得分为 71.06，处于一般劣势。县域竞争力综合得分在全省居第 72 位、在平凉市居第 7 位。分指标来看，2018 年泾川县在社会保障上具有一般优势，在基础设施、公共服务、人居环境和科学教育上处于中势，在宏观经济和社会结构上处于一般劣势，在产业发展上处于绝对劣势。产业发展得分明显偏低，制约了整体县域竞争力的提升。县域发展类型为非平衡一般充分型。

2018 年灵台县县域竞争力综合得分为 72.17，处于一般劣势。县域竞争力综合得分在全省居第 60 位、在平凉市居第 6 位。分指标来看，2018 年灵台县在社会保障上具有一般优势，在基础设施、人居环境和科学教育上处于

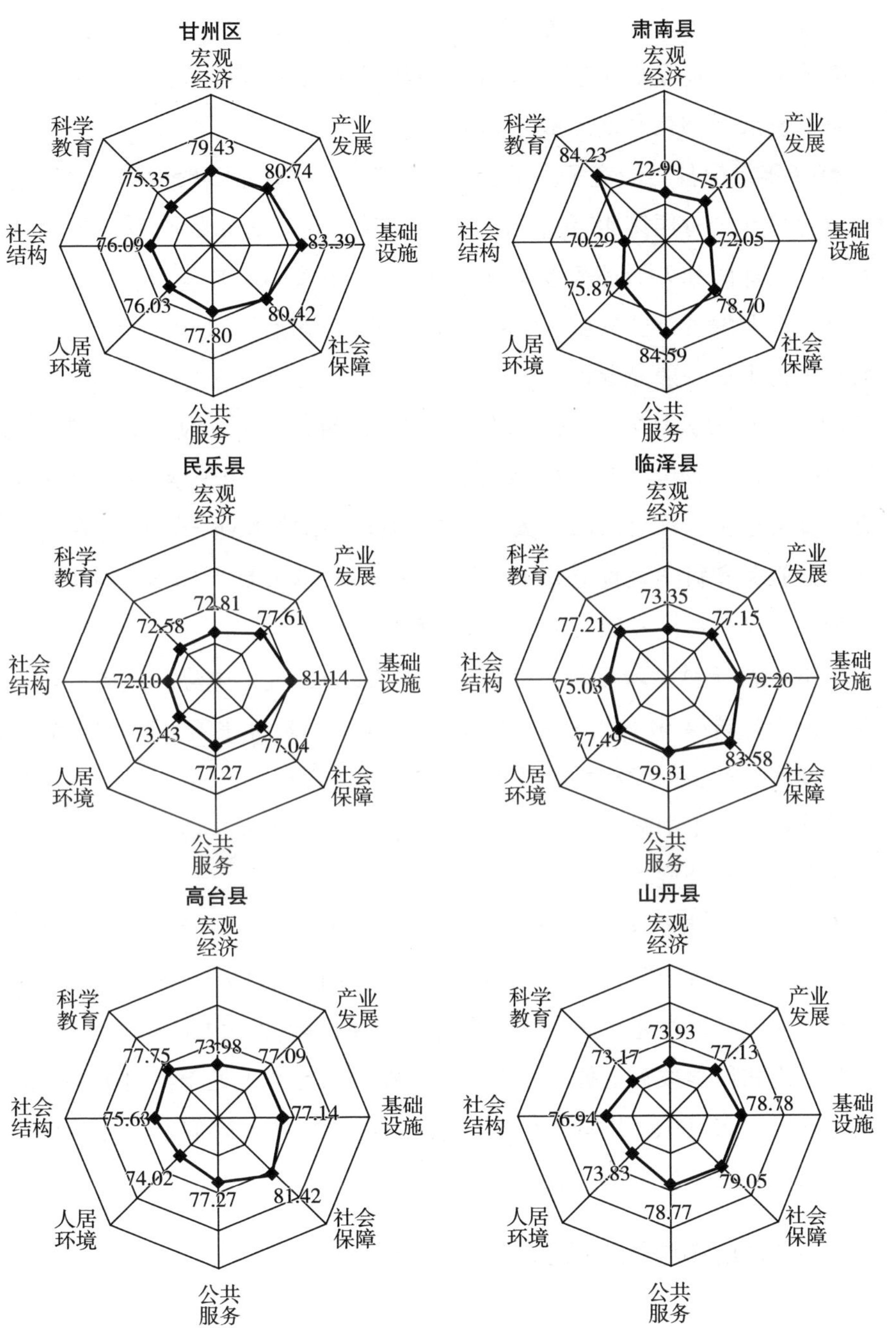

图8　张掖市所辖县（区）县域竞争力雷达图

中势，在产业发展、公共服务和社会结构上处于一般劣势，在宏观经济上处于绝对劣势。产业发展和宏观经济是制约灵台县县域竞争力提升的最大短板。县域发展类型为平衡一般充分型。

2018 年崇信县县域竞争力综合得分为 73.72，处于一般劣势。县域竞争力综合得分在全省居第 48 位、在平凉市居第 3 位。分指标来看，2018 年崇信县在社会保障和人居环境上具有一般优势，在基础设施上处于中势，在宏观经济、产业发展、公共服务、社会结构和科学教育上处于一般劣势。县域发展类型为平衡一般充分型。

2018 年庄浪县县域竞争力综合得分为 72.24，处于一般劣势。县域竞争力综合得分在全省居第 56 位、在平凉市居第 5 位。分指标来看，2018 年庄浪县在基础设施、社会保障、人居环境和社会结构上处于中势，在宏观经济、公共服务和科学教育上处于一般劣势，在产业发展上处于绝对劣势。县域发展无明显亮点。发展类型为平衡一般充分型。

2018 年静宁县县域竞争力综合得分为 75.54，处于中势。县域竞争力综合得分在全省居第 30 位、在平凉市居第 2 位。分指标来看，2018 年静宁县在基础设施、社会保障和科学教育上具有一般优势，在公共服务、人居环境和社会结构上处于中势，在宏观经济和产业发展上处于一般劣势。县域发展类型为平衡较充分型。

2018 年华亭市县域竞争力综合得分为 73.59，处于一般劣势。县域竞争力综合得分在全省居第 50 位、在平凉市居第 4 位。分指标来看，2018 年华亭市在宏观经济、产业发展、基础设施、社会保障和公共服务上处于中势，在社会结构和科学教育上处于一般劣势，在人居环境上处于绝对劣势。人居环境得分仅为 65.00，明显低于其他指标，是制约县域竞争力提升的最大短板。县域发展类型为平衡一般充分型。

（八）酒泉市所辖县域竞争力评价分析

2018 年肃州区县域竞争力综合得分为 79.86，处于中势。县域竞争力综合得分在全省居第 7 位、在酒泉市居第 1 位。分指标来看，2018 年肃州区

表9　2018 年平凉市所辖各县县域竞争力一级指标得分及排名情况

县(市、区)	全省排序	市（州）排序	2018 年县域竞争力得分									各指标得分标准差	发展类型
			综合	宏观经济	产业发展	基础设施	社会保障	公共服务	人居环境	社会结构	科学教育		
崆峒区	16	1	76. 86	77. 29	77. 86	80. 28	78. 00	76. 03	73. 50	78. 86	74. 19	2. 30	平衡较充分
泾川县	72	7	71. 06	71. 13	65. 00	79. 93	80. 50	75. 49	75. 72	73. 31	77. 66	5. 07	非平衡一般充分
灵台县	60	6	72. 17	69. 76	71. 18	77. 92	82. 60	74. 77	75. 60	72. 95	78. 07	4. 16	平衡一般充分
崇信县	48	3	73. 72	71. 83	74. 09	77. 90	81. 57	73. 24	80. 20	74. 72	74. 20	3. 50	平衡一般充分
庄浪县	56	5	72. 24	72. 12	69. 64	79. 48	75. 25	74. 10	79. 52	77. 01	73. 79	3. 46	平衡一般充分
静宁县	30	2	75. 54	72. 46	73. 93	81. 69	82. 51	75. 13	78. 28	75. 66	80. 79	3. 80	平衡较充分
华亭市	50	4	73. 59	75. 26	77. 44	76. 28	76. 70	75. 47	65. 00	73. 73	74. 89	3. 95	平衡一般充分

资料来源：根据《甘肃发展年鉴》（2019）和甘肃省统计局提供的数据处理而来。

在宏观经济、基础设施和社会保障上具有一般优势，在产业发展、公共服务、社会结构和科学教育上处于中势，在人居环境上处于一般劣势。县域发展类型为平衡较充分型。

2018 年金塔县县域竞争力综合得分为 75. 48，处于中势。县域竞争力综合得分在全省居第 32 位、在酒泉市居第 5 位。分指标来看，2018 年金塔县在社会保障上具有绝对优势，在产业发展、基础设施、公共服务和科学教育上处于中势，在宏观经济、人居环境和社会结构上处于一般劣势，无一般优

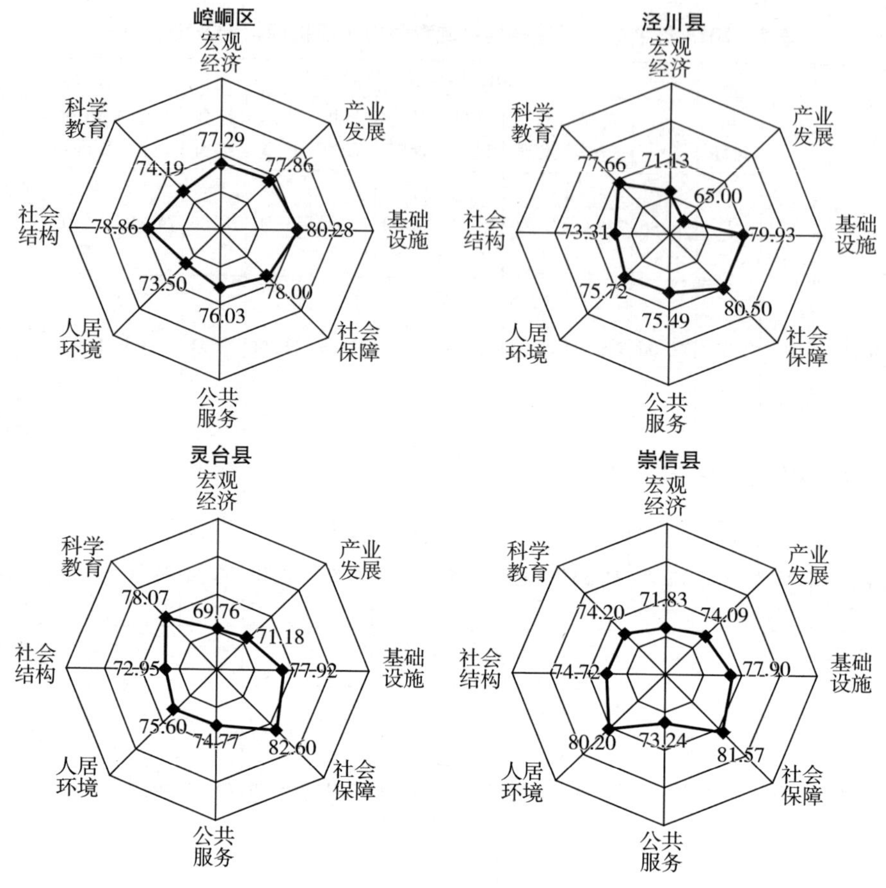

图9　平凉市所辖县（区）县域竞争力雷达图（1）

势水平指标。县域发展类型为平衡较充分型。

2018 年瓜州县县域竞争力综合得分为 75. 69，处于中势。县域竞争力综合得分在全省居第 28 位、在酒泉市居第 4 位。分指标来看，2018 年瓜州县在社会保障上具有一般优势，在宏观经济、产业发展、基础设施上处于中势，在公共服务、人居环境、社会结构和科学教育上处于一般劣势。县域发展类型为平衡较充分型。

2018 年肃北县县域竞争力综合得分为 75. 43，处于中势。县域竞争力综合得分在全省居第 34 位、在酒泉市居第 6 位。分指标来看，2018 年肃北县

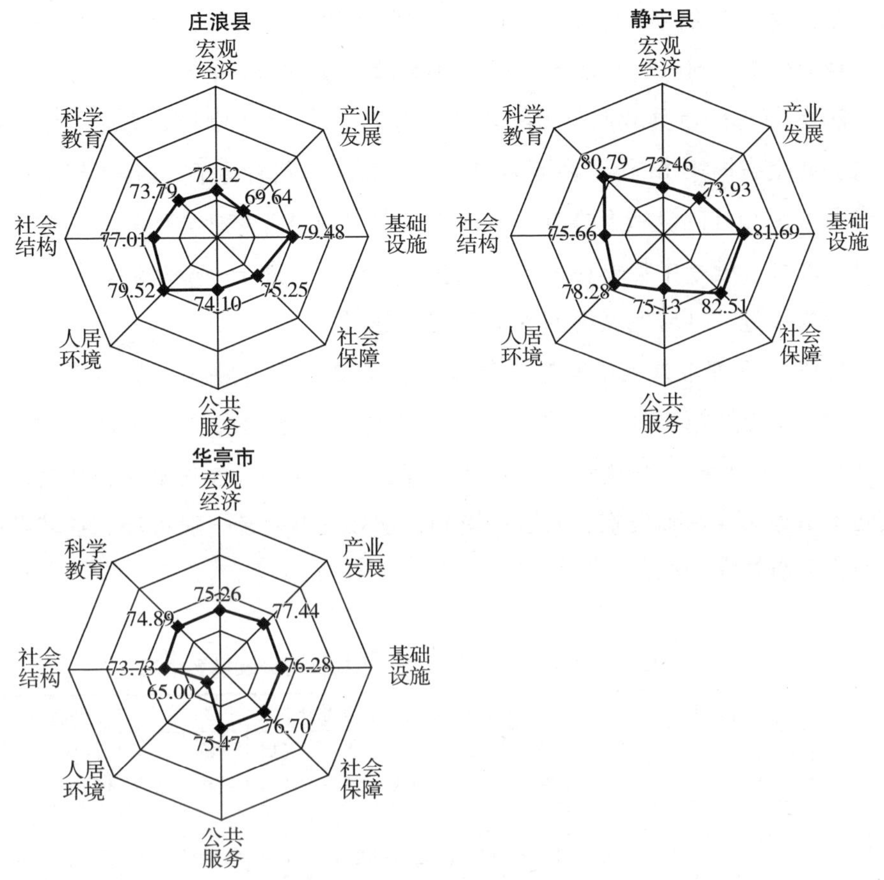

图10 平凉市所辖县（区）县域竞争力雷达图（2）

在公共服务上具有明显优势，在社会保障上具有一般优势，在科学教育上处于中势，在宏观经济、产业发展、基础设施、人居环境和社会结构上处于一般劣势。县域发展类型为非平衡较充分型。

2018 年阿克塞县县域竞争力综合得分为 73.71，处于一般劣势。县域竞争力综合得分在全省居第49 位、在酒泉市居第7 位。分指标来看，2018 年阿克塞县在公共服务上具有明显优势，在基础设施上处于中势，在宏观经济、产业发展、人居环境和社会结构上处于一般劣势，在社会保障和科学教育上处于绝对劣势。阿克塞县各项指标发展差异较大，其得分标准差达到 6.90，表明县域发展不协调性突出。其中，公共服务得分达到90，而社会保障和科学教育得分均不到70，如图12所示。县域发展类型为非平衡一般充分型。

2018年玉门市县域竞争力综合得分为77.50，处于中势。县域竞争力综合得分在全省居第13位、在酒泉市居第2位。分指标来看，2018年玉门市在产业发展和基础设施上具有一般优势，在宏观经济、社会保障、公共服务和科学教育上处于中势，在人居环境和社会结构上处于一般劣势。各项指标水平较为接近。县域发展类型为平衡较充分型。

2018年敦煌市县域竞争力综合得分为76.23，处于中势。县域竞争力综合得分在全省居第22位、在酒泉市居第3位。分指标来看，2018年敦煌市在社会保障上具有一般优势，在宏观经济、产业发展、公共服务和社会结构上处于中势，在基础设施、人居环境和科学教育上处于一般劣势。县域发展类型为平衡较充分型。

表10　2018年酒泉市县域竞争力一级指标得分及排名情况

县(市、区)	全省排序	市(州)排序	2018年县域竞争力得分									各指标得分标准差	发展类型
			综合	宏观经济	产业发展	基础设施	社会保障	公共服务	人居环境	社会结构	科学教育		
肃州区	7	1	79.86	80.58	78.90	82.41	82.33	78.88	73.96	77.67	76.02	2.95	平衡较充分
金塔县	32	5	75.48	74.52	77.09	77.01	85.15	75.23	73.84	73.37	75.73	3.75	平衡较充分
瓜州县	28	4	75.69	75.75	78.32	79.66	83.15	73.76	73.04	71.08	73.93	4.00	平衡较充分
肃北县	34	6	75.43	72.65	74.43	74.41	83.01	88.52	74.08	71.30	77.46	5.88	非平衡较充分
阿克塞县	49	7	73.71	71.55	74.56	79.93	68.96	90.00	73.93	72.87	69.50	6.90	非平衡一般充分

续表

县(市、区)	全省排序	市(州)排序	2018年县域竞争力得分									各指标得分标准差	发展类型
			综合	宏观经济	产业发展	基础设施	社会保障	公共服务	人居环境	社会结构	科学教育		
玉门市	13	2	77.50	76.63	80.65	80.24	79.16	75.15	74.88	74.58	77.72	2.44	平衡较充分
敦煌市	22	3	76.23	78.67	76.69	73.98	83.44	76.05	72.49	77.00	72.91	3.56	平衡较充分

资料来源：根据《甘肃发展年鉴》（2019）和甘肃省统计局提供的数据处理而来。

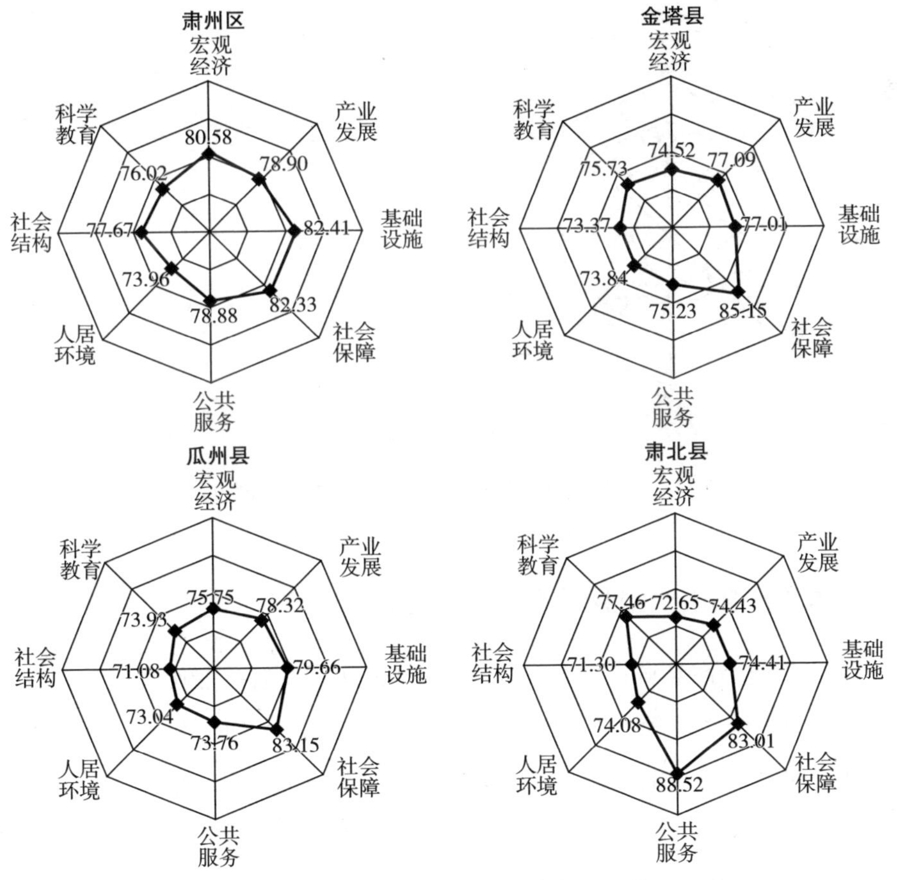

图 11　酒泉市所辖县（区）县域竞争力雷达图（1）

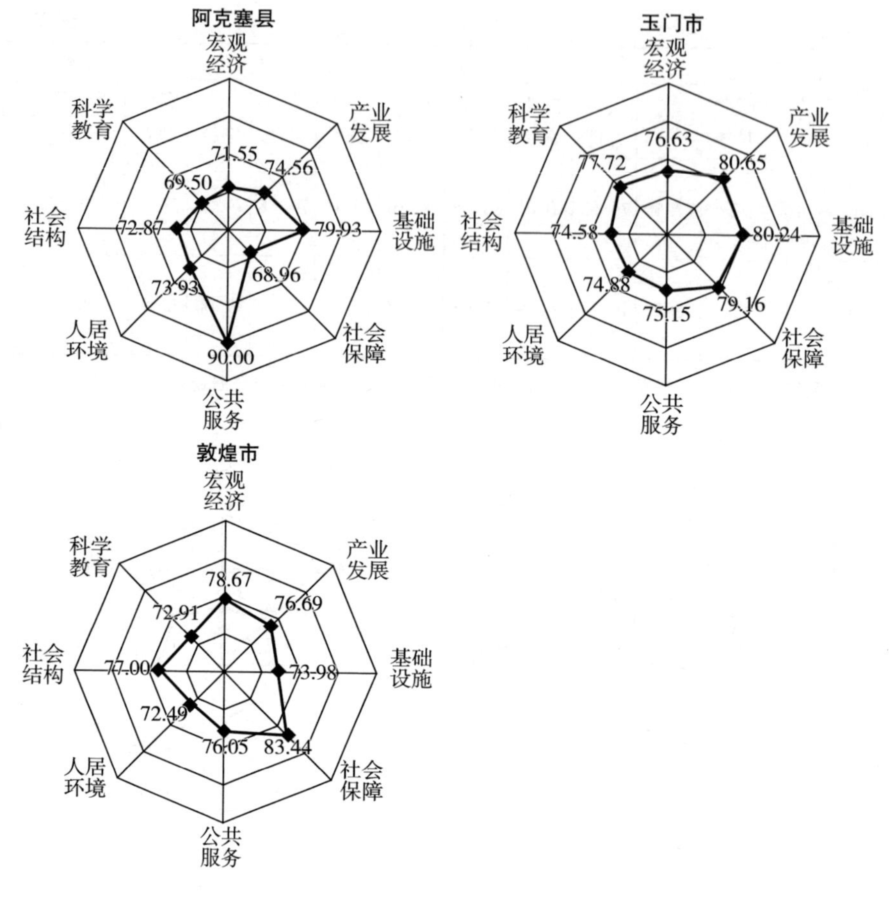

图 12　酒泉市所辖县（区）县域竞争力雷达图（2）

（九）庆阳市所辖县域竞争力评价分析

2018 年西峰区县域竞争力综合得分为 80.89，具有一般优势。县域竞争力综合得分在全省居第 6 位、在庆阳市居第 1 位。分指标来看，2018 年西峰区在产业发展、基础设施、社会保障和公共服务上具有一般优势，在宏观经济、人居环境、社会结构和科学教育上处于中势。各项指标均保持在中势水平以上，且差异较小，反映出西峰区县域经济社会正处于良性发展之中。县域发展类型为平衡较充分型。

2018 年庆城县县域竞争力综合得分为 73.51，处于一般劣势。县域竞争力综合得分在全省居第 51 位、在庆阳市居第 6 位。分指标来看，2018 年庆城县在社会保障上具有一般优势，在宏观经济、产业发展和人居环境上处于中势，在基础设施、公共服务、社会结构和科学教育上处于一般劣势。县域发展类型为平衡一般充分型。

2018 年环县县域竞争力综合得分为 73.84，处于一般劣势。县域竞争力综合得分在全省居第 46 位、在庆阳市居第 4 位。分指标来看，2018 年环县在社会保障和科学教育上具有一般优势，在产业发展和社会结构上处于中势，在宏观经济、公共服务和人居环境上处于一般劣势，在基础设施上处于绝对劣势。基础设施供给不足是制约环县县域经济社会发展的主要因素。县域发展类型为平衡一般充分型。

2018 年华池县县域竞争力综合得分为 73.40，处于一般劣势。县域竞争力综合得分在全省居第 52 位、在庆阳市居第 7 位。分指标来看，2018 年华池县在社会保障和人居环境上具有一般优势，在科学教育上处于中势，在宏观经济、产业发展和公共服务上处于一般劣势，在基础设施和社会结构上处于绝对劣势。华池县县域发展较不均衡，社会结构和基础设施得分偏低，影响了整体竞争优势的发挥。县域发展类型为非平衡一般充分型。

2018 年合水县县域竞争力综合得分为 74.15，处于一般劣势。县域竞争力综合得分在全省居第 42 位、在庆阳市居第 3 位。分指标来看，2018 年合水县在人居环境上具有一般优势，在产业发展、基础设施上处于中势，在宏观经济、公共服务、社会结构和科学教育上处于一般劣势。县域发展类型为平衡一般充分型。

2018 年正宁县县域竞争力综合得分为 71.97，处于一般劣势。县域竞争力综合得分在全省居第 63 位、在庆阳市居第 8 位。分指标来看，2018 年正宁县在社会保障、人居环境和科学教育上处于中势，在宏观经济、产业发展、基础设施、公共服务和社会结构上处于一般劣势，无中势以上水平指标。县域经济社会发展水平较低。发展类型为平衡一般充分型。

2018 年宁县县域竞争力综合得分为 73. 72，处于一般劣势。县域竞争力综合得分在全省居第 47 位、在庆阳市居第 5 位。分指标来看，2018 年宁县在社会保障上具有一般优势，在基础设施、人居环境和科学教育上处于中势，在宏观经济、产业发展、公共服务和社会结构上处于一般劣势。县域发展类型为平衡一般充分型。

2018 年镇原县县域竞争力综合得分为 74. 52，处于一般劣势。县域竞争力综合得分在全省居第 39 位、在庆阳市居第 2 位。分指标来看，2018 年镇原县在人居环境上具有一般优势，在产业发展、基础设施、社会保障、社会结构和科学教育上处于中势，在宏观经济和公共服务上处于一般劣势。县域发展类型为平衡一般充分型。

表 11　2018 年庆阳市县域竞争力一级指标得分及排名情况

县(市、区)	全省排序	市(州)排序	2018 年县域竞争力得分									各指标得分标准差	发展类型
			综合	宏观经济	产业发展	基础设施	社会保障	公共服务	人居环境	社会结构	科学教育		
西峰区	6	1	80. 89	79. 91	80. 63	83. 49	80. 89	80. 06	78. 26	76. 70	77. 90	2. 11	平衡较充分
庆城县	51	6	73. 51	75. 60	75. 00	73. 06	81. 85	72. 12	76. 00	72. 89	72. 40	3. 19	平衡一般充分
环县	46	4	73. 84	73. 92	77. 93	69. 01	81. 44	71. 26	72. 48	75. 02	82. 93	4. 90	平衡一般充分
华池县	52	7	73. 40	73. 61	74. 22	69. 51	81. 52	74. 29	84. 38	68. 29	78. 57	5. 59	非平衡一般充分
合水县	42	3	74. 15	72. 60	75. 87	77. 67	79. 51	73. 52	82. 13	72. 04	73. 92	3. 59	平衡一般充分
正宁县	63	8	71. 97	71. 18	72. 48	72. 80	79. 27	72. 62	79. 59	73. 46	78. 18	3. 45	平衡一般充分

续表

县(市、区)	全省排序	市(州)排序	2018 年县域竞争力得分									各指标得分标准差	发展类型
			综合	宏观经济	产业发展	基础设施	社会保障	公共服务	人居环境	社会结构	科学教育		
宁县	47	5	73.72	72.97	73.98	77.58	80.90	70.73	79.49	74.80	76.49	3.41	平衡一般充分
镇原县	39	2	74.52	73.10	75.10	76.65	79.11	74.45	81.77	75.24	75.52	2.80	平衡一般充分

资料来源：根据《甘肃发展年鉴》(2019) 和甘肃省统计局提供的数据处理而来。

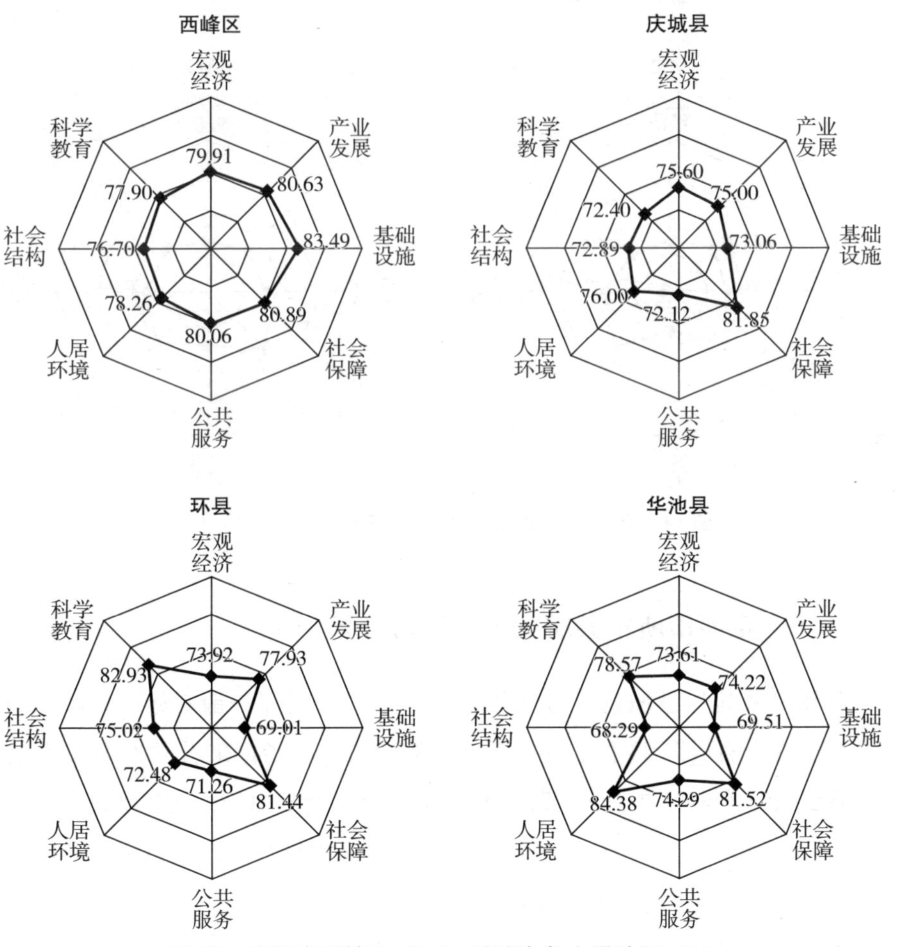

图 13　庆阳市所辖县（区）县域竞争力雷达图（1）

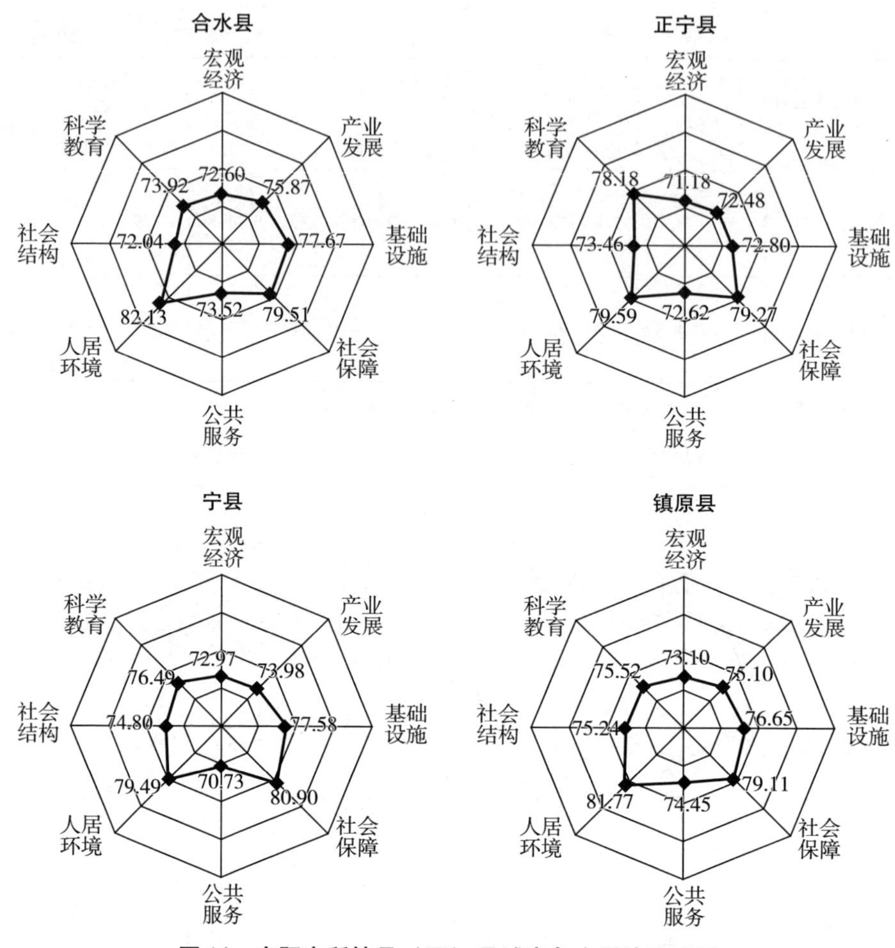

图14　庆阳市所辖县（区）县域竞争力雷达图（2）

（十）定西市所辖县域竞争力评价分析

2018 年安定区县域竞争力综合得分为 73. 87，处于一般劣势。县域竞争力综合得分在全省居第 43 位、在定西市居第 3 位。分指标来看，2018 年安定区在宏观经济、产业发展、人居环境和科学教育上处于中势，在基础设施、社会保障、公共服务和社会结构上处于一般劣势。无中势水平以上指标，县域发展亮点不足。发展类型为平衡一般充分型。

2018 年通渭县县域竞争力综合得分为 71. 70，处于一般劣势。县域竞争力综合得分在全省居第 65 位、在定西市居第 5 位。分指标来看，2018 年通渭县在科学教育上具有绝对优势，在产业发展和社会保障上处于中势，在基础设施、公共服务和社会结构上处于一般劣势，在宏观经济和人居环境上处于绝对劣势。各指标发展差异较大，其中科学教育一枝独秀，宏观经济和人居环境明显滞后。县域发展类型为非平衡一般充分型。

2018 年陇西县县域竞争力综合得分为 75. 36，处于中势。县域竞争力综合得分在全省居第 35 位、在定西市居第 1 位。分指标来看，2018 年陇西县在社会保障和科学教育上具有一般优势，在产业发展、基础设施和公共服务上处于中势，在宏观经济、人居环境和社会结构上处于一般劣势。县域发展类型为平衡较充分型。

2018 年渭源县县域竞争力综合得分为 71. 39，处于一般劣势。县域竞争力综合得分在全省居第 70 位、在定西市居第 6 位。分指标来看，2018 年渭源县在科学教育上具有一般优势，在基础设施、社会保障和人居环境上处于中势，在产业发展、公共服务和社会结构上处于一般劣势，在宏观经济上处于绝对劣势。县域发展类型为平衡一般充分型。

2018 年临洮县县域竞争力综合得分为 75. 23，处于中势。县域竞争力综合得分在全省居第 36 位、在定西市居第 2 位。分指标来看，2018 年临洮县在社会保障上具有一般优势，在产业发展、基础设施、公共服务和科学教育上处于中势，在宏观经济、人居环境和社会结构上处于一般劣势。县域发展类型为平衡较充分型。

2018 年漳县县域竞争力综合得分为 69. 52，处于绝对劣势。县域竞争力综合得分在全省居第 78 位、在定西市居第 7 位。分指标来看，2018 年漳县在人居环境和社会结构上处于中势，在产业发展、基础设施、社会保障、公共服务和科学教育上处于一般劣势，在宏观经济上处于一般劣势，无中势水平以上指标。县域发展能力整体偏弱，尤其是经济发展相对滞后。发展类型为平衡较不充分型。

2018 年岷县县域竞争力综合得分为 71. 95，处于一般劣势。县域竞争力综合得分在全省居第 64 位、在定西市居第 4 位。分指标来看，2018 年岷县在科学教育上具有一般优势，在社会保障和人居环境上处于中势，在宏观经济、产业发展、基础设施、公共服务和社会结构上处于一般劣势。县域发展类型为平衡一般充分型。

表12　2018 年定西市县域竞争力一级指标得分及排名情况

县(市、区)	全省排序	市(州)排序	2018 年县域竞争力得分									各指标得分标准差	发展类型
			综合	宏观经济	产业发展	基础设施	社会保障	公共服务	人居环境	社会结构	科学教育		
安定区	43	3	73. 87	75. 03	78. 07	70. 40	72. 89	74. 04	76. 37	74. 36	79. 60	2. 91	平衡一般充分
通渭县	65	5	71. 70	69. 73	75. 51	73. 65	76. 04	72. 43	69. 68	73. 37	86. 11	5. 22	非平衡一般充分
陇西县	35	1	75. 36	73. 85	76. 89	75. 11	82. 04	75. 07	74. 87	74. 77	81. 91	3. 29	平衡较充分
渭源县	70	6	71. 39	68. 83	73. 31	75. 32	79. 25	71. 53	77. 05	70. 70	81. 87	4. 48	平衡一般充分
临洮县	36	2	75. 23	72. 91	78. 02	78. 03	80. 90	75. 30	74. 15	74. 56	78. 32	2. 70	平衡较充分
漳县	78	7	69. 52	67. 63	74. 93	73. 93	73. 41	70. 38	75. 80	75. 23	71. 65	2. 80	平衡较不充分
岷县	64	4	71. 95	70. 08	74. 31	73. 89	78. 54	72. 74	75. 52	72. 00	81. 76	3. 75	平衡一般充分

资料来源：根据《甘肃发展年鉴》（2019）和甘肃省统计局提供的数据处理而来。

（十一）陇南市所辖县域竞争力评价分析

2018 年武都区县域竞争力综合得分为 75. 78，处于中势。县域竞争力综合得分在全省居第 25 位、在陇南市居第 3 位。分指标来看，2018 年武都区

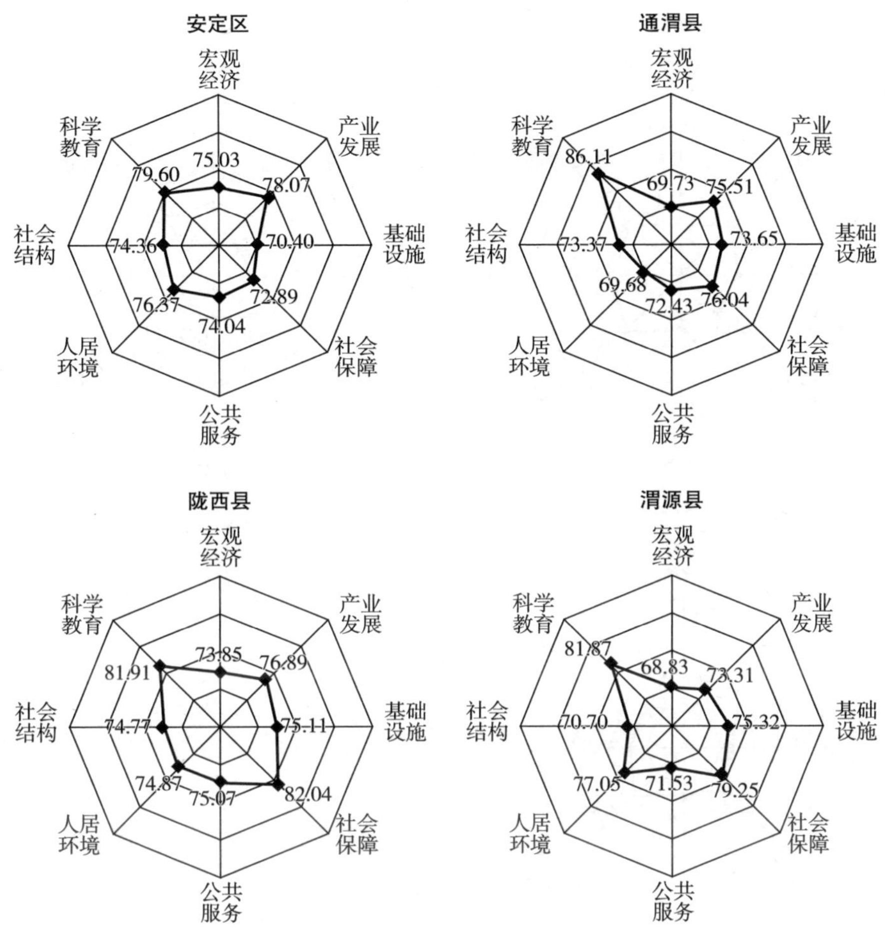

图15　定西市所辖县（区）县域竞争力雷达图（1）

在人居环境上具有一般优势，在宏观经济、产业发展、基础设施、社会保障、社会结构和科学教育上处于中势，在公共服务上处于一般劣势。公共服务水平相对不足。县域发展类型为平衡较充分型。

2018 年成县县域竞争力综合得分为 76. 33，处于中势。县域竞争力综合得分在全省居第 20 位、在陇南市居第 1 位。分指标来看，2018 年成县在社会保障和人居环境上具有一般优势，在产业发展、基础设施、公共服务和科学教育上处于中势，在宏观经济和社会结构上处于一般劣势。县域发展类型

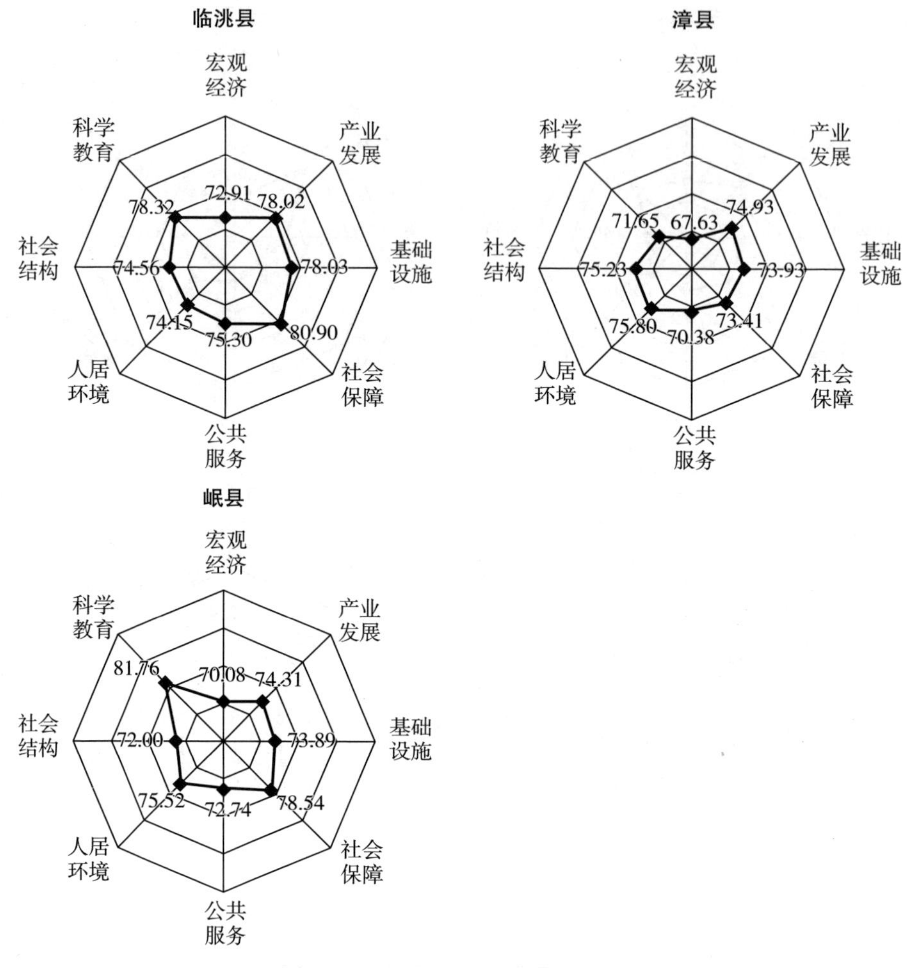

图16　定西市所辖县（区）县域竞争力雷达图（2）

为平衡较充分型。

2018 年文县县域竞争力综合得分为 72. 24，处于一般劣势。县域竞争力综合得分在全省居第 57 位、在陇南市居第 4 位。分指标来看，2018 年文县在科学教育上具有明显优势，在基础设施和社会保障上处于中势，在产业发展、人居环境和社会结构上处于一般劣势，在宏观经济和公共服务上处于绝对劣势。文县各指标间水平差异较大，科学教育竞争力一枝独秀，宏观经济和公共服务竞争力则明显滞后。县域发展类型为非平衡一般充分型。

2018 年宕昌县县域竞争力综合得分为 69.60，处于绝对劣势。县域竞争力综合得分在全省居第 77 位、在陇南市居第 9 位。分指标来看，2018 年宕昌县在社会保障上处于中势，在产业发展、基础设施、公共服务、人居环境、社会结构和科学教育上处于一般劣势，在宏观经济上处于明显劣势。无中势以上水平指标，县域整体发展水平偏弱。县域发展类型为平衡较不充分型。

2018 年康县县域竞争力综合得分为 71.40，处于一般劣势。县域竞争力综合得分在全省居第 68 位、在陇南市居第 6 位。分指标来看，2018 年康县在社会保障和人居环境上具有一般优势，在基础设施和科学教育上处于中势，在产业发展、公共服务和社会结构上处于一般劣势，在宏观经济上处于绝对劣势。康县在科学教育和人居环境方面具有较强的竞争力，但在宏观经济和公共服务方面则表现欠佳。县域发展类型为非平衡一般充分型。

2018 年西和县县域竞争力综合得分为 70.22，处于一般劣势。县域竞争力综合得分在全省居第 75 位、在陇南市居第 8 位。分指标来看，2018 年西和县在基础设施、社会保障和人居环境上处于中势，在产业发展、社会结构和科学教育上处于一般劣势，在宏观经济和公共服务上处于绝对劣势。西和县在宏观经济和公共服务方面明显滞后。县域发展类型为平衡一般充分型。

2018 年礼县县域竞争力综合得分为 70.70，处于一般劣势。县域竞争力综合得分在全省居第 74 位、在陇南市居第 7 位。分指标来看，2018 年礼县在科学教育上具有一般优势，在社会保障和人居环境上处于中势，在宏观经济、产业发展、基础设施、公共服务和社会结构上处于一般劣势。县域发展类型为平衡一般充分型。

2018 年徽县县域竞争力综合得分为 75.94，处于中势。县域竞争力综合得分在全省居第 23 位、在陇南市居第 2 位。分指标来看，2018 年徽县在社会保障和人居环境上具有一般优势，在产业发展、基础设施、社会结构和科学教育上处于中势，在宏观经济和公共服务上处于一般劣势。县域发展类型为平衡较充分型。

2018 年两当县县域竞争力综合得分为 72.04，处于一般劣势。县域竞争力综合得分在全省居第 62 位、在陇南市居第 5 位。分指标来看，2018 年两当县在人居环境上具有绝对优势，在社会保障上具有一般优势，在基础设施和科学教育上处于中势，在产业发展、公共服务和社会结构上处于一般劣势，在宏观经济上处于绝对劣势。同陇南其他县份相似，两当县仍然是拥有良好的人居环境和较高社会保障水平，但在宏观经济和公共服务方面水平亟待提高。县域发展类型为非平衡一般充分型。

表 13　2018 年陇南市县域竞争力一级指标得分及排名情况

县（市、区）	全省排序	市（州）排序	2018 年县域竞争力得分									各指标得分标准差	发展类型
			综合	宏观经济	产业发展	基础设施	社会保障	公共服务	人居环境	社会结构	科学教育		
武都区	25	3	75.78	75.43	75.64	79.27	76.22	73.37	80.89	79.13	75.91	2.51	平衡较充分
成县	20	1	76.33	72.66	77.12	79.87	82.15	77.03	82.79	74.93	75.09	3.61	平衡较充分
文县	57	4	72.24	69.52	74.63	77.34	76.34	68.32	74.17	72.87	90.00	6.67	非平衡一般充分
宕昌县	77	9	69.60	68.58	73.49	72.95	76.87	72.79	74.94	72.14	70.92	2.49	平衡较不充分
康县	68	6	71.40	67.24	72.23	77.01	82.60	71.43	82.16	70.56	78.35	5.66	非平衡一般充分
西和县	75	8	70.22	69.15	73.11	75.58	75.20	69.49	79.19	73.26	72.91	3.28	平衡一般充分
礼县	74	7	70.70	70.14	71.93	70.35	77.31	70.38	76.86	73.92	83.48	4.69	平衡一般充分
徽县	23	2	75.94	72.44	77.75	77.80	84.81	72.77	80.53	76.16	78.06	4.02	平衡较充分
两当县	62	5	72.04	65.97	71.86	77.76	84.20	72.08	90.00	72.25	75.22	7.69	非平衡一般充分

资料来源：根据《甘肃发展年鉴》（2019）和甘肃省统计局提供的数据处理而来。

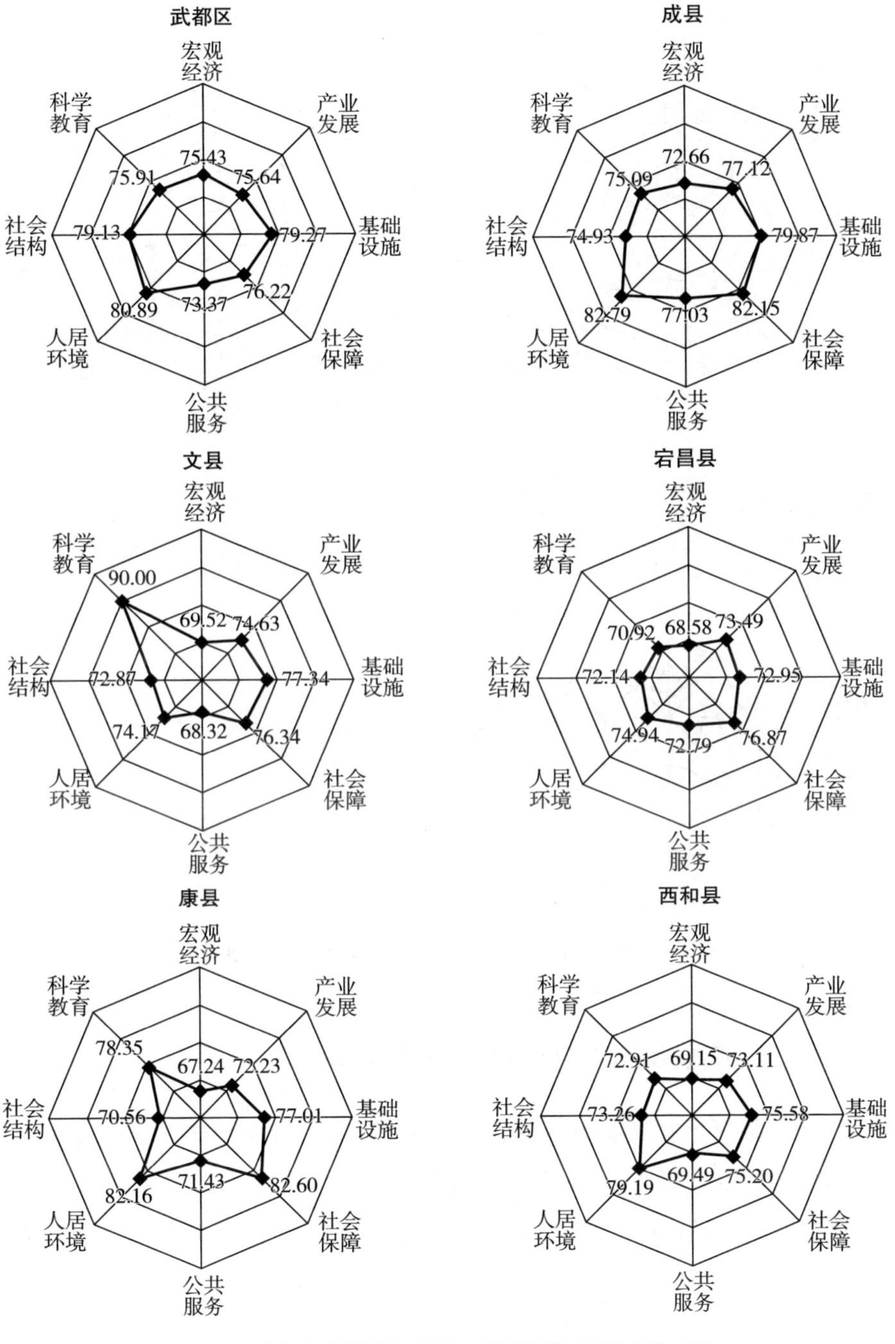

武都区

宏观经济 75.43
产业发展 75.64
基础设施 79.27
社会保障 76.22
公共服务 73.37
人居环境 80.89
社会结构 79.13
科学教育 75.91

成县

宏观经济 72.66
产业发展 77.12
基础设施 79.87
社会保障 82.15
公共服务 77.03
人居环境 82.79
社会结构 74.93
科学教育 75.09

文县

宏观经济 69.52
产业发展 74.63
基础设施 77.34
社会保障 76.34
公共服务 68.32
人居环境 74.17
社会结构 72.87
科学教育 90.00

宕昌县

宏观经济 68.58
产业发展 73.49
基础设施 72.95
社会保障 76.87
公共服务 72.79
人居环境 74.94
社会结构 72.14
科学教育 70.92

康县

宏观经济 67.24
产业发展 72.23
基础设施 77.01
社会保障 82.60
公共服务 71.43
人居环境 82.16
社会结构 70.56
科学教育 78.35

西和县

宏观经济 69.15
产业发展 73.11
基础设施 75.58
社会保障 75.20
公共服务 69.49
人居环境 79.19
社会结构 73.26
科学教育 72.91

图 17　陇南市所辖县（区）县域竞争力雷达图（1）

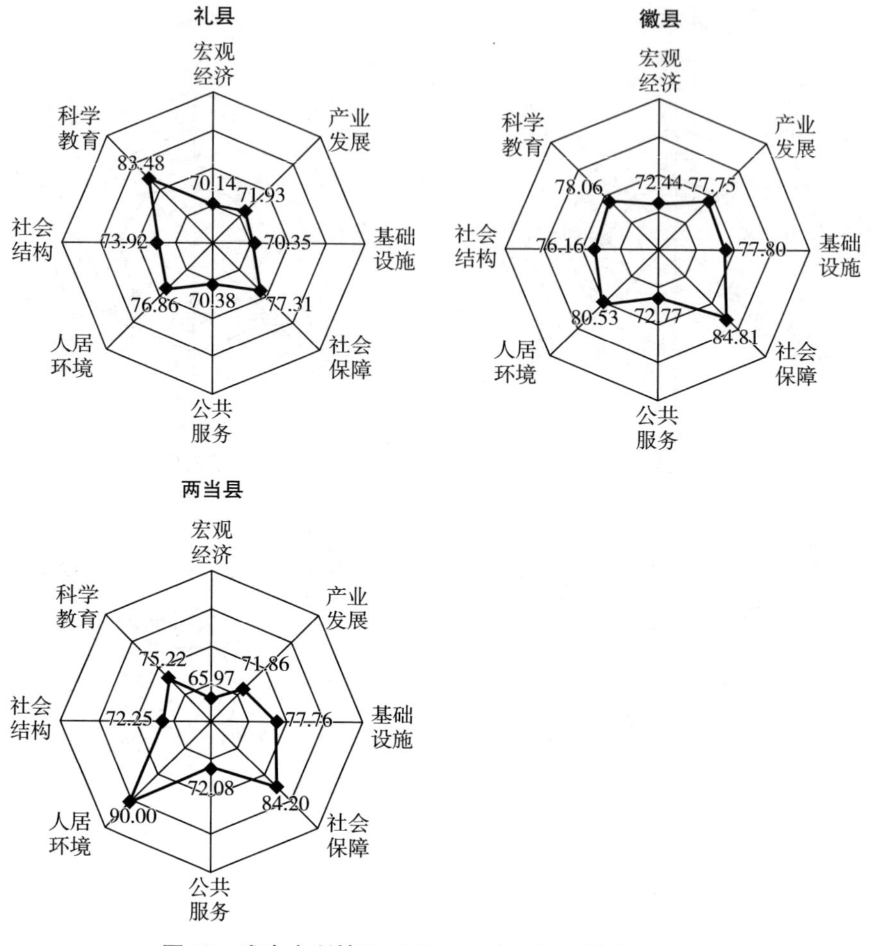

图 18 陇南市所辖县（区）县域竞争力雷达图（2）

（十二）临夏州所辖县域竞争力评价分析

2018 年临夏市县域竞争力综合得分为 77.09，处于中势。县域竞争力综合得分在全省居第 15 位、在临夏州居第 1 位。分指标来看，2018 年临夏市在产业发展、基础设施和社会结构上具有一般优势，在宏观经济、公共服务和人居环境上处于中势，在社会保障上处于一般劣势，在科学教育上处于绝对劣势。相比于其他方面，临夏市科学教育发展明显不足，是县域发展中的薄弱环节，应引起重视。县域发展类型为平衡较充分型。

2018 年临夏县县域竞争力综合得分为 72. 46，处于一般劣势。县域竞争力综合得分在全省居第 54 位、在临夏州居第 3 位。分指标来看，2018 年临夏县在产业发展、基础设施、社会保障、人居环境和社会结构上处于中势，在公共服务和科学教育上处于一般劣势，在宏观经济上处于绝对劣势。宏观经济是临夏县县域发展中的短板。县域发展类型为平衡一般充分型。

2018 年康乐县县域竞争力综合得分为 71. 28，处于一般劣势。县域竞争力综合得分在全省居第 71 位、在临夏州居第 5 位。分指标来看，2018 年康乐县在人居环境上具有绝对优势，在基础设施和社会保障上处于中势，在产业发展、公共服务、社会结构和科学教育上处于一般劣势，在宏观经济上处于绝对劣势。康乐县县域发展不均衡性突出，其中人居环境一枝独秀，宏观经济则明显滞后。县域发展类型为平衡一般充分型。

2018 年永靖县县域竞争力综合得分为 73. 87，处于一般劣势。县域竞争力综合得分在全省居第 44 位、在临夏州居第 2 位。分指标来看，2018 年永靖县在社会保障和科学教育上具有一般优势，在产业发展和人居环境上处于中势，在宏观经济、基础设施、公共服务和社会结构上处于一般劣势。永靖县县域各个指标差异不大，发展较为均衡。县域发展类型为平衡一般充分型。

2018 年广河县县域竞争力综合得分为 71. 39，处于一般劣势。县域竞争力综合得分在全省居第 69 位、在临夏州居第 4 位。分指标来看，2018 年广河县在基础设施上具有一般优势，在产业发展、社会保障和人居环境上处于中势，在公共服务、社会结构和科学教育上处于一般劣势，在宏观经济上处于绝对劣势。县域发展类型为非平衡一般充分型。

2018 年和政县县域竞争力综合得分为 68. 94，处于绝对劣势。县域竞争力综合得分在全省居第 81 位、在临夏州居第 6 位。分指标来看，2018 年和政县在人居环境和社会结构上处于中势，在产业发展、基础设施、社会保障和科学教育上处于一般劣势，在宏观经济和公共服务上处于绝对劣势。和政县县域整体发展较滞后，最薄弱环节是宏观经济和公共服务。发展类型为平衡较不充分型。

2018 年东乡县县域竞争力综合得分为 66. 04，处于绝对劣势。县域竞争力综合得分在全省居第85位、在临夏州居第7位。分指标来看，2018年东乡县没有中势及以上发展水平指标，在产业发展、基础设施、人居环境、社会结构和科学教育上处于一般劣势，在宏观经济、社会保障和公共服务上处于绝对劣势。东乡县县域发展整体滞后。发展类型为平衡较不充分型。

2018年积石山县县域竞争力综合得分为65.00，处于绝对劣势。县域竞争力综合得分在全省居第86位、在临夏州居第8位。分指标来看，2018年积石山县在科学教育上具有一般优势，在基础设施、公共服务、人居环境和社会结构上具有一般劣势，在宏观经济、产业发展和社会保障上处于绝对劣势。积石山县科学教育发展优势较为突出，但其他方面发展水平均较低。县域发展类型为平衡较不充分型。

表14　2018年临夏州所辖各县县域竞争力一级指标得分及排名情况

县(市、区)	全省排序	市(州)排序	2018年县域竞争力得分									各指标得分标准差	发展类型
			综合	宏观经济	产业发展	基础设施	社会保障	公共服务	人居环境	社会结构	科学教育		
临夏市	15	1	77.09	76.07	80.53	80.73	74.11	76.11	76.85	83.16	68.99	2.51	平衡较充分
临夏县	54	3	72.46	69.29	76.10	77.35	79.31	71.81	76.02	76.67	73.96	3.61	平衡一般充分
康乐县	71	5	71.28	68.02	74.47	77.95	76.13	71.02	85.94	70.13	71.79	4.45	平衡一般充分
永靖县	44	2	73.87	71.06	76.37	74.31	82.27	73.66	76.99	73.62	80.86	3.23	平衡一般充分
广河县	69	4	71.39	67.27	75.12	82.14	76.99	72.16	78.65	71.82	70.52	5.68	非平衡一般充分
和政县	81	6	68.94	66.09	73.75	74.48	73.87	68.12	75.55	77.89	74.25	3.82	平衡较不充分

续表

县(市、区)	全省排序	市(州)排序	2018 年县域竞争力得分									各指标得分标准差	发展类型
			综合	宏观经济	产业发展	基础设施	社会保障	公共服务	人居环境	社会结构	科学教育		
东乡县	85	7	66. 04	65. 00	74. 42	71. 41	65. 00	67. 18	74. 44	70. 84	74. 55	4. 82	平衡较不充分
积石山县	86	8	65. 00	65. 23	67. 18	71. 35	65. 24	70. 20	70. 38	71. 81	82. 46	3. 91	平衡较不充分

资料来源：根据《甘肃发展年鉴》（2019）和甘肃省统计局提供的数据处理而来。

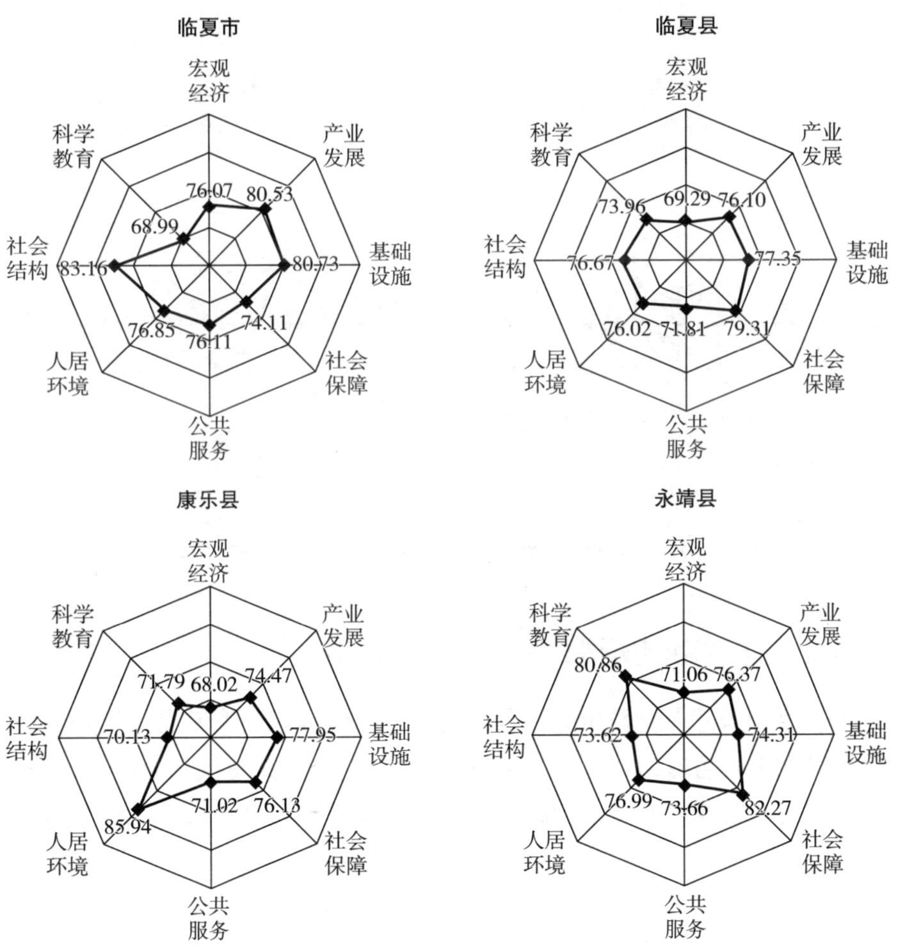

图 19　临夏州所辖县（区）县域竞争力雷达图（1）

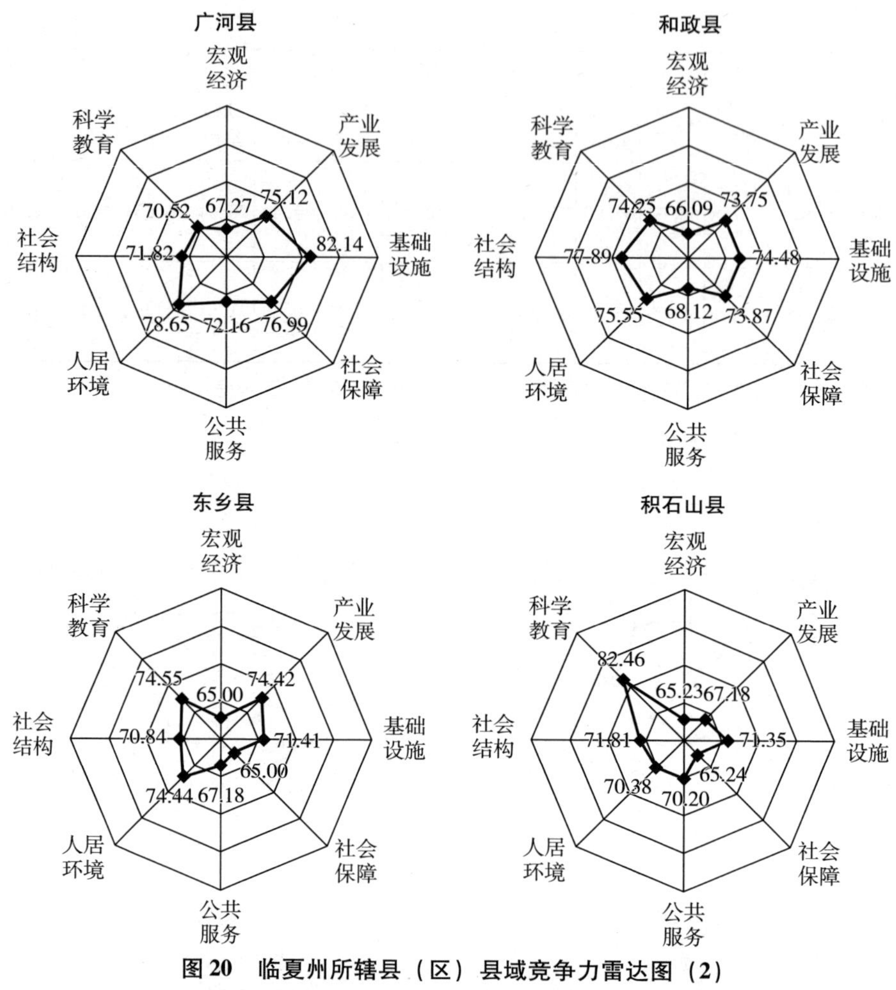

图 20 临夏州所辖县（区）县域竞争力雷达图（2）

（十三）甘南州所辖县域竞争力评价分析

2018 年合作市县域竞争力综合得分为 72. 18，处于一般劣势。县域竞争力综合得分在全省居第 59 位、在甘南州居第 1 位。分指标来看，2018 年合作市在社会保障和人居环境上具有一般优势，在产业发展上处于中势，在宏观经济、基础设施和公共服务上处于一般劣势，在社会结构和科学教育上处于绝对劣势。由图 21 可以看出，合作市在人居环境和社会保障方面表现良好，同时基础设施、社会结构、科学教育有较大程度欠缺。县域发展类型为平衡一般充分型。

2018 年临潭县县域竞争力综合得分为 68.99，处于绝对劣势。县域竞争力综合得分在全省居第 80 位、在甘南州居第 5 位。分指标来看，2018 年临潭县在基础设施、社会保障、人居环境和科学教育上处于中势，在产业发展、公共服务和社会结构上处于一般劣势，在宏观经济上处于绝对劣势。临潭县县域发展整体偏弱，无一项指标处于优势水平，其中宏观经济滞后是县域发展最大的制约因素。发展类型为平衡较不充分型。

2018 年卓尼县县域竞争力综合得分为 69.01，处于绝对劣势。县域竞争力综合得分在全省居第 79 位、在甘南州居第 4 位。分指标来看，2018 年卓尼县在社会保障上具有一般优势，在人居环境和科学教育上处于中势，在产业发展和公共服务上处于一般劣势，在宏观经济、基础设施和社会结构上处于绝对劣势。卓尼县各项指标间差异较大，其竞争力得分构成近似“四角星”形的（见图 21），说明县域发展欠协调性、非均衡特点突出。发展类型为非平衡较不充分型。

2018 年舟曲县县域竞争力综合得分为 71.65，处于一般劣势。县域竞争力综合得分在全省居第 67 位、在甘南州居第 2 位。分指标来看，2018 年舟曲县在社会保障和人居环境上具有一般优势，在科学教育上处于中势，在产业发展、基础设施、公共服务和社会结构上处于一般劣势，在宏观经济上处于绝对劣势。县域发展类型为平衡一般充分型。

2018 年迭部县县域竞争力综合得分为 69.68，处于绝对劣势。县域竞争力综合得分在全省居第 76 位、在甘南州居第 3 位。分指标来看，2018 年迭部县在人居环境上具有一般优势，在社会保障和科学教育上处于中势，在产业发展、基础设施和公共服务上处于一般劣势，在宏观经济和社会结构上处于绝对劣势。县域发展类型为非平衡较不充分型。

2018 年玛曲县县域竞争力综合得分为 67.20，处于绝对劣势。县域竞争力综合得分在全省居第 83 位、在甘南州居第 7 位。分指标来看，2018 年玛曲县在社会保障和人居环境上处于中势，在基础设施和公共服务上处于一般劣势，在宏观经济、产业发展和社会结构上处于绝对劣势。玛曲县无指标处于优势水平，县域整体发展水平较低。发展类型为平衡较不充分型。

2018 年碌曲县县域竞争力综合得分为 68.39，处于绝对劣势。县域竞争力综合得分在全省居第82位、在甘南州居第6位。分指标来看，2018年碌曲县在人居环境上具有绝对优势，在社会保障上具有一般优势，在公共服务上处于中势，在科学教育上处于一般劣势，在基础设施、公共服务、人居环境和社会结构上具有一般劣势，在宏观经济、产业发展、基础设施和社会结构上处于绝对劣势。碌曲县各项指标得分差异较大，水平参差不齐，表明县域发展不均衡性较为突出。发展类型为非平衡较不充分型。

2018年夏河县县域竞争力综合得分为66.86，处于绝对劣势。县域竞争力综合得分在全省居第84位、在甘南州居第8位。分指标来看，2018年夏河县在人居环境上处于中势，在社会保障、公共服务和科学教育上处于一般劣势，在宏观经济、产业发展、基础设施和社会结构上处于绝对劣势。县域发展类型为平衡较不充分型。

表15　2018年甘南州县域竞争力一级指标得分及排名情况

县(市、区)	全省排序	市(州)排序	2018年县域竞争力得分									各指标得分标准差	发展类型
			综合	宏观经济	产业发展	基础设施	社会保障	公共服务	人居环境	社会结构	科学教育		
合作市	59	1	72.18	72.98	75.67	70.85	80.13	74.08	81.00	68.24	68.98	4.76	平衡一般充分
临潭县	80	5	68.99	67.37	70.37	75.33	76.96	70.85	76.04	70.81	77.15	3.69	平衡较不充分
卓尼县	79	4	69.01	66.24	71.40	69.95	82.51	71.85	77.29	68.44	79.72	5.76	非平衡较不充分
舟曲县	67	2	71.65	68.93	72.75	73.09	80.08	72.32	82.98	74.59	76.20	4.53	平衡一般充分
迭部县	76	3	69.68	66.09	72.32	73.06	76.92	73.06	83.90	68.65	76.67	5.47	非平衡较不充分
玛曲县	83	7	67.20	68.62	68.64	70.83	77.98	71.67	77.70	65.00	69.70	4.51	平衡较不充分

续表

县(市、区)	全省排序	市(州)排序	2018年县域竞争力得分									各指标得分标准差	发展类型
			综合	宏观经济	产业发展	基础设施	社会保障	公共服务	人居环境	社会结构	科学教育		
碌曲县	82	6	68.39	66.33	68.50	68.55	81.43	75.28	85.14	65.86	73.97	7.17	非平衡较不充分
夏河县	84	8	66.86	68.22	69.86	65.00	72.24	72.18	79.51	68.32	74.49	4.46	平衡较不充分

资料来源：根据《甘肃发展年鉴》（2019）和甘肃省统计局提供的数据处理而来。

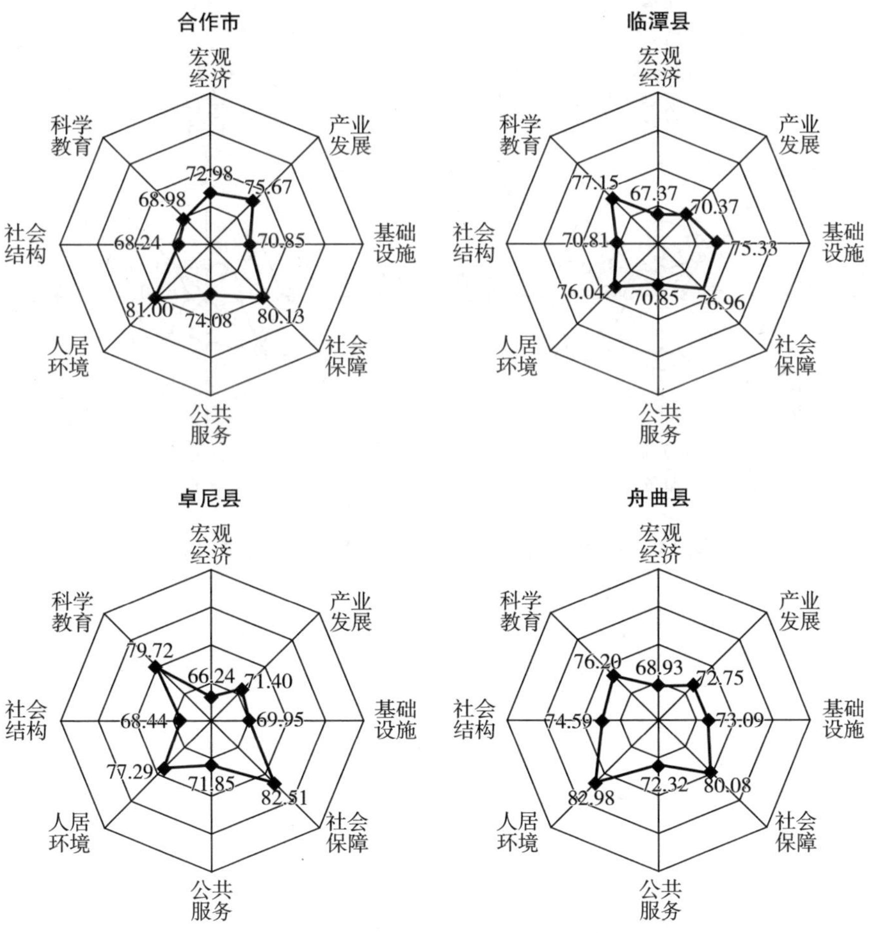

图21　甘南州所辖县（区）县域竞争力雷达图（1）

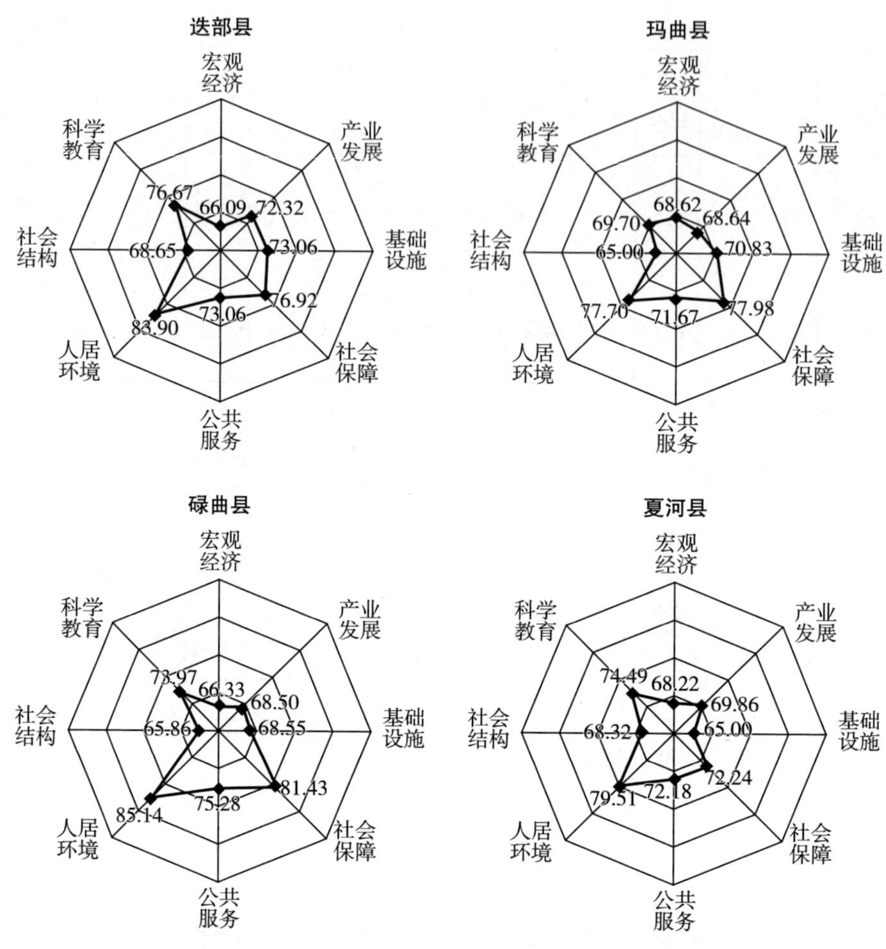

图 22　甘南州所辖县（区）县域竞争力雷达图（2）

农　村　篇

Rural Articles

B.4

甘肃农业高质量发展的路径研究

何　剑*

摘　要： 本报告从农业高质量发展的内涵和要求出发，构建包含7项一级指标、21项二级指标的甘肃省农业发展质量综合评价体系，并通过计算农业发展质量指数，对甘肃省及其13个市（州）[①] 农业发展质量进行定量评价，找出甘肃农业发展的优势及短板所在。在此基础上，提出促进甘肃农业高质量发展的对策建议。本报告主要研究结论如下：甘肃农业发展较为滞后，目前未达到设定的“高质量”标准；农业生产效率不高、产业化程度偏低、农村人力资本不足是制约甘肃农业质量提升的主要短板；甘肃农业发展水平区域差异大，空间不均衡性突

* 何剑，硕士，甘肃省社会科学院农村发展研究所助理研究员，主要研究方向为农业经济、农村发展。

① 嘉峪关市农业经济和农业人口占比过小，因此不纳入本次研究评价对象。

出，河西灌溉区农业发展水平最好，陇中地区次之，陇东、陇南地区农业发展质量较低；农业发展对水、土资源的依赖程度较强，农业总体上仍属于传统、粗放的模式。针对在研究中发现的制约甘肃农业高质量发展的问题和短板，提出以下对策建议：围绕主导产业，构建发达、完善的现代农业产业体系；培育新型职业农民，增加农业人力资本积累；积极打造农业产业化联合体；加快“以城带乡”步伐，积极推进县域城镇化。

关键词： 农业高质量发展　指标体系　变异系数　阈值

一　甘肃农业发展质量测度方法

（一）甘肃农业发展质量评价体系构建

1. 指标的选取原则

政策指引性原则。评价指标设计的总原则是，以党的十九大精神为指引，深入融合乡村振兴战略，将质量兴农、绿色兴农等中央精神纳入指标体系设计。

时代导向性原则。测度农业高质量发展的评价指标体系，既要体现历史脉络，可以进行纵向的时序对比；又要反映发展方向，体现评价体系的导向作用。

目标激励性原则。在设定相关指标时，要根据甘肃农业发展特点和实际水平，努力将地区特色这一点考虑进去，充分调动各地推进农业高质量发展的积极性。

2. 指标权重的确定方法

关于指标权重的设定方法，大致可分为两种——主观赋权法和客观赋权法。其中，主观赋权法主要包括“德尔菲”（Delphi）法（又称专家打分法）和层次分析法，客观赋权法主要包括变异系数赋权法和熵值法。本报告在综合比较了各种方法的优劣和适用性之后，采用德尔菲法和变异系数法相结合的方式确定指标的权重，即首先用变异系数法计算各一级指标中“二级指标相对权重”，其次用德尔菲法计算“一级指标权重”，最后得出：二级指标总权重 = 二级指标相对权重 × 一级指标权重。这样既体现了科学性，又兼顾了客观合理性。

根据农业高质量发展的内涵、要求以及上述指标的选取原则，结合创新、协调、绿色、开放、共享的新发展理念，本报告选取7项一级指标、21项二级指标对甘肃农业高质量发展水平进行测度，如表1所示。

3. 部分二级指标涵义解释及计算说明

（1）农业综合机械化水平——用农作物耕种收综合机械化率来衡量。计算方法：耕种收综合机械化率 = 0.4 × 机播率 + 0.3 × 机耕率 + 0.3 × 机收率。

（2）土地生产率——用单位土地创造的经济价值来衡量。计算方法：土地生产率 = 当年种植业增加值/当年种植业用地面积。

（3）劳动生产率——用单位劳动力创造的经济价值来衡量。计算方法：劳动生产率 = 当年农林牧副渔业增加值/当年农业从业人口。

（4）种植业结构协调度——指粮食作物、经济作物和饲料作物的播种面积的比例关系。现代农业产业体系要求适度提高经济作物和饲料作物的播种面积，相对降低粮食作物的播种面积。计算方法：种植业结构协调度 = （经济作物播种面积 + 饲料作物播种面积）/农作物播种面积。

（5）畜牧业结构协调度——指畜牧业内部不同畜产品的产量的比例关系。现代农业产业体系要求提高牛、羊、禽肉的产量和比重，降低猪肉的产量比重，而在我国畜牧业结构中猪肉所占比重过高，牛、羊、禽肉产业发展不足，从而制约了畜牧业的协调发展。计算方法：畜牧业结构协调度 = （当年牛肉产量 + 当年羊肉产量 + 当年禽肉产量）/当年肉类总产量。

表1　甘肃省农业发展质量评价指标体系

目标	一级指标	序号	二级指标(单位)	二级指标目标值	分项权重	总权重	属性
甘肃农业发展质量	物质投入	1	有效灌溉面积比重(%)	85	0.343	0.069	正向
		2	农业综合机械化水平(%)	70	0.129	0.026	正向
		3	设施农业面积比重(%)	5	0.528	0.106	适度
	一级指标权重				0.2		
	效率提升	4	粮食单产水平(千克/亩)	400	0.086	0.017	适度
		5	土地生产率(元/(亩·年))	6000	0.199	0.040	适度
		6	劳动生产率(元(人·年))	15000	0.643	0.129	正向
		7	农民人均可支配收入(元/·年人)	14000	0.072	0.014	正向
	一级指标权重				0.2		
	结构优化	8	种植业结构协调度(无量纲)	0.6	0.173	0.017	适度
		9	畜牧业结构协调度(无量纲)	0.6	0.171	0.017	适度
		10	人均奶类产量(千克/(人·年))	100	0.656	0.066	适度
	一级指标权重				0.1		
	绿色生产	11	单位面积化肥使用量(千克/亩)	15	0.280	0.056	逆向
		12	单位面积农药使用量(千克/亩)	0.2	0.431	0.086	逆向
		13	畜禽粪污综合利用率(%)	80	0.030	0.006	正向
		14	森林覆盖率(%)	15	0.161	0.032	适度
		15	草原综合植被覆盖度(%)	55	0.098	0.020	正向
	一级指标权重				0.2		
	人力资本	16	高中及以上文化程度农村居民比重(%)	60	1.000	0.050	正向
	一级指标权重				0.05		
	产业发展	17	“三品一标”基地面积比重(%)	60	0.353	0.053	正向
		18	农产品加工深度(无量纲)	2.4	0.647	0.097	适度
	一级指标权重				0.15		
	基础设施	19	自来水受益农户比重(%)	100	0.213	0.021	正向
		20	接入互联网农户比重(%)	80	0.605	0.060	正向
		21	接入宽带行政村比重(%)	100	0.182	0.018	正向
	一级指标权重				0.1		

(6) 农产品加工深度：指农产品加工业产值与农业增加值之比，是衡量农业产业化程度的重要指标。计算方法：产品加工深度 = 当年农产品加工业产值/当年农业增加值。

4. 各二级指标目标值的确定依据

在以往多指标综合评价的相关研究中，往往不设定指标的目标值，因此计算结果仅反映各评价单元之间“相对”得分的高低，如果评价单元发生变化，则结果就失去意义。本报告认为，农业高质量发展，必须要有一个标准，即某一指标达到一个目标值或者阈值，即可称为达到了“高质量”的水平。鉴于此，本报告为甘肃农业发展质量评价体系中的21项二级指标分别设定了“高质量发展”的目标值，部分目标值的设定依据如下。

（1）农业综合机械化水平。《甘肃省“十三五”农业现代化发展规划》提出，到2020年耕种收综合机械化率达到60%，比2010年高出11.6个百分点。《国务院关于促进农业机械化和农机工业又好又快发展的意见》提出，到2020年主要农作物耕种收综合机械化水平达到65%。综上，将实现农业高质量发展的农业综合机械化水平目标值定为70%。

（2）有效灌溉面积比重。参考徐贻军、相广芳等人的研究成果，[①] 以及部分省份农业发展相关文件，[②] 结合甘肃省实际，将此项指标目标值设定为85%。

（3）设施农业面积比重。截至2016年底，全国设施农业面积410万公顷，耕地面积20.24亿亩，设施农业面积比重为3.0%，因此将实现农业高质量发展的设施农业面积比重的目标值设定为5%为宜。

（4）粮食单产水平。粮食单产水平是衡量农业高质量发展的主要指标。按照《国家粮食安全中长期规划纲要》（2008～2020）提出的目标，2020年我国粮食单产要达到350公斤/亩，而2016年已经达到363千克/亩，粮食主产区更是达到389千克/亩，但同期甘肃粮食单产仅为270千克/亩。随着农田水利设施建设的大力推进、新型育种技术及旱作农业技术的革新与普及，以及高产玉米种植面积的扩大，甘肃粮食生产能力具有较大的提升空间和潜力。综合考虑，将甘肃农业实现高质量发展的粮食单产水平定为400千克/亩。

---

① 徐贻军、任木荣：《湖南现代农业发展水平评价》，《经济地理》2009年第7期；相广芳、陈旻等：《无锡市现代农业评价体系构建》，《地域研究与开发》2009年第4期。

② 《中共江苏省委江苏省人民政府关于贯彻落实乡村振兴战略的实施意见》（2018年4月23日）。

（5）土地生产率。目前官方没有土地生产率相关目标值的规定或要求。根据珠江三角洲农业化指标体系课题组的研究成果，[①] 2010 年珠三角地区农业现代化的目标之一是每公顷种养面积年产值达到 8.5 万元，即每亩年产值 5667 元；根据相广芳、陈旻、雷广海的研究成果，[②] 无锡市实现现代农业的目标之一是土地综合产出率达到 10 万元/（公顷·年），即 6667 元/（亩·年）；根据“农业现代化评价指标体系构建”研究课题组、张淑英、夏心旻的研究成果，[③] 2020 年全国实现农业现代化的衡量指标之一是土地产出率达 8000 元/（亩·年）。参考上述研究成果，并结合实际，将甘肃农业实现高质量发展的土地生产率目标值设定为 6000 元/（亩·年）。

（6）劳动生产率。目前官方没有农业劳动生产率目标值的相关意见或规定。根据徐贻军、任木荣的研究成果，[④] 湖南省实现现代农业的目标之一是人均农业增加值达到 11800 元/（人·年）。另外，世界银行及联合国粮农组织统计显示，2016 年，世界人均农业增加值约为 2024 元人民币，其中发达国家均在 2 万元以上，如韩国 2.77 万元、德国 3.48 万元、英国 4.17 万元、澳大利亚 5.59 万元、意大利 6 万元。参考上述数据，并结合甘肃实际，将此指标的目标值设定为 15000 元/（人·年）。

（7）农民人均可支配收入。十七届三中全会通过了《关于推进农村改革发展若干重大问题决定》，其中提到 2020 年农村改革发展基本目标任务是农民人均纯收入比 2008 年翻一番，2008 年我国农民人均纯收入为 4761 元，即到 2020 年农民人均纯收入要达到 9552 元。根据国家统计局公布的数据，近年来全国农民人均纯收入与人均可支配收入相当接近，如 2014 年、2015 年的农民人均纯收入均占当年农村居民人均可支配收入的 94.3% 左右，因此，按照十七届三中全会确定的目标，可以推算到 2020 年农民人均可支配

① 珠江三角洲农业现代化指标体系课题组：《关于 2010 年珠三角基本实现农业现代化评价指标体系的说明》，《南方农村》1999 年第 3 期。

② 相广芳、陈旻等：《无锡市现代农业评价体系构建》，《地域研究与开发》2009 年第 4 期。

③ “农业现代化评价指标体系构建研究”课题组等：《农业现代化评价指标体系构建研究》，《调研世界》2012 年第 7 期。

④ 徐贻军、任木荣：《湖南现代农业发展水平评价》，《经济地理》2009 年第 7 期。

收入要达到10129（=9552÷0.943）元。另外，根据《甘肃省“十三五”农业和农村经济发展规划（2016年）》要求，到“十三五”末，甘肃农民人均可支配收入要达到10000元。综合上述数据，考虑物价上涨因素，将农民人均可支配收入目标值确定为14000元。

（8）种植业结构协调度。甘肃是西北内陆省份，水资源匮乏，但土地辽阔、草场资源丰富，加大力度优化种植业结构、调整粮经饲比重，适当降低耗水量较大的粮食作物种植面积，稳步拓展经济效益、生态效益较高的经济作物和饲草作物，是促进农业高质量发展的一个方向。根据《农业部关于北方农牧交错带农业结构调整的指导意见（2016）》，经过5～10年努力，使北方农牧交错带粮经饲种植面积比例调整到4∶3∶3左右，即种植业结构协调度达到0.6左右。因此，将此项指标的目标值定为0.6。

（9）畜牧业结构协调度。目前，中国居民猪肉消费量占肉类总消费总量的比重约为64%，而发达国家居民的这一比重仅为25%。随着生活水平的提高，人们对牛羊肉、禽类、鱼类营养丰富较为健康的畜产品的消费量就越多。考虑到部分产量除供本地消费外还有出口或外运，参照发达国家标准，结合甘肃省实际，将畜牧业结构协调度的目标值定为0.6。

（10）人均奶类产量。目前，世界人均奶类产量约为100千克，其中，发达国家300千克，而我国人均产量尚不足30千克。2017年，中国人均奶类消费量36.9公斤，平均每天100克，只有世界平均水平的1/3。可以说奶业发展潜力和空间巨大。将此指标的目标值指定为100千克。

（11）单位面积化肥使用量。为了控制化肥过量使用对土壤和生态环境造成的破坏，国际上制定了225千克/公顷的化肥安全使用上限，即15千克/亩，因此将单位面积化肥使用量目标值定位15千克/亩。

（12）单位面积农药使用量。根据世界银行和联合国粮农组织的统计测算，[①] 目前，发达国家单位面积耕地农药使用量为2～4千克/公顷，即0.13～0.27千克/亩，故将此指标的目标值定为0.2千克/亩。

① https：//ourworldindata.org/fertilizer。

（13）畜禽粪污综合利用率。国务院办公厅于2016年印发了《关于加快推进畜禽养殖废弃物资源化利用的意见》，提出到2020年，全国畜禽粪污综合利用率达到75%以上，据此，将此指标的目标值设定为80%。

（14）森林覆盖率。《甘肃省建设国家生态安全屏障综合试验区“十三五”实施意见》（2016年）提出，到2020年全省森林覆盖率达到12.58%以上，据此将森林覆盖率目标值定为15%。

（15）草原综合植被覆盖度。根据甘肃省政府于2018年发布的《甘肃省循环农业产业发展专项行动计划》，到2020年，全省草原植被覆盖度达到53%，据此，将此指标的目标值设定为55%。

（16）高中及以上文化程度农村居民比重。目前官方没有此项指标目标值的相关意见或规定。世界上农业高度发达的国家，如荷兰、德国、法国等，农业从业人口一般都具有大学或高等职业教育以上学历，否则便达不到从事农业工作的“门槛”，农业对技能的要求并不比第二、第三产业低，农业也远远不是传统印象中“面朝黄土背朝天”的“体力活”。目前，甘肃农村农业从业人口占总从业人口的比重为57.81%，按照发达国家标准，即使这部分农民全部具有高中学历，也仅仅是站在了从事农业工作的“门槛”上，因此，将高中及以上文化程度农村居民比重的目标值设定为60%较为合适。

（17）“三品一标”基地面积占比。目前官方尚无此指标目标值的相关要求及规定，根据“农业现代化评价指标体系构建研究”课题组的研究成果，[①] 结合甘肃省实际，将“三品一标”基地面积比重目标值设定为60%。

（18）农产品加工深度。根据国务院办公厅于2016年发布的《关于进一步促进农产品加工业发展的意见》，到2020年我国农产品加工业与农业总产值之比要达到2.4∶1。据此，将此指标的目标值定为2.4。

（19）自来水受益农户比重。农业要实现高质量发展，首先要让务农的

---

① “农业现代化评价指标体系构建研究”课题组：《农业现代化评价指标体系构建研究》，《调研世界》2012年第7期。

群众受益。目前，甘肃省农村自来水普及率已接近90%，据此将此项指标的目标值定为100%，即农业进入高质量发展阶段，必须实现所有农民有安全、健康的饮用水。

（20）接入互联网农户比重。虽然近年来中国互联网产业急剧扩张，上网居民数量快速增长，但互联网普及程度仍偏低。目前，在G20成员中，发达国家互联网普及率均高于85%，而中国仅59.6%，其中农村地区仅39.4%，可以说未来在互联网普及尤其是农村互联网建设方面，我国还有很大增长空间。据此，将此项指标目标值定为80%。

（21）接入宽带行政村比重。工信部提供的数据显示，截至2016年11月底，我国农村网络光纤接入占比达到82.2%，而农村网络光纤接入试点工作也已于2017年完成。根据之前的预测，试点建设完成后全国行政村光纤通达比例将超过90%。据此，将此项指标的目标值定为100%。

（二）数据处理与计算

将甘肃省84个县（市、区）21项二级指标的原始数据进行处理，[①] 以处理后的数据为基础，利用变异系数法和德尔菲法计算甘肃农业发展质量评价体系中21项二级指标、7项一级指标的权重。再以甘肃省及其13个市（州）为评价对象，分别计算全省及市（州）的物质投入指数、效率提升指数、结构优化指数、绿色生产指数、人力资本指数、产业发展指数和基础设施指数，最后综合计算各自的农业发展质量指数。

1. 数据标准化

首先对数据进行标准化处理，以消除量纲影响。将指标的原始数据与其目标值相比，形成标准化数据，即

$$X_{ij}^{s} = X_{ij} / X_{j}^{0}$$

式中，X_{ij}^{s}为第i个评价单元在第j项元指标上的标准化数据，X_{ij}为第i个评

① 安宁区无农业人口，玛曲县无耕地面积，因此这两个县（区）从全省86个县（市、区）中剔除。

价单元在第 j 项元指标上的原始数据，X_j^0 为第 j 项元指标的标准值。X_{ij}^s 可看作第 i 个评价单元在第 j 项元指标上的“发展指数”：若 $X_{ij}^s \geqslant 1$，则表示 i 单元在 j 指标上达到农业高质量发展的要求；若 $X_{ij}^s < 1$，则表示 i 单元在 j 指标上未达到农业高质量发展的要求。

2. 数据对数化

由于 84 个县（市、区）在某些元指标上的数据差异较大，为了消除个别样本值过大或过小对计算结果的影响，同时保持数据的完整性，在将数据标准化后，再进行一次对数化处理，即

$$X_{ij}^t = ln(1 + X_{ij}^s)$$

式中，X_{ij}^t 为第 i 个评价单元在第 j 项元指标上经过标准化和对数化处理后的数据，X_{ij}^s 为第 i 个评价单元在第 j 项元指标上的标准化数据。由于原始数据 X_{ij} 及标准化数据 X_{ij}^s 均大于 0，可保证 $X_{ij}^t > 0 = \ln 1$。同时，由于

$$\frac{d\ln(1 + X_{ij}^s)}{d\,X_{ij}^s} = \frac{1}{1 + X_{ij}^s} > 0$$

可保证 X_{ij}^t 为 X_{ij}^s 的单调递增函数，即经过对数化处理后，仅仅是平滑了原始数据之间的差异，不改变评价单元高低优劣的排序。

由上所述，当 $X_{ij} = X_j^0$，即 $X_{ij}^s = 1$ 时，i 单元在 j 指标上达到高质量发展水平，此时 $X_{ij}^t = \ln(1+1) = \ln 2 \approx 0.693$，因此可将 0.693 视为 i 单元在 j 指标上达到农业高质量发展的“阈值”，即：$X_{ij}^t \geqslant 0.693$，表示 i 单元在 j 指标上达到农业高质量发展要求；$X_{ij}^t < 0.693$，表示 i 单元在 j 指标上未达到农业高质量发展要求。

3. 计算农业发展质量指数

以 X_{ij}^t 为待评价数据，分别计算甘肃省及其 13 个市（州）在 21 项二级指标、7 项二级指标上的“高质量发展指数”，最后计算各自的综合农业发展质量指数。

二　甘肃农业发展质量测度结果分析

（一）总目标与一级指标分析

1. 全省分析

经过计算，得出甘肃省农业发展质量指数及各一级指标指数，如图1所示。

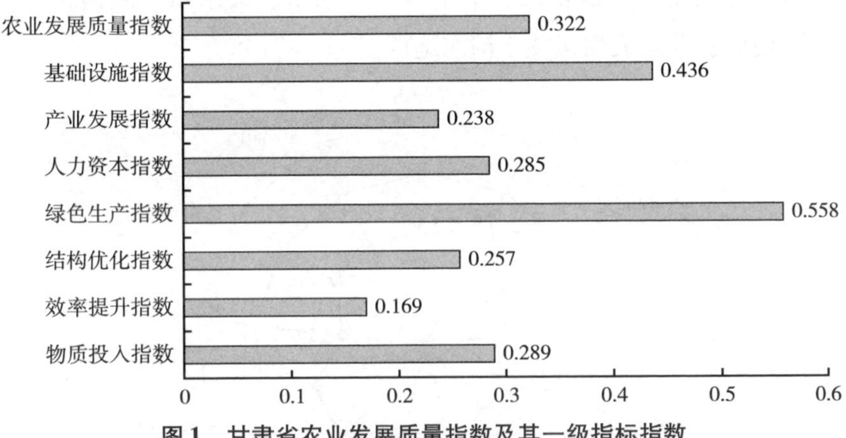

图1　甘肃省农业发展质量指数及其一级指标指数

资料来源：根据《甘肃发展年鉴》（2019）和甘肃省统计局提供的数据处理而来。

甘肃省整体农业发展质量指数为0.322，低于0.693的高质量发展阈值，表明甘肃农业目前未达到高质量发展水平。从7项一级指标来看，物质投入、效率提升、结构优化、绿色生产、人力资本、产业发展和基础设施指数均小于0.693的阈值，即7项一级指标均未达到农业高质量发展水平。说明在7项指标上甘肃发展均较为滞后，未能给整个农业高质量发展带来有力的支撑。从一级指标间的比较来看，绿色生产指数最高，为0.558，已接近高质量发展的标准；基础设施指数次之，为0.436；其余5项指数均在0.3以下，依次为物质投入、人力资本、结构优化、产业发展和效率提升指数。总体来看，甘肃省农业绿色生产和农业基础设施水平相对较高，而物质投入、人力资本、结构优化和产业发展大致处于同一水平线，在效率提升方面表现不佳，指数仅为0.169，表明甘肃目前农业生产效率偏低，亟待提高。

2. 市（州）分析

甘肃省13个市（州）农业发展质量指数均低于0.693的阈值，表明市（州）农业发展质量总体偏低。如图2所示，各市（州）农业发展质量较为均衡（对应在雷达图上多数顶点位于第1圈层和第2圈层之间）。其中，甘南州指数最高，为0.50；定西市指数最低，为0.27。将13个市（州）农业发展质量由高到低排序，依次为：甘南州、张掖市、金昌市、武威市、酒泉市、白银市、兰州市、临夏州、庆阳市、平凉市、天水市、陇南市、定西市。河西地区农业发展质量优于河东地区。

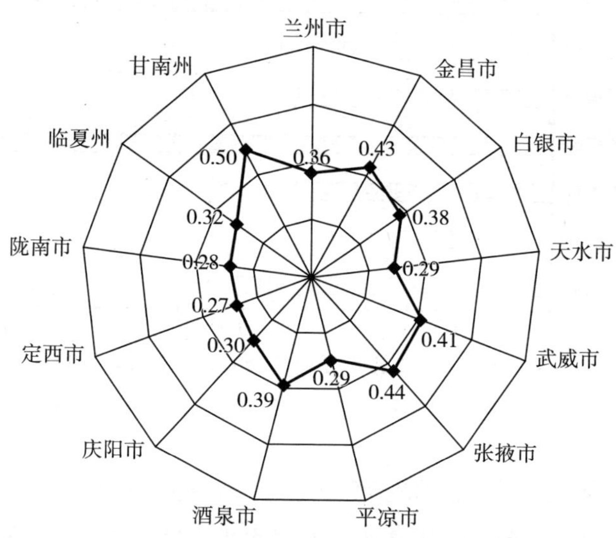

图2　甘肃省各市（州）农业发展质量指数

注：雷达图最小值为0、刻度为0.2，即在多边形中心点处指数为0，由中心点向外每增加一圈层代表指数增加0.2，图2至图4同。

资料来源：根据《甘肃发展年鉴》（2019）和甘肃省统计局提供的数据处理而来。

分一级指标来看。物质投入方面，13个市（州）均未达到农业高质量发展标准，同时发展水平参差不齐，空间差异较大。其中武威市农业物质投入水平最高，指数为0.67，接近高质量发展标准，其后是酒泉、张掖和金昌，指数均超过 0.4，而平凉、庆阳、定西、陇南、甘南 5 市尚不到 0.2。效率提升方面，13 个市（州）整体水平较低，指数均在 0.4 以下（反映在雷达图上即所有顶点均在第 2 圈层以内）；其中仅有酒泉、张掖、武威、金昌、兰州 5 市在 0.2 以上。结构优化方面，各市（州）均未达到高质量发展标准，其中甘南州指数 0.63，表现较好，张掖、金昌、酒泉和兰州次之，指数均超过 0.3，平凉、庆阳、定西、天水、陇南 5 市表现欠佳，指数均不超过 0.2。绿色生产方面，市（州）整体水平较高，其中甘南州一枝独秀，指数达到 1.66，表明其农业绿色化程度较高、农业生态环境较好；此外，白银、陇南和庆阳绿色生产也达到了农业高质量发展标准，指数分别为 0.82、0.78 和 0.70；临夏、金昌、天水、平凉 4 市指数均超过 0.6，已接近农业高质量发展标准；绿色生产相对不足的是张掖、武威、兰州和酒泉，其中酒泉市指数仅为 0.39，为各市（州）最低，如图 3 所示。人力资本方面，13 个市（州）整体水平较低且在空间上较为均衡，除甘南州（0.14）为最低外，其余市（州）指数均为 0.2 ~ 0.4（雷达图上表现为顶点位于第 1 圈层和第 2 圈层之间）。产业发展方面，市（州）整体实力较弱且在空间上极不均衡，其中水平最高的是兰州市，指数为 0.52，水平最低的是甘南州，指数仅 0.04，其余市（州）指数也均低于 0.4。基础设施方面，13 个市（州）整体水平较低，在空间上则较为均衡，除金昌市达到农业高质量发展标准（指数为 0.70）外，其他市（州）指数均在 0.6 以下，如图 4 所示。

（二）二级指标分析

1. 全省分析

对二级指标高质量发展指数进行分析，可以看出，甘肃农业高质量发展二级指标大致呈现以下三点特征（见图 5）。

一是指标总体水平不高。21 项二级指标中，仅有单位面积化肥使用量和草原综合植被覆盖度两项指标指数在 0.693 以上，即达到了高质量发展标准，其他指标中，也仅有畜禽粪污综合利用率、森林覆盖率、自来水受益农户比重和畜牧业结构协调度 4 项指标可以认为接近高质量发展标准（指数

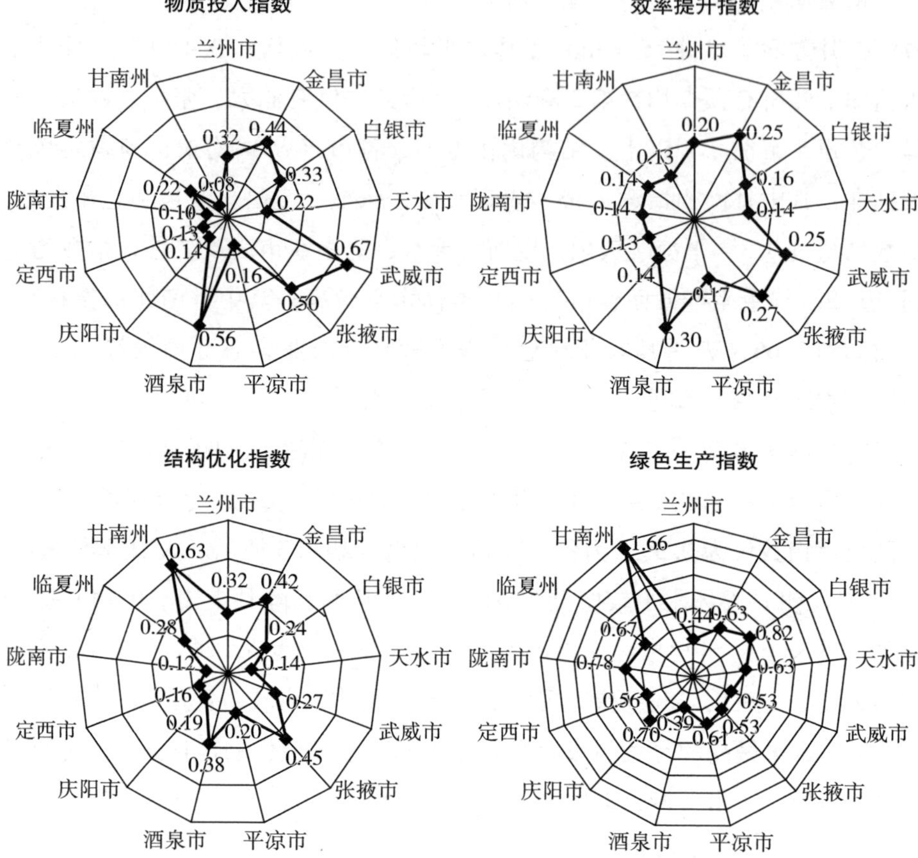

图3　甘肃省各市（州）农业发展质量一级指标指数（1）

资料来源：根据《甘肃发展年鉴》（2019）和甘肃省统计局提供的数据处理而来。

超过0.6）。

二是指标间水平差异较大。指数在0.6以上的二级指标有7项，0.3～0.6的有6项，0.3以下的有8项。最高指数为0.89，最低指数仅0.08，平均为0.43，标准差0.23，变异系数达53%。

三是除人力资本外，各项一级指标下均有发展明显较好和发展明显不足的二级指标。具体来看，物质投入方面，农业综合机械化水平（指数为0.55）较高，有效灌溉面积比重（指数为0.25）和设施农业面积比重（指

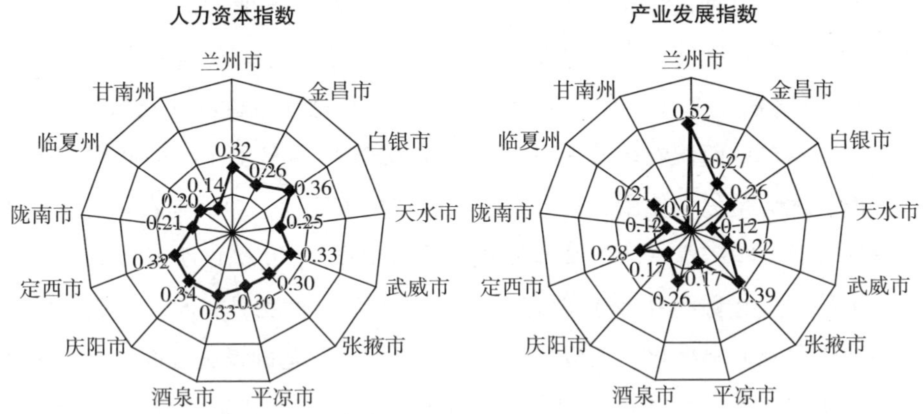

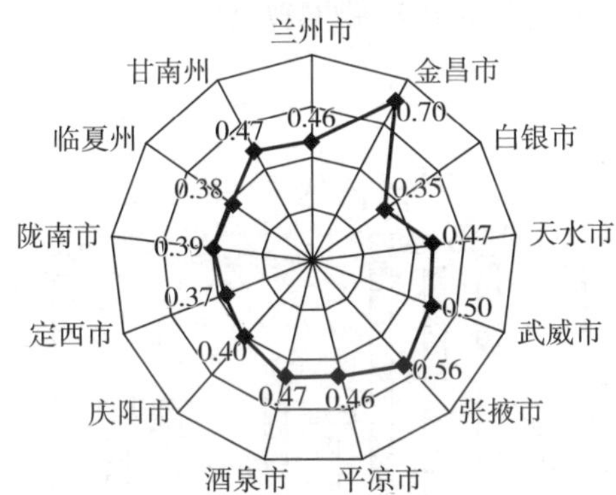

图4　甘肃省各市（州）农业发展质量一级指标指数（2）

资料来源：根据《甘肃发展年鉴》（2019）和甘肃省统计局提供的数据处理而来。

数为0.25）明显不足，因此在物质投入中，优势是农业机械化，短板是农田水利化和农业设施化。效率提升方面，粮食单产水平（指数为0.56）和农民人均可支配收入（指数为0.50）明显较高，土地生产率（指数为0.17）和劳动生产率（指数为0.08）明显不足，因此在效率提升方面，优势是粮食单产和农民收入，短板是土地生产率和劳动生产率。结构优化方面，种植业结构协调度（指数为0.40）和畜牧业结构协调度（指数为0.61）明显较高，人均奶类产量（指数为0.13）明显不足，因此在结构优化方面，优势是种植业和畜牧业结构，短板是奶类产业发展。绿色生产方面，单位面积化肥使用量（指数为 0. 89）、畜禽粪污综合利用率（指数为 0. 68）、森林覆盖率（指数为 0. 66）和草原综合植被覆盖度（指数为 0. 73）明显较高，单位面积农药使用量（指数为 0. 26）明显不足，因此在绿色生产方面，优势是化肥使用、畜禽废物利用和植被覆盖，短板是农药使用。产业发展方面，“三品一标”基地面积比重（指数为 0. 38）明显较高，农产品加工深度（指数为 0. 16）明显不足，因此在产业发展方面，优势是农产品品牌化和农业标准化，短板是农产品精深加工。基础设施方面，自来水受益农户比重（指数为 0. 64）和接入宽带行政村比重（指数为 0. 64）明显较高，接入互联网农户比重（指数为 0. 30）明显不足，因此在基础设施方面，优势是居民饮水安全和村级宽带建设，短板是农户互联网普及率。

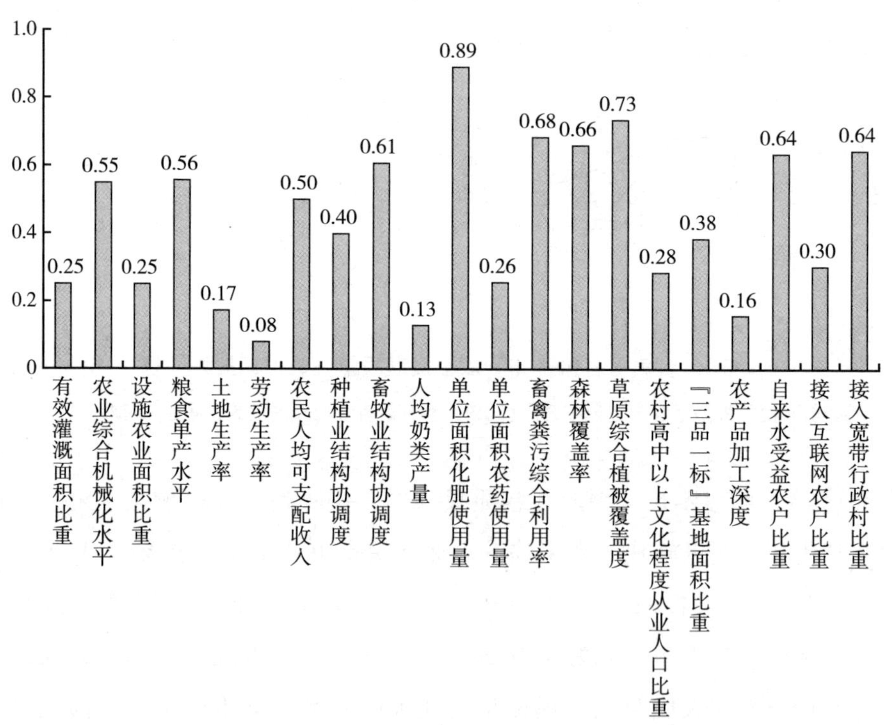

图 5　甘肃省农业发展质量二级指标指数

资料来源：根据《甘肃发展年鉴》(2019) 和甘肃省统计局提供的数据处理而来。

2. 市（州）分析

十九大报告指出，当前我国社会的主要矛盾已经转化为人民日益增长的美好生活需要和不平衡不充分的发展之间的矛盾。为了能够体现这一新论断，切实贯彻落实好十九大精神，本报告根据每项二级指标在每个市（州）的农业发展质量指数，以及这一指数在甘肃省 13 个市（州）的变异系数，将 21 项二级指标划分为“区域平衡较充分”、“区域平衡一般充分”、“区域平衡较不充分”、“非区域平衡较充分、“非区域平衡一般充分”和“非区域平衡较不充分”6 个发展类型。各发展类型划分依据如表 2 所示。

表 2　市（州）二级指标发展类型划分标准

项目	分类区间	市（州）二级指标高质量发展指数		
		≥0.6	0.3～0.6	0～0.3
市（州）二级指标高质量发展指数变异系数	<0.3	区域平衡较充分	区域平衡一般充分	区域平衡较不充分
	≥0.3	非区域平衡较充分	非区域平衡一般充分	非区域平衡较不充分

根据上述分类依据，对 21 项二级指标分类进行分析。

（1）区域平衡较充分型——畜禽粪污综合利用率、草原综合植被覆盖度、自来水受益农户比重、接入宽带行政村比重

这 4 项指标在 13 个市（州）的总体水平较高，发展较为充分，同时区域发展较平衡。具体来看，在畜禽粪污综合利用方面，庆阳、酒泉、兰州、武威、定西、临夏、甘南 7 市（州）已达到农业高质量发展标准，其余 6 市（州）指数均超过 0.6，接近农业高质量发展标准。在草原植被覆盖方面，甘南、临夏、陇南、定西、天水、庆阳、平凉 7 市（州）水平较高，指数均超过或接近 0.8，兰州、白银、武威 3 市达到或接近高质量发展标准，发展相对不足的是金昌市和酒泉市，指数仅分别为 0.43 和 0.29。受自然地理环境影响，草原植被覆盖呈现较明显的地域分异性，陇东、陇南优于陇中、河西。在农村安全饮水方面，酒泉、张掖、金昌、平凉 4 市已达到高质量发展标准，甘南、临夏、武威、天水和兰州接近高质量发展标准，水平

相对较低的是定西、陇南、庆阳和白银。在村级宽带建设方面，金昌、平凉达到高质量发展标准，其余市（州）除甘南和临夏外均已接近高质量发展标准，如图6所示。

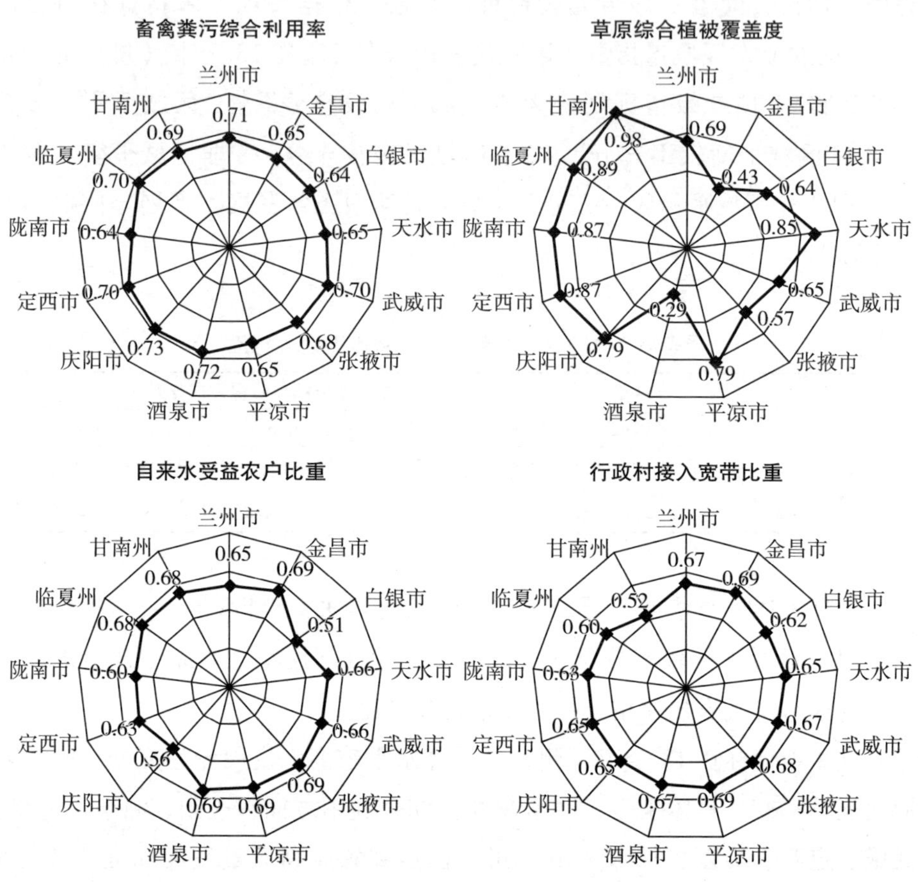

图6　区域平衡较充分型二级指标

注：雷达图最小值为0、刻度为0.25，即在多边形中心点处指数为0，由中心点向外每增加一圈层代表指数增加0.25，图6至图12同。

资料来源：根据《甘肃发展年鉴》（2019）和甘肃省统计局提供的数据处理而来。

（2）区域平衡一般充分型——粮食单产水平、农民人均可支配收入、农业综合机械化水平

这3项指标在13个市（州）的总体水平一般，同时区域发展较平衡。

具体来看，在粮食单产方面，酒泉、金昌、武威、张掖 4 市达到农业高质量发展标准，临夏州接近高质量发展标准，其余市（州）水平均较低。粮食单产最低的是甘南州，这主要是由其地处高寒地区，以及农业结构以畜牧业为主所致。河西地区在粮食单产方面具有明显优势。在农民收入方面，酒泉、金昌已达到高质量发展标准，张掖、兰州、武威均已接近高质量发展标准，其余市（州）水平均偏低。在农业机械化方面，酒泉、金昌、张掖 3 市达到高质量发展标准，武威、庆阳接近高质量发展标准，其余市（州）水平均不高，如图 7 所示。

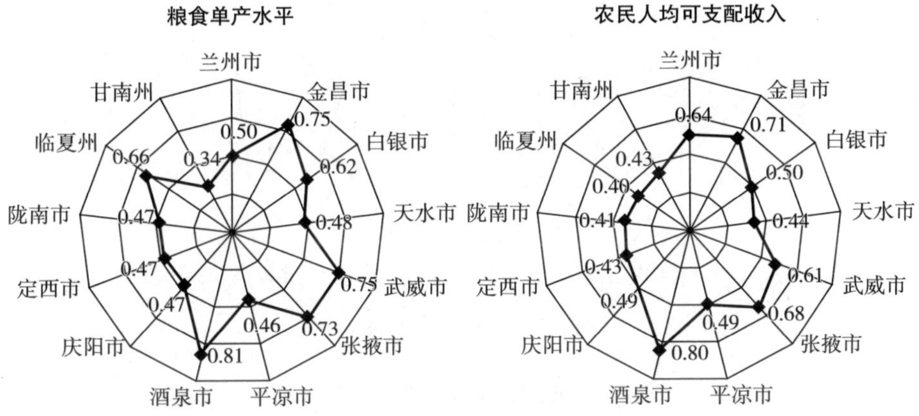

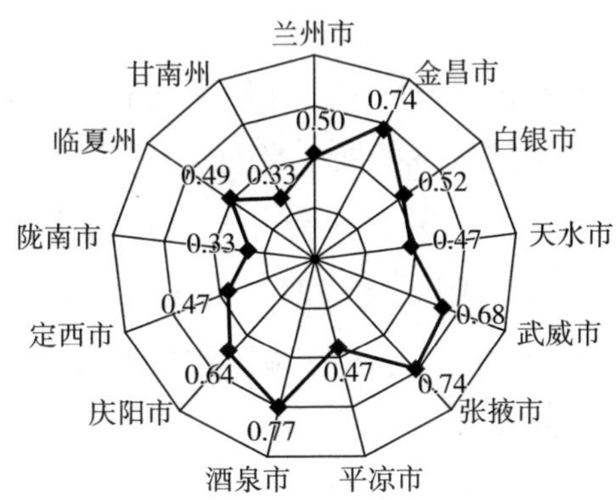

图 7　区域平衡一般充分型二级指标

资料来源：根据《甘肃发展年鉴》（2019）和甘肃省统计局提供的数据处理而来。

（3）区域平衡较不充分型——高中及以上文化程度农村居民比重

这一指标市（州）总体水平偏低，同时区域发展较平衡。13 个市州指数处于 0.14～0.36，空间差异不大，最低为甘南州，最高为白银市，如图 8 所示。

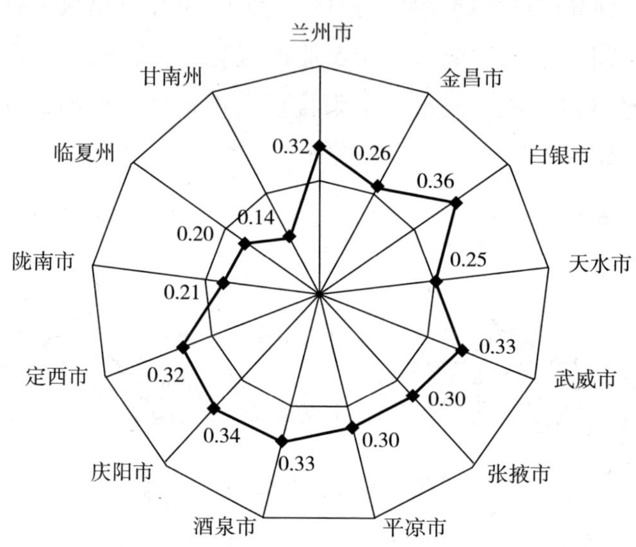

图 8　区域平衡较不充分型二级指标

资料来源：根据《甘肃发展年鉴》（2019）和甘肃省统计局提供的数据处理而来。

（4）非区域平衡较充分型——单位面积化肥使用量、森林覆盖率

这两项指标的市（州）总体水平较高，但区域发展不平衡。具体来看，在化肥使用强度方面，除酒泉、兰州和张掖 3 市外，其余市（州）均达到农业高质量发展标准，其中甘南州指数达到 3.03，优势明显；在森林覆盖率方面，除酒泉、张掖和兰州外，其余市（州）均达到高质量发展标准。其中陇南市最高，其次是天水市，如图 9 所示。

（5）非区域平衡一般充分型——种植业结构协调度、畜牧业结构协调度、单位面积农药使用量

这 3 项指标的市（州）总体水平一般，且区域发展不平衡。在种植业

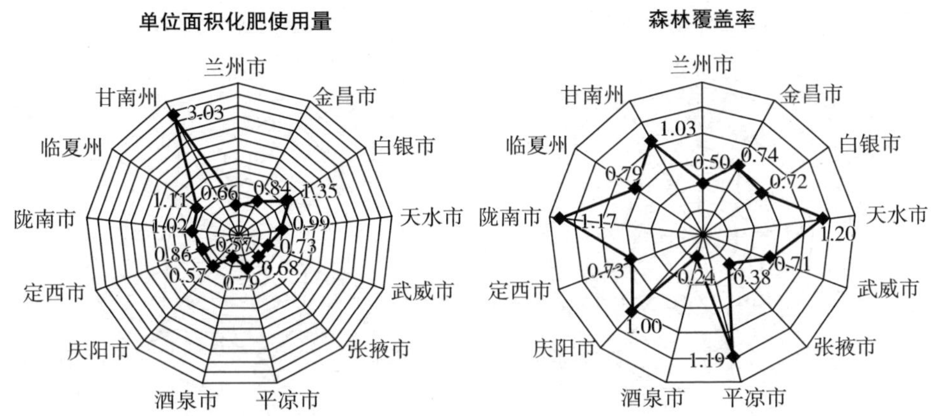

图9　非区域平衡较充分型二级指标

资料来源：根据《甘肃发展年鉴》（2019）和甘肃省统计局提供的数据处理而来。

结构协调度方面，仅酒泉市达到农业高质量发展标准，指数为 0. 73，其余市（州）指数均不高；在畜牧业结构协调度方面，甘南、酒泉、张掖、金昌和临夏达到高质量发展标准，且指数均接近或超过 0. 8，陇南、兰州、天水 3 市水平较低，指数分别仅为 0. 27、0. 34、0. 34；在农药使用强度方面，甘南州一枝独秀，指数 1. 22 为最高，其余市（州）水平均较低，最低的为天水市，指数仅 0. 14，如图 10 所示。

（6）非区域平衡较不充分型——有效灌溉面积比重、设施农业面积比重、土地生产率、劳动生产率、人均奶类产量、农产品加工深度、“三品一标”基地面积比重、接入互联网农户比重

这 8 项指标的市（州）总体水平较低，且区域发展不平衡。在农田灌溉方面，酒泉市、金昌市达到农业高质量发展标准，张掖市接近高质量发展标准，相比之下，陇中及陇东各市（州）及陇南市灌溉水平严重偏低，有效灌溉面积比重指数均在 0. 3 以下，其中天水市和定西市仅为 0. 09；在农业设施化方面，武威市一枝独秀，已达到高质量发展标准，其余市（州）发展均较为滞后，其中陇南、甘南、庆阳、定西 4 市（州）设施农业面积比重指数尚不足 0. 1；在土地生产率方面，13 个市（州）

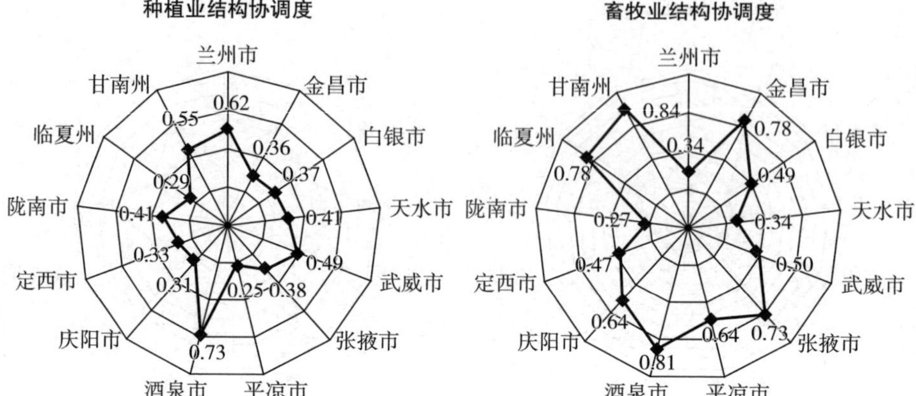

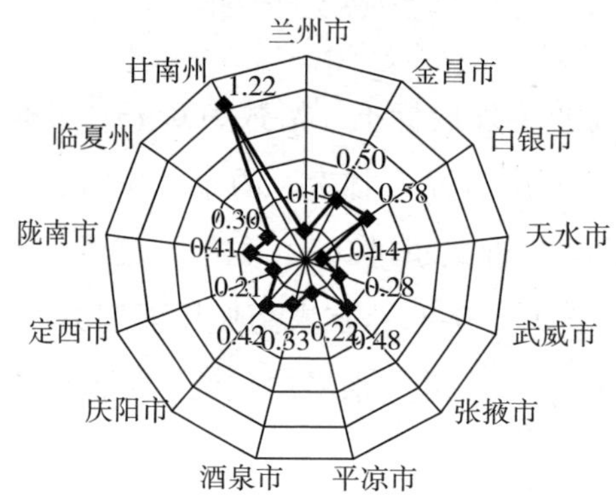

图 10　非区域平衡一般充分型二级指标

资料来源：根据《甘肃发展年鉴》（2019）和甘肃省统计局提供的数据处理而来。

指数均为0.1～0.3，其中仅有酒泉、兰州、张掖、武威、金昌 5 市指数超过或达到 0.2；在劳动生产率方面，13 个市（州）指数均在 0.2 以下，其中仅有河西酒泉、张掖、武威、金昌 4 市指数在 0.1 以上，如图 11 所示。

在人均奶类产量方面，无一市（州）达到高质量发展标准，其中最高为甘南（州），指数为 0.60，其次为张掖市和金昌市，指数分别为 0.38 和0.35，其余市（州）指数均在 0.25 以下，最低为陇南市，指数

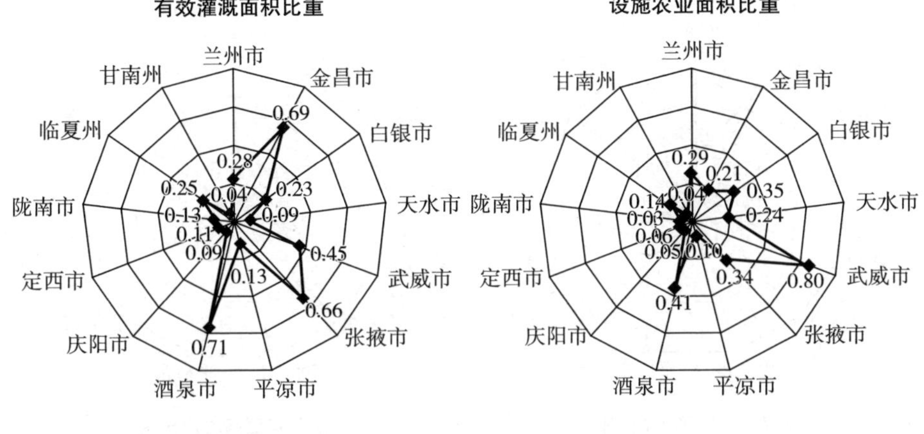

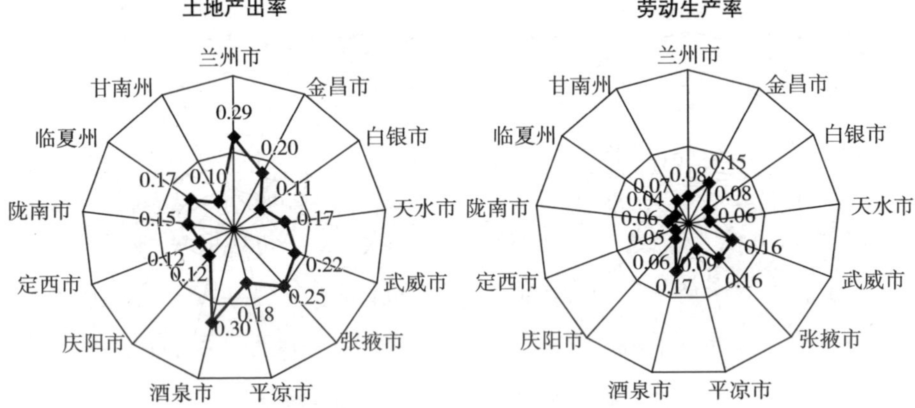

图11　非区域平衡较不充分型二级指标（1）

资料来源：根据《甘肃发展年鉴》（2019）和甘肃省统计局提供的数据处理而来。

仅为0.002；在农产品加工深度方面，无一市（州）达到高质量发展标准，其中除兰州外，其余市（州）水平严重不足；在农产品品牌化和农业标准化建设方面，张掖、酒泉、金昌3市优势较为明显，其中张掖达到高质量发展标准，酒泉、金昌接近高质量发展标准，其余市（州）则偏弱；在农户互联网普及程度方面，金昌市达到高质量发展标准，其余市（州）则偏低，如图12所示。

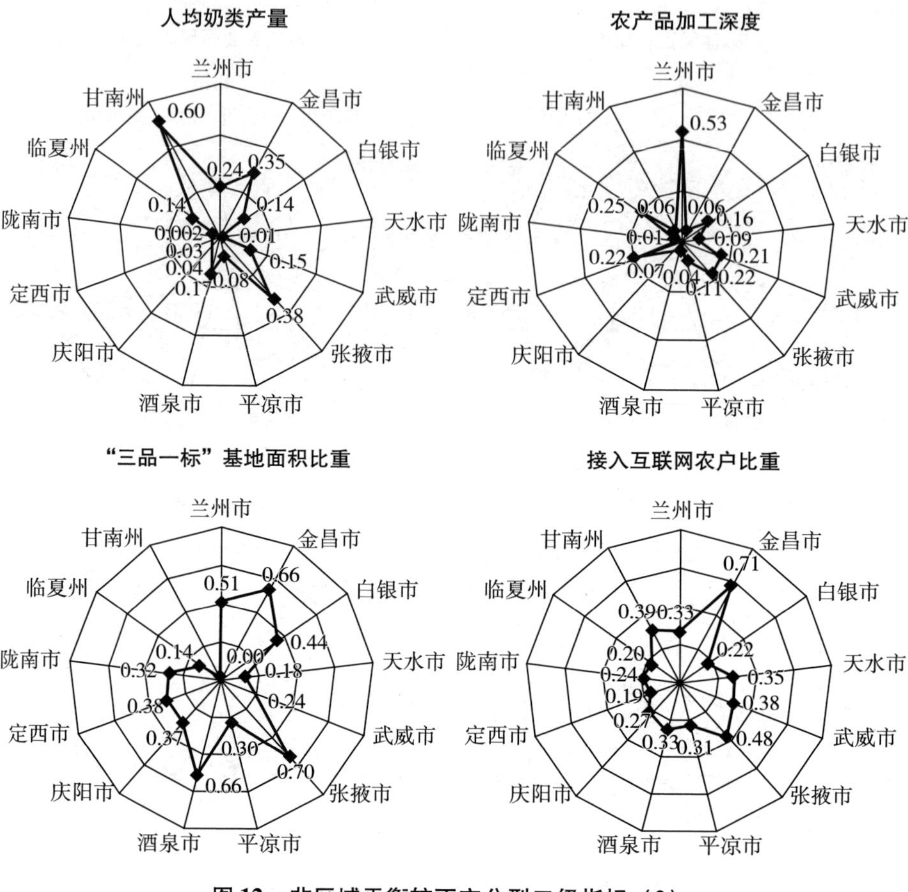

图 12　非区域平衡较不充分型二级指标（2）

资料来源：根据《甘肃发展年鉴》（2019）和甘肃省统计局提供的数据处理而来。

三　甘肃农业发展特征及存在的问题

（一）甘肃农业发展特征

通过以上分析，可以看出甘肃农业在发展过程中，具有以下较突出特征。

一是农业发展质量不高。无论是看全省总体水平，还是看市（州）综合水平，甘肃农业发展质量均偏低，目前仍处于向高质量农业前进的阶段。

二是农业发展的优势和短板并存。近年来，甘肃省在改善农业生产条件、推进农业绿色可持续发展、完善农村基础设施等方面不断加大投入，从评价结果看，物质投入、绿色生产、基础设施水平均比较高，已形成有利于农业高质量发展的优势，说明这些措施取得了良好的成效。但同时，甘肃在农业产业化、标准化、人力资本、生产效率方面表现不佳，成为制约农业发展质量提升的主要短板。

三是各地区农业发展的优劣势不尽相同，区域差异性和互补性较强。如酒泉、张掖、武威在物质投入、效率提升、结构优化方面具有优势，但绿色生产是短板；甘南、陇南绿色生产是有利因素，但人力资本和产业发展则较为滞后。

四是河西地区农业发展质量优于河东地区。整体来看，河西走廊酒泉、张掖、武威、金昌4市在物质投入、效率提升、结构优化、产业发展、基础设施方面的表现优于河东9市（州）。

（二）甘肃农业高质量发展存在的问题

一是农业生产效率偏低。甘肃省种植业土地生产率为1131元/（亩·年），尚达不到农业高质量发展目标值6000元/（亩·年）的20%。一方面表明种植业结构不合理，另一方面说明土地产出创造的经济价值较低，“增产不增收”。目前甘肃粮食平均单产为278元/亩，考虑到自然条件限制、土壤保护与地力恢复、化肥农药减量使用等因素，粮食增产空间不大，因此提高土地生产率，一方面要调整种植结构，进一步优化粮经饲结构，同时要延伸产业链，促进产加销融合，提高产出附加值；甘肃劳动生产率1240元/（人·年），仅相当于农业高质量发展目标值15000元/（人·年）的8.3%。土地规模过小、机械化程度偏低、劳动力素质不高、市场体系不完善等因素严重制约了劳动生产率的提高。

二是产业化程度不高。主要表现在农产品精深加工力量薄弱，农产品加工业产值与农业增加值之比仅为0.4∶1，远小于2.4∶1的目标值。农产品加工业不足，极大削弱和限制了农产品价值的增值，同时也造成水、土资源的浪费。现有特色产业不仅产业链短、深加工能力弱，而且面临着生产成本快速攀升和农产品价格下降的“双板挤压”，对农民增收的带动作用不明显。产业规划水平不高，优势特色产业布局存在各自为政的现象，并没有形成全省一盘棋的局面。从甘肃各级地方政府制定的特色农业发展规划来看，目前还存在简单追求种植面积增加和养殖规模扩大的做法，产业发展与市场需求相脱节。还有部分市（州）战略性主导产业的地位还没有完全确立，区域雷同现象还比较突出。各县（市、区）合作较少，特色农业发展上贪大求全，导致地区间低水平过度竞争，优势产业发展的“可持续性”面临挑战。

三是人力资本不足。全省高中及以上文化程度农村人口比重仅为19.77%，远小于60%的目标值。根据第三次农业普查数据，甘肃省农业人口的整体受教育程度与城市化水平密切相关。其中，农村人口较多的地区城市化水平相对较低，农村人口中接受了高中以及大专以上教育的比例也较低。天水、定西、陇南等市农村人口中接受了高中教育的比例都在10%以下，明显低于兰州、白银、酒泉等城市化水平相对较高的地区。

四是农业发展对土地资源依赖程度高，农业仍处于“粗放型”发展阶段。土地广阔、灌溉条件较好的河西地区农业发展质量明显高于人多地少、山地丘陵广布的陇东、陇南地区以及甘南、临夏高寒地区。表明目前甘肃农业发展对自然资源尤其是土地资源仍具有较高的依赖性，土地资源丰欠程度对区域农业发展具有决定性影响，农业产出增长也主要依靠土地的“外延式”开发。甘肃农业发展方式亟须由“粗放型”向“集约型”转变。

通过以上对甘肃省农业发展质量的分析评价，可以看出目前甘肃农业发展面临生产效率偏低、人力资本不足、产业化程度不高、农业发展方式粗放、农业地区发展不平衡等问题和短板，制约了甘肃农业竞争力的提升。

四　甘肃农业发展质量提升路径及措施

在实施乡村振兴战略背景下，甘肃农业发展思路亟待“三个转变”。一是由产量型向效益型转变。不仅让农产品产量丰富、品种多样，满足消费者高层次、多样化的生活需求，而且让农业创造更大效益，让农业生产经营者得到更多实惠、有更多获得感，通过务农增加收入、改善生活。二是由输出型向输入型转变。要转变之前对农业的功能定位——向外输出农产品、满足其他产业特别是工业生产需要的观念，强调工业对农业、城市对乡村的支持、反哺作用，鼓励外部资本、技术、人才向农业输送。三是由单一型向复合型转变。在生产方式上，加大三产融合力度，促进农业由传统的种植养殖向种养、加工、储藏、运输、销售一体化方向发展，构建“从田间到餐桌”农业全产业链，全面提升农业效益，进一步增加农民收入。因此，下一步应以如下几个方面为着力点，发挥已有优势，补齐存在的短板，推进农业实现高质量发展。

（一）围绕主导产业，构建发达、完善的现代农业产业体系

从国际经验看，一个发达的农业产业体系是提升一国农业竞争力的基础，而构建和提升现代农业产业体系，对于解决农村剩余劳动力、促进农民增收、提高农业综合生产力都具有十分重要的意义。目前甘肃农业产业体系建设取得了可喜的成绩，形成了特色蔬菜、马铃薯、草食畜、中药材、优质林果、制种酿酒原料六大优势特色产业，农业产业化呈现良好的发展态势。应当围绕主导产业，以农副产品加工为重点，完善流通体系建设，以农业科技指导、市场信息反馈、产前产中农资供应等社会化服务体系为支撑，以提高农民素质和农业组织化程度为保障，改造传统农业，发展新型农业，协同其他产业，循序渐进协调发展，共同促进农业综合竞争力的提高。一是合理调整农业生产布局，推进区域主导产业发展。依据各区域自然条件、功能定位、农业发展水平和比较优势，进一步完善沿黄农业产业带、河西走廊农产品主产区、陇东农产品主产区、中部重点旱作农业区、陇南及天水南部山地特色农业区、甘南及祁连山等高寒牧区等“一带五区”布局，推进优势产业向优势产区集中，形成制种玉米、马铃薯、苹果等农产品产业带。二是积极推进优势特色农产品生产加工基地建设。重点扶持果蔬、马铃薯、中药材

等农产品产地初加工，实施“农产品产地配套服务工程”，加快建设优势果品产业带和优质果品基地、脱毒种薯生产基地和薯制品加工基地，以及国家玉米制种基地。三是扶持一批农业龙头企业。农业龙头企业是农业产业集群的核心，只有这一核心壮大，才能对整个产业发挥带动作用。认真实施“十百千万”工程，积极创建国家级、省级农业产业化示范基地，引导龙头企业向优势产区集中、向示范基地集聚，推动跨区域、跨行业资源整合，组建大型企业集团。支持符合条件的重点龙头企业在境内外发行股票、债券上市融资。鼓励农业龙头企业升级改造农产品加工装备，发展特色农产品精深加工，不断提升农产品的加工档次和技术含量。四是积极培育农业新业态。大力发展“戈壁农业”，努力将河西地区打造成面向西北乃至中西亚、南亚和中东欧的“菜篮子”生产供应基地和农资农机产品生产基地。实施休闲农业和乡村旅游精品工程，大力发展以农耕文化为魂、田园风光为韵、村落民宅为形、生态农业为基的乡村旅游。深入实施电子商务进农村，全面推广陇南电商扶贫经验，实现农村电商公共服务体系县乡全覆盖，功能覆盖到行政村。对于利用闲置民房发展民宿、养老等项目，积极发展乡村共享经济、创意农业、特色文化产业。

（二）培育新型职业农民，增加农业人力资本积累

一是加大对农民的职业培训力度，促进务农者由“身份农民”向“职业农民”的角色转变。一方面，主要针对农业生产经营大户、家庭农场主、农业企业经营者，开展生产技术、经营管理、市场营销等方面的业务培训，增强从业能力。另一方面，要针对植保员、防疫员、沼气工、园艺工等农村服务型技术人员，开展岗位职业资格认证培训，为上述人员逐步发展成为我国新一代的职业农民打下坚实的业务基础。二是加快建立职业农民资格认证和执业制度。从国际上看，目前发达国家普遍制定了较为严苛的农业从业门槛和执业资格。如德国规定，农业从业者必须经过农业教育、持证上岗。德国69%的农业企业管理者接受过职业教育，其中具有职业进修教育学历的占59%，持有专业资格证书的占22%。法国规定，凡是申请经营农庄的青

年，必须受过9年制的中等学校义务教育，然后进农业基础学校再学习3个月，再到农庄当3年学徒，期满后通过考试后才可取得从事农业的资格。要保证新型职业农民今后成为农村经营的主体，就必须建立一套既符合甘肃实际，又在最大程度上与国际标准接轨的现代职业农民资格认证和执业制度。要根据现代农业专业化、标准化、规模化、集约化生产的要求，首先在适度规模经营领域，制定一套农业职业资格准入制度，并在农业发展较好的地区进行试点，在取得经验的基础上，逐步建立覆盖整个农业的职业农民资格认证制度。

（三）积极打造农业产业化联合体

以农业产业化龙头企业为核心、合作社为纽带，家庭农场和专业大户为基础，社会化服务组织为支撑的农业产业化联合体将企业、农户、农业合作组织组成紧密型一体化联盟。发展农业产业化联合体，是实施乡村振兴战略、促进农村三次产融合的必然要求。一是要尽快出台关于农业产业化联合体建设的指导意见，成立专门的领导机构，围绕各地区特色农业主导产业，编制产业化联合体建设规划。二是积极培育能够成为联合体龙头的产业化龙头企业，吸引实力强的农民合作社、家庭农场和专业大户组建产业化联合体，打造产业关联度高、功能互补性强的现代农业产业集群。三是充分发挥财政资金的引导和杠杆作用，给予联合体以奖代补、先建后补、财政贴息、融资风险补偿等金融政策支持，给予联合体建设用地、配套设使用地、承包土地流转等土地政策支持，立法保障农业合作社权益的长期稳定性。

（四）加快“以城带乡”步伐，积极推进县域城镇化

县域处于“乡之首，城之尾”，具有向上连接城市、向下辐射乡村，促进区域经济增长和社会全面进步的综合功能。县域经济对农业发展具有显著的带动作用，要把发展县域经济，尤其是推进县域城镇化作为巩固农业的基础地位、实现农业高质量发展的重要途径，增强县域经济对农业的反哺能力。一是引导县域产业集聚发展。优化县域产业空间布局和功能定位，与城

乡规划、土地利用总体规划、特色小镇建设等有机衔接。积极引导农产品加工业向关键物流节点集中，推动农产品精深加工与产地初加工协同发展。依托县城和重点乡镇，创建农产品加工物流园区、农业产业化示范基地和现代农业园区。深入实施“一乡一业”“一村一品”，推进产业链整合和价值链提升，形成专业化、品牌化产业集群。二是不断优化县域功能，推动新型城镇化建设。加快转变县域发展方式，优化县域内部空间结构，增强县域基础设施、公共服务和资源环境对人口的承载能力，建设宜居宜业、功能齐全的现代化新型城镇。三是优化公共资源配置，健全公共服务体系。通过政策和资金引导，提高公共服务水平，完善基本社会保障。持续加大教育投入，优化学校布局，改善办学条件，逐步实现城乡教育均衡发展。优化医疗卫生资源，加大县域卫生院改造提升力度，努力提升医疗服务水平，推进公共卫生服务均等化。建立健全县域社会保障体系，稳步扩大社会保障的覆盖面，不断提高社会保障水平，构建包括医疗保险、生育保险、养老保险、城镇职工失业保险、城乡最低生活保障制度等在内的社会保障服务网络。四是积极、稳妥、有序推进农村“三变”改革。在坚持农村土地集体所有和充分尊重农民意愿的基础上，在“三变”改革试点区稳妥地开展农户承包地有偿退出试点，引导在城镇有稳定非农就业收入、长期在城镇居住生活的农户，自愿退出土地承包经营权。逐步把符合条件的农村转移人口转化为城镇居民，维护进城落户农民的土地承包权、宅基地使用权、集体收益分配权，支持引导其依法自愿有偿转让上述权益。

B.5

甘肃农业发展与空间布局特征分析

徐吉宏*

摘　要： 甘肃要实现全国建成小康社会的目标，关键在于农业。本报告立足于对甘肃农业发展现状的分析基础上，通过构建甘肃省农业发展水平评价体系，对其农业发展水平进行评价；同时借鉴空间区位商分析方法，对2018年甘肃省88个县农业空间特征进行分析。从农业发展水平综合指数来看，甘肃省农业发展水平处于现代农业加速发展阶段，且存在较大的不平衡性；从其空间布局特征来看，其各产业内部表现出一定聚集态势。

关键词： 甘肃　农业发展　评价指标体系　空间布局特征

农业是人类的衣食之源，也是国民经济的基础，农业发展水平与国家经济、社会等全面发展有着密切的联系。农业发展水平及空间布局是农业生产的空间组织形式，也是农业生产在一个国家或一个地区范围内的地理分布。[①] 研究农业发展水平与空间布局特征对农业资源的合理配置，促进农业持续健康发展有着重要的意义。甘肃省是农业大省，也是西北地区重要的商品粮生产基地，对其的研究，对推动甘肃农业持续健康发展具有一定的现实意义，同时为政府部门提供一定的参考价值。

---

* 徐吉宏，硕士，甘肃省社会科学院农村发展研究所助理研究员，主要研究农村发展及地理信息技术。

① 尚世英：《关于当前调整农业布局问题的探讨》，《河南师范大学学报》1982年第1期。

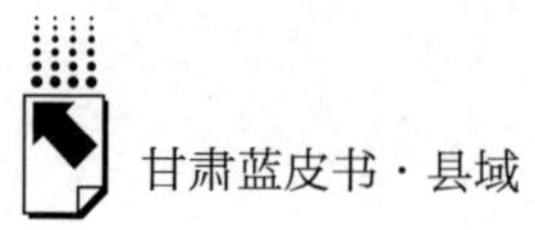

一　甘肃省农业发展现状

（一）农业经济发展水平不断提高

从农业经济发展总量来看，2018 年甘肃农林牧渔业总产值达 1659.36 亿元，与 2008 年（752.5 亿元）相比，增加了 906.86 亿元；农业总产值为 1166.1 亿元，与 2008 年相比，增加了 662.37 亿元。2008～2018 年农林牧渔业总产值年均增长率为 8.23%，农业总产值年均增长率达 8.76%。结合图 1 可以看出，甘肃农业发展呈持续稳定增长趋势。

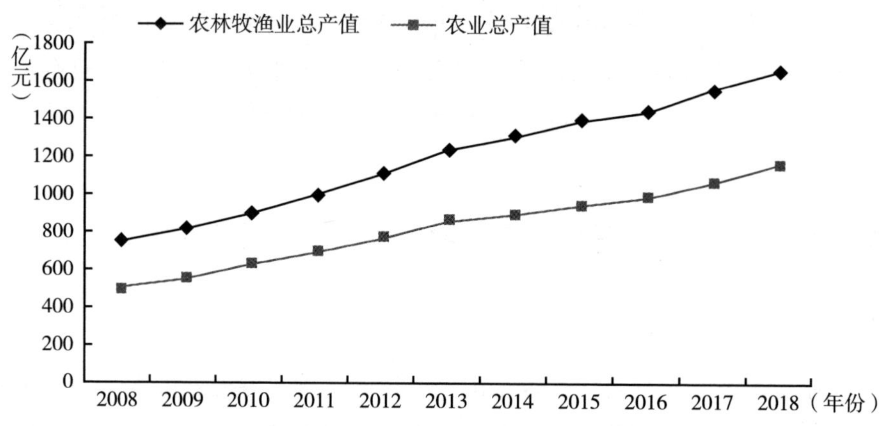

图 1　2008～2018 年甘肃省农林牧渔和农业总产值

资料来源：甘肃省统计局资料整理计算。

（二）农业产业结构不断优化

从农业产业结构来看，甘肃省农、林、牧、渔、农林牧渔服务业五大农业产业，2018 年结构调整为 70.27∶1.99∶19.22∶0.12∶8.40，与 2008 年的 66.94∶2.78∶16.18∶0.11∶13.98 相比，农业、牧业、渔业比重分别增加了 3.33 个、3.04 个、0.01 个百分点，而林业和农林牧渔服务业比重分别下降了0.79个百分点、5.58个百分点。由此可见，甘肃农业以农业为主，其比重为70%左右；而渔业和林业比重相对较小，其比重不足4%（见表1）。甘肃农业产业结构中，农业、牧业、渔业产业比重有所上升，而林业和农林牧渔服务业产业比重有所下降。

表1　2008～2018年农业内部产业结构变化情况

单位：%

年份	农业比重	林业比重	牧业比重	渔业比重	农林牧渔服务业比重
2008	66.94	2.78	16.18	0.11	13.98
2009	67.99	2.79	15.37	0.11	13.74
2010	69.47	2.44	15.63	0.09	12.37
2011	68.88	2.05	16.40	0.11	12.57
2012	69.26	2.14	16.16	0.11	12.33
2013	69.20	2.16	15.99	0.11	12.54
2014	68.67	2.31	15.98	0.11	12.92
2015	68.62	2.44	15.69	0.10	13.14
2016	68.31	2.14	19.81	0.15	9.59
2017	68.52	2.02	19.81	0.13	9.52
2018	70.27	1.99	19.22	0.12	8.40

资料来源：甘肃省统计局资料整理计算。

（三）农业产业综合能力不断提升

从粮食产业来看，2018年甘肃省粮食作物种植面积为2645千公顷，比上年减少2.16千公顷，相较2008年减少了37.99千公顷，2008～2018年年均减少0.14%；2018年粮食总产量为1151.43万吨，较上年增加了45.53万吨，较2008年增加了262.93万吨，2008～2018年年均增长2.63%。结合图2可以看出，2008～2013年粮食作物种植面积总体呈增长趋势，之后年份呈减少趋势，但粮食产量总体呈增长趋势，反映了甘肃省粮食产业生产能力及效益的大幅度提升。

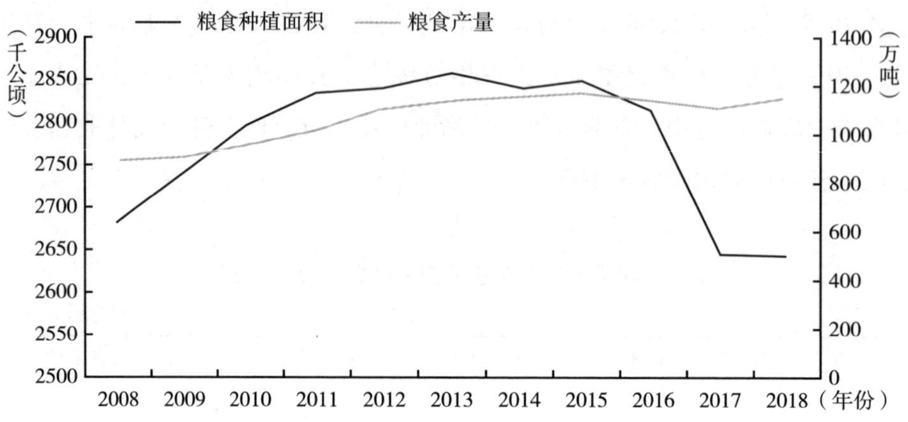

图2　2008～2018年甘肃省粮食种植面积、产量

资料来源：甘肃省统计局资料整理计算。

从特色种植业来看，2018年甘肃省特色种植业面积达到2213千公顷以上。其中，油料种植面积为326千公顷，蔬菜种植面积为353千公顷，中药材种植面积为234千公顷，果园种植面积为314千公顷；与上年相比较，除油料作物减少21千公顷外，其他作物分别增加16万千公顷、7千公顷、11千公顷；相较2008年，油料、蔬菜、果园种植面积分别减少5.69千公顷、14.79千公顷、97.85千公顷，中药材种植面积增加73.47千公顷（见图3）。2018年油料籽、蔬菜、中药材、水果产量分别为43.78万吨、1292.57万吨、101.7万吨、370万吨。与上年相比，油料籽和中药材增产27.90%、9.69%，蔬菜和水果减产33.76%、6.84%（见图4）。综合种植面积和产量可以看出，特色种植业生产能力和效益有较大幅度的提高。

从养殖业来看，2018年甘肃省大牲畜年末存栏为504.6万头，相较2010年下降6.22%，且2010～2018年年均递减了0.80%；肉猪出栏691.6万头，相较2010年增长14.53%，8年间年均增长1.71%；猪年末存栏545.2万头，相较2010年增长1.68%，8年间年均增长0.21%；羊年末存栏1885.9万只，相较2010年增长了6.47%，8年间年均增长0.79%；羊出栏1462.8万只，相较2010年增长47.47%，8年间年均

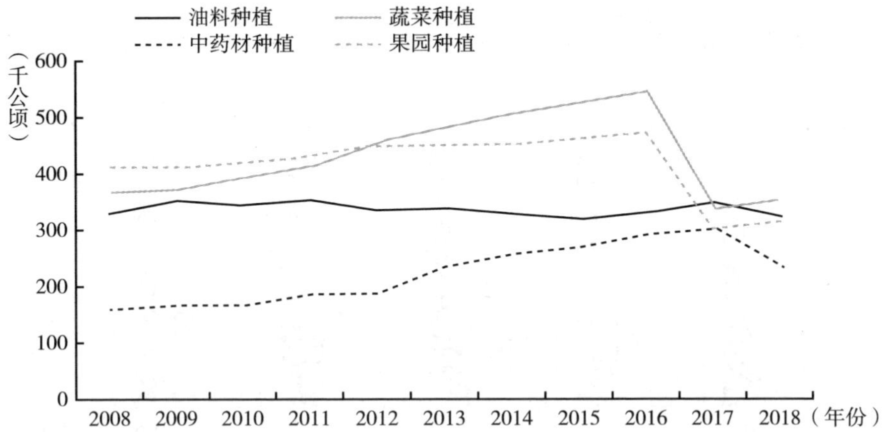

图3　2008～2018年甘肃省油料、蔬菜、中药材、果园种植业面积

资料来源：甘肃省统计局资料整理计算。

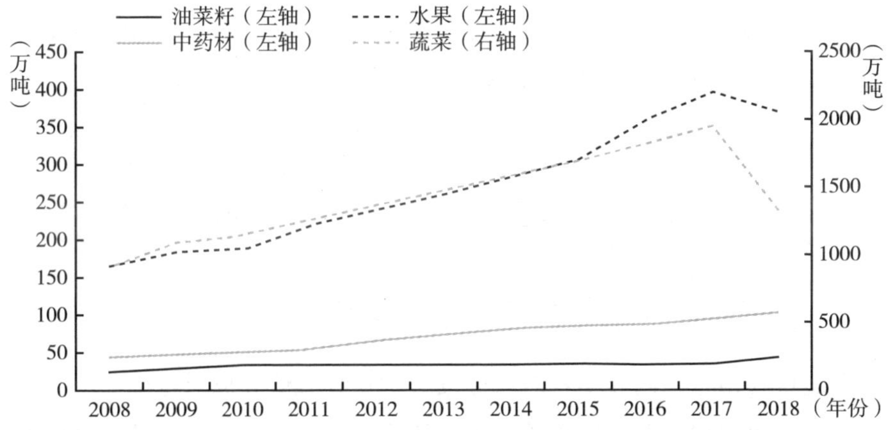

图4　2008～2018年甘肃省油料籽、蔬菜、中药材、水果产量

资料来源：甘肃省统计局资料整理计算。

增长4.98%；肉类产量102.2万吨，相较2010年增长25.40%，8年间年均增长2.87%（见图5）。在一定程度上反映了甘肃省养殖产业生产能力不断提升。

从农业生产经营组织数量来看，近年来，甘肃省出台了系列加快涉农企业、农民合作社、家庭农场等政策措施，有效促进农业经营组织发展。截至

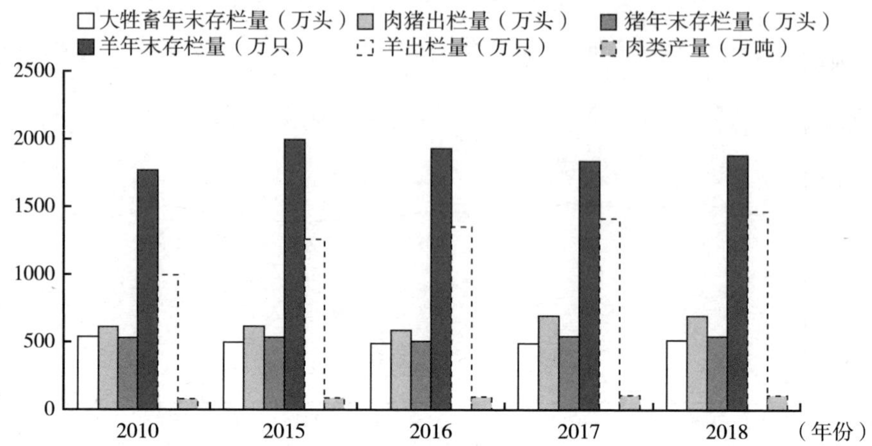

图5　2010年、2015~2018年甘肃省养殖产业基本状况

资料来源：甘肃省统计局资料整理计算。

2018年，甘肃省累计农业产业化龙头企业达2554家，其中：国家级31家，省级584家。建成各类家庭农场8547个，农民合作社8.4万个。

二　甘肃省农业发展水平评价指标体系构建

（一）甘肃省农业发展水平评价指标体系

课题组在借鉴国内外学者对农业发展水平相关研究成果基础上，充分掌握国家、甘肃省对农业发展相关政策，依据甘肃省实际状况，结合指标选取的科学性、客观性、系统性、可操作性等原则，构建了甘肃省农业发展水平评价指标体系。

（二）甘肃省农业发展水平评价指标体系构建说明

甘肃省农业发展水平评价指标体系共设计了农业投入水平、农业产出水平、农村社会发展水平、生态可持续发展水平等4个子系统14个目标层（见表2）。

表 2　甘肃省农业发展水平评价指标体系

子系统	指标层	计算方法	指标属性
农业投入水平	人均农业耕地面积(公顷/人)	耕地面积/农业从业人数	正
	单位耕地面积农机总动力(千瓦时/公顷)	农机总动力/耕地总面积	正
	有效灌溉率(%)	有效灌溉面积/耕地总面积	正
	劳均用电量(千瓦时/人)	农业总用电量/农业从业人数	负
农业产出水平	农业劳动生产率(元/人)	农业总产值/农业从业人员数	正
	土地产出率(元/公顷)	农业总产值/耕地面积	正
	单位面积粮食产量(千克/公顷)	粮食总产量/粮食作物播种面积	正
	人均肉产量(千克/人)	肉类总产量/农业从业人数	正
	劳均农业增加值(元/人)	农业增加值/农业从业人数	正
农村社会发展水平	城镇化率(%)	常住城镇人口/总人口	正
	农村居民人均可支配收入(元)	(农村居民总收入 - 家庭经营费用支出 - 税费支出 - 生产性固定资产折旧 - 财产性支出 - 转移性支出)/家庭常住人口	正
	恩格尔系数	食品支出的费用/农村居民消费	负
生态可持续发展水平	森林覆盖率(%)	林地面积/国土资源总面积	正
	单位播种面积化肥使用量(吨/公顷)	化肥使用总量/播种总面积	负

（三）数据说明

本报告的基础数据主要来源于 2018 年甘肃省、各市州国民经济和社会发展统计公报、政府工作报告以及甘肃省统计局提供的数据资料。

（四）评价方法及划分标准

1. 评价指标目标值及权重的确定

本报告在参照发达国家、发达城市数据及相关研究成果基础上，首先进行标准化处理，再结合专家打分法，确定评价指标目标值，及 4 个子系统和 14 个指标层的指标权重。

2. 各子系统指数的计算

在对指标数据标准化处理基础上，计算各子系统指数，其主要采用的计算公式如下。

正指标标准化公式：$Y_{ij} = X_{ij}/X_b \times 100\%(X_{ij}/X_b < 1)$；$Y_{ij} = 100\%(X_{ij}/X_b \geqslant 1)$

负指标标准化公式：$Y_{ij} = X_b/X_{ij} \times 100\%(X_b/X_{ij} < 1)$；$Y_{ij} = 100\%(X_b/X_{ij} \geqslant 1)$

其中：Y_{ij}为标准化值，X_{ij}为实际值，X_b为目标值；

子系统评价指数公式：$W_i = \sum_{ij-1}^{n} Y_{ij}M_{ij}$；

农业发展水平评价总指数：$Z = \sum_{i-1}^{4} W_i$

其中：W_i 为每个子系统的评价指数，M_{ij}为指标层各指标权重，M_b为每个子系统权重，Z 为农业发展水平综合评价指数。

3. 划分标准

本报告根据发达国家及发达地区相关经验，将农业发展水平划分为 5 个阶段，农业发展水平评价指数小于 30，评定为传统农业发展阶段；处于 30～55，评定为现代农业起步阶段；处于 55～75，评定为现代农业加速发展阶段；处于 75～90，评定为现代农业初步实现阶段；处于 90 以上，评定为现代农业成熟阶段（见表 3）。

表 3　农业发展阶段标准参考值

农业发展阶段	评价指数范围	发展状况
传统农业发展阶段	<30	农业生产条件落后，农村发展缓慢，农民生活贫困
现代农业起步阶段	30～55	农业生产条件有所改善，农民生活水平有所提高
现代农业加速发展阶段	55～75	农业生产条件得到很大的改善，农民生活水平明显提高
现代农业初步实现阶段	75～90	农业生产条件逐步完善，农民生活水平达小康水平
现代农业成熟阶段	>90	农业生产设备完备，农民生活水平接近城镇居民生活水平

三　甘肃省农业发展水平评价结果与分析

依据农业发展水平评价模型，可计算 2018 年甘肃省农业发展水平评价结果（见表4）。2018 年，甘肃省农业发展水平综合指数为59. 43，结合表3可以看出，甘肃省农业发展水平属于现代农业加速发展阶段，并逐步向现代农业初步实现阶段迈进，反映出甘肃省农业生活生产条件有了很大的改善，农民生活水平明显提高。

表 4　2018 年甘肃省农业发展水平评价结果

子系统	指标层	等分		
		指标层得分	子系统得分	总体得分
C1	B1	3. 59	13. 6	59. 43
	B2	4. 07		
	B3	3. 29		
	B4	2. 65		
C2	B5	2. 73	22. 15	
	B6	3. 3		
	B7	8. 22		
	B8	4. 24		
	B9	3. 66		
C3	B10	4. 52	10. 91	
	B11	3. 61		
	B12	2. 78		
C4	B13	6. 32	12. 77	
	B14	6. 45		

为了进一步明确甘肃省农业发展情况，本报告参照此方法对甘肃省各市（州）农业发展水平进行计算和分析。由表 5 可以看出，农业发展水平最高的是嘉峪关市（93. 84），最低的是定西市（43. 13），最高得分是最低得分的 2. 18 倍，在一定程度上反映了甘肃省农业发展的不平衡。同时，可以看出，处于现代农业成熟阶段的为嘉峪关市，农业生产设备比较完备，优先达到城镇一体化水平；处于现代农业初步实现阶段的为金昌市和酒泉市，这两市农业生产条件相对完善，已达小康社会水平；处于现代农业加速发展阶段的为武威市、张掖市、平凉市，这 3 个市农业生产水平有了很大改善，农民生活水平有一定的提高；处于现代农业

起步阶段的市州为陇南市、庆阳市、甘南州、兰州市、临夏州、白银市、天水市、定西市，这8个市（州）农业生产条件虽有一定的改善，但其发展水平相对落后，处于甘肃农业发展的“低谷”，是2020年同步建成小康社会的关键。

总体来看，甘肃省农业发展水平处于现代农业加速发展阶段，与现代农业初步实现阶段还有很大的差异，并且在一定程度上反映了甘肃农业发展的不匀衡性。

表5　甘肃省各市（州）农业发展水平得分

市(州)	指标层等分				综合得分
	C1	C2	C3	C4	
兰州市	11.33	14.09	11.71	10.21	47.34
嘉峪关市	29	34.28	16.08	14.48	93.84
金昌市	27.94	32.08	12.32	13.19	85.53
白银市	10.86	15.17	9.88	8.84	44.75
天水市	5.46	17.51	8.35	13.33	44.65
武威市	19.14	26.79	11.08	12.7	69.71
张掖市	17.59	26.13	12.18	12.65	68.55
平凉市	6.95	22.84	13.35	14	57.14
酒泉市	23.95	33.19	14.42	9.71	81.27
庆阳市	8.08	17.43	9.38	14.99	49.88
定西市	7.31	15.31	8.67	11.84	43.13
陇南市	7.39	16.7	8.19	19.85	52.13
临夏州	9.65	20.66	7.91	7.69	45.91
甘南州	5.71	17.96	9.24	15.29	48.2

四　甘肃省农业发展空间布局分析

本报告依据农业区位商方法，从甘肃省各县区农业产业发展情况出发，分析其优势产业，进而分析农业发展空间布局特征。

（一）农业区位商的计算方法

农业区位商分析法是空间分析中用来分析区域产业分布和产业优势的重要指标，是指一个地区特定部门的产值在该地区总产值中所占的比重，与该部门产值在区域总产值中所占比重的比例，区位商越大，其该地区产业优势越大。[①]

其公式如下：

$$LQ_{ij} = \frac{X_{ij}/\sum_{i} X_{ij}}{\sum_{i} X_{ij}/\sum_{i}\sum_{i} X_{ij}}$$

其中：LQ_{ij}表示 i 地区 j 产业的区位商，i 表示第 i 个地区；j 表示第 j 个产业；X_{ij}表示第 j 个地区的第 i 产业的产值指标。$LQ_{ij}>1$，农业结构内部某行业具有区域比较优势，数值越大，优势越明显，产业空间聚集态势越明显；$LQ_{ij}=1$，农业结构内部某行业无明显优势；$LQ_{ij}<1$，农业结构内部某行业处于劣势。

（二）甘肃省县域农业发展空间特征分析

本报告以甘肃省作为背景区域，依据区位商方法，计算甘肃省 88 个县域农业、林业、牧业、渔业及农林牧渔服务业等产业的区位商值，进而分析其优势产业及农业发展空间布局特征，数据来源于甘肃统计局资料。

从表 6 可以看出，甘肃农业区位商最大的县域是秦安县（1.43），最小的是玛曲县（0.00），二者相差 1.43 个区位商值。区位商大于 1 的县域有 50 个，占县域总数的 56.81%；同时可以看出，秦安县、秦州区、静宁县、渭源县、漳县、麦积区、庄浪县、岷县、武山县、甘谷县、清水县、安定区、宕昌县、红古区、文县、两当县、皋兰县等 17 个县域均为主要的农业主产区，且其产业呈空间聚集态势。

---

① 宋永永、米文宝等：《宁夏沿黄经济区农业发展与空间布局研究》，《生态科学》2015 年第 2 期。

表6　2018年甘肃省各市（州）农业内部产业区位商

市(州)	县域	农业	林业	牧业	渔业	农林牧渔服务业
兰州市	城关区	0.66	11.23	0.53	0.00	1.37
	七里河区	0.75	0.03	1.43	0.00	2.05
	西固区	1.08	0.33	1.10	3.80	0.45
	安宁区	0.55	6.41	1.24	0.00	1.97
	红古区	1.24	0.12	0.62	1.36	0.46
	永登县	1.03	0.24	1.27	4.34	0.40
	皋兰县	1.21	0.39	0.46	0.00	0.91
	榆中县	1.03	1.40	0.65	0.29	1.45
	兰州新区	0.76	0.00	1.52	0.00	1.78
金昌市	金川区	0.94	0.50	0.43	0.00	2.71
	永昌县	1.05	0.44	0.71	0.91	1.42
白银市	白银区	0.73	1.02	1.57	4.56	1.54
	平川区	0.89	0.69	1.54	0.71	0.69
	靖远县	1.05	0.81	1.01	1.11	0.68
	会宁县	0.89	0.74	1.61	0.00	0.57
	景泰县	0.92	0.31	1.33	0.73	1.03
天水市	秦州区	1.39	0.21	0.29	1.08	0.11
	麦积区	1.33	0.42	0.42	1.08	0.18
	清水县	1.26	0.17	0.67	0.71	0.20
	秦安县	1.43	0.31	0.21	0.01	0.03
	甘谷县	1.29	0.15	0.39	0.53	0.62
	武山县	1.31	0.25	0.48	1.71	0.21
	张家川县	1.15	0.27	0.92	0.43	0.37
武威市	凉州区	0.93	0.06	1.62	0.02	0.43
	民勤县	0.94	3.80	0.96	0.16	0.72
	古浪县	1.11	1.03	0.85	0.00	0.56
	天祝县	0.93	0.18	1.52	0.00	0.58
酒泉市	甘州区	0.65	0.27	0.92	1.13	3.65
	肃南县	0.38	0.45	3.33	0.00	0.44
	民乐县	1.07	0.63	1.03	0.00	0.58
	临泽县	0.70	0.74	1.38	1.36	2.26
	高台县	1.08	0.50	1.14	2.98	0.30
	山丹县	1.05	0.87	1.27	0.23	0.18
	平凉市	1.17	0.72	0.83	0.71	0.31

续表

市(州)	县域	农业	林业	牧业	渔业	农林牧渔服务业
酒泉市	崆峒区	0.78	1.11	2.00	1.65	0.32
	泾川县	1.18	2.02	0.62	2.20	0.29
	灵台县	1.08	1.09	1.02	1.11	0.40
	崇信县	0.91	0.38	1.57	0.31	0.62
	华亭县	0.99	0.73	1.33	0.28	0.44
	庄浪县	1.32	0.44	0.49	0.30	0.08
	静宁县	1.36	0.20	0.31	0.07	0.32
张掖市	肃州区	0.62	0.48	0.95	2.72	3.75
	金塔县	0.92	2.09	0.73	2.33	1.78
	瓜州县	1.14	0.83	0.51	1.12	1.14
	肃北县	0.26	0.09	3.66	0.00	0.59
	阿克塞县	0.31	4.05	3.15	0.00	0.25
	玉门市	1.09	0.92	0.87	0.96	0.68
	敦煌市	0.82	1.01	0.44	5.36	3.26
庆阳市	西峰区	1.03	0.66	0.47	3.90	2.00
	庆城县	1.17	1.66	0.56	0.29	0.61
	环县	1.03	0.98	1.22	0.42	0.38
	华池县	1.11	3.54	0.61	0.20	0.38
	合水县	1.03	2.27	1.01	1.18	0.43
	正宁县	1.11	1.66	0.61	0.12	0.89
	宁县	0.98	1.05	1.23	3.19	0.60
	镇原县	1.15	0.65	0.87	1.15	0.39
定西市	安定区	1.25	0.44	0.70	0.00	0.14
	通渭县	1.18	1.21	0.83	0.02	0.12
	陇西县	1.05	0.24	0.64	0.19	1.62
	渭源县	1.33	0.54	0.38	0.46	0.23
	临洮县	1.02	0.28	1.09	0.87	0.89
	漳县	1.33	0.70	0.43	1.92	0.07
	岷县	1.32	0.46	0.51	0.20	0.07
陇南市	武都区	1.16	5.24	0.34	0.87	0.15
	成县	1.09	1.85	0.48	1.43	1.25
	文县	1.23	1.38	0.62	2.23	0.15
	宕昌县	1.24	2.14	0.48	0.08	0.17
	康县	1.18	2.61	0.47	0.12	0.49
	西和县	1.12	1.37	0.70	0.14	0.72

续表

市(州)	县域	农业	林业	牧业	渔业	农林牧渔服务业
陇南市	礼县	1.14	1.26	0.55	0.54	0.96
	徽县	1.17	0.99	0.73	1.00	0.45
	两当县	1.23	1.45	0.50	0.06	0.42
临夏州	临夏市	0.34	3.89	1.68	2.25	3.12
	临夏县	0.92	0.81	1.16	0.08	1.24
	康乐县	0.91	1.02	0.81	0.04	1.97
	永靖县	0.96	1.35	0.97	7.26	1.19
	广河县	1.02	0.51	0.94	0.00	1.14
	和政县	0.92	1.31	1.04	0.00	1.36
	东乡县	0.53	0.60	2.45	3.64	1.18
	积石山县	1.09	1.16	0.58	1.01	1.24
甘南州	合作市	0.29	0.48	3.42	0.00	0.81
	临潭县	0.13	0.63	2.41	0.24	3.90
	卓尼县	0.33	2.03	2.75	0.34	1.54
	舟曲县	0.63	5.07	1.02	0.00	2.25
	迭部县	0.30	9.84	2.35	0.00	0.37
	玛曲县	0.00	0.12	4.32	0.10	0.96
	碌曲县	0.03	0.67	3.61	0.00	2.10
	夏河县	0.04	1.88	3.74	0.00	1.38

注：除嘉峪关市外的88个县（市、区）。

林业区位商最大的县域为兰州市城关区（11.23），其次为迭部县（9.84），最低为兰州新区（0.00），区位商最大值与最小值相差11.23；区位商大于1的县域有35个，占县域总数的39.77%。从空间分布来看，城关区、迭部县、安宁区、武都区、舟曲县、阿克塞县、临夏市、民勤县、华池县、康县、合水县、宕昌县、金塔县、卓尼县、泾川县等15个县域林业空间聚集态势显著。

牧业区位商最大的县域为玛曲县（4.32），其次为夏河县（3.74），最小的为秦安县（0.21），区位商最大值是最小值的20.57倍；区位商大于1的县域有39个，占县域总数的44.31%。同时，玛曲县、夏河县、肃北县、碌曲县、合作市、肃南县、阿克塞县、卓尼县、东乡县、临潭县、迭部县、崆峒区等12个县域牧业产业优势显著，有较强的空间聚集态势。

渔业区位商最大的县域为永靖县（7.26），其次为敦煌市（5.36）。区位商大于等于1的县域有30个，占县域总数的34.09%。同时，永靖县、敦煌市、白银区、永登县、西峰区、西固区、东乡县、宁县、高台县、肃州区、金塔县、临夏市、文县、泾川县等14个县域渔业发展优势比较显著，具有较强的空间聚集态势；而其他县域渔业发展相对比较弱，且相对比较分散。

农林牧渔服务业区位商最大的县域为临潭县（3.90），其次为肃州区（3.75），最小的秦安县（0.03），最大值是最小值的130倍；区位商大于1的县域有31个，占县域总数的35.23%。同时可以看出，临潭县、肃州区、甘州区、敦煌市、临夏市、金川区、临泽县、舟曲县、碌曲县、七里河区、西峰区等11个县域农林牧渔服务业发展优势比较显著，且具有较强的空间聚集态势。

结　论

基于以上分析，可以得出以下基本结论。

第一，甘肃省农业发展水平属于现代农业加速发展阶段，逐步向现代农业初步实现阶段迈进，反映了农业生活生产条件有了很大的改善，农民生活水平明显提高。

第二，甘肃农业发展区域不均衡性特征明显。处于现代农业成熟阶段的市为嘉峪关市，农业生产设备比较完备，优先实现城镇一体化水平；处于现代农业初步实现阶段的市为酒泉市、金昌市，这两市农业生产条件相对完善，已达小康社会水平；处于现代农业加速发展阶段的市为武威市、张掖市、平凉市，这3个市农业生产水平有了很大改善，农民生活水平有一定的提高；处于现代农业起步阶段的市（州）为陇南市、庆阳市、甘南州、兰州市、临夏州、白银市、天水市、定西市，这8个市（州）农业生产条件虽有一定的改善，但其发展水平相对落后，处于甘肃农业发展的“低谷”，也是2020年同步建成小康社会的关键。

第三，甘肃农业区位商大于1的县域有50个，占县域总数的56.81%，同时秦安县、秦州区、静宁县、渭源县、漳县、麦积区、庄浪县、岷县、武山县、甘谷县、清水县、安定区、宕昌县、红古区、文县、两当县、皋兰县等17个县域均为主要的农业优势产业区域，且逐步呈空间聚集态势。

第四，林业区位商大于1的县域有35个，占县域总数的39.77%，同时城关区、迭部县、安宁区、武都区、舟曲县、阿克塞县、临夏市、民勤县、华池县、康县、合水县、宕昌县、金塔县、卓尼县、泾川县等15个县域，林业优势显著，空间聚集态势显著。

第五，牧业区位商大于1的县域有39个，占县域总数的44.31%，同时玛曲县、夏河县、肃北县、碌曲县、合作市、肃南县、阿克塞县、卓尼县、东乡县、临潭县、迭部县、崆峒区等12个县域牧业产业优势显著，有较强的空间聚集态势。

第六，渔业区位商大于等于1的县域有30个，占县域总数的34.09%，同时永靖县、敦煌市、白银区、永登县、西峰区、西固区、东乡县、宁县、高台县、肃州区、金塔县、临夏市、文县、泾川县等14个县域渔业发展优势比较显著，具有较强的空间聚集态势。

第七，农林牧渔服务业区位商大于1的县域有31个，占县域总数的35.23%，同时临潭县、肃州区、甘州区、敦煌市、临夏市、金川区、临泽县、舟曲县、碌曲县、七里河区、西峰区等11个县域农林牧渔服务业发展优势比较显著，且具有较强的空间聚集态势。

参考文献

李世超、罗雅楠、魏力：《山西省农业现代化水平分析》，《价值工程》2019年第26期。

申思敏、孙建光：《河北省区域农业现代化发展质量评价研究》，《河南工业大学学报》（社会科学版）2019年第4期。

娄锋：《区域特色农业产业化水平及空间相关性分析》，《统计与决策》2019年第

19 期。

张齐、孙伟：《产业集聚与区域经济发展——基于区位熵与基尼系数的实证分析》，《池州学院学报》2019 年第 2 期。

唐菁：《长江经济带生产性服务业的空间集聚特征——基于区位熵理论和空间自相关理论的实证分析》，《全国流通经济》2019 年第 20 期。

杨倩、唐相龙：《基于区位熵理论的河西走廊城市产业比较优势研究》，《开发研究》2019 年第 4 期。

宋永永、米文宝等：《宁夏沿黄经济区农业发展与空间布局研究》，《生态科学》2015 年第 2 期。

黄杏元等：《地理信息系统概论》，高等教育出版社，2001。

B.6
甘肃农村社会事业发展的差异性研究

胡　苗*

摘　要： 本报告采用2018年主要指标之间的对比，从经济发展、基础设施、教育文化、医疗卫生、社会保障、生活环境六个方面，在对甘肃省农村社会事业的发展水平及差异化程度有了深入认识的基础上，运用相关性分析，对甘肃省社会发展的影响因素做比较分析，提出了建立并完善财政支持体制；构建信息开放与共享平台；创新多元化农村社会发展融资渠道；健全政府管理机制等相关政策建议。

关键词： 农村社会发展　差异性　甘肃省

2003年至今，随着一系列围绕农村的工作不断推动，农村社会事业越来越受到重视，建设初具规模、布局逐步完善，标志着我国政府工作从关注经济建设向经济建设与社会服务均等化相互促进阶段不断推进。甘肃省地处中国西北部，经济社会发展水平较低，城乡二元结构特征明显，自我发展能力较弱，农村社会服务保障和发展能力存在较大差距。因此，基于县级层面的视角，分析农村社会发展的区域差异，对于甘肃省农村社会事业均衡发展有着重要的意义。

国外学者从20世纪80年代开始对公共服务的供给模式问题进行研究。在国内，有关农村公共产品供给问题的文章是1996年张军、何寒熙在《改革》杂志上发表的题为“中国农村公共产品供给改革后的变迁”的论文，

* 胡苗，硕士，甘肃省社会科学院农村发展研究所副研究员，主要研究方向为农村经济学。

在此之后，学者从不同学科、不同角度对农村社会事业进行研究，成果不断涌现，主要体现在：①农村公共产品的内涵、特征、分类；②农村公共产品供给现状与成因、供给结构及模式等。

一　研究数据及方法

（一）指标构建

结合研究区域的实际情况、数据的可获得性，在比较各类评价方法的基础上，从经济发展、基础设施、教育文化、医疗卫生、社会保障和生活环境六个方面构建评价指标体系。研究区域主要涉及85个县（市、区），其中不包括兰州市的城关区、安宁区，因为这两个区没有这方面涉农数据。

表1　农村社会事业指标构建

一级指标	二级指标
经济发展	人均GDP、人均第三产业增加值、农产品加工业产值、农村人均纯收入、农村居民人均消费支出、农业科技进步贡献率、农村网络零售率
基础设施	设施农业占地面积、农田灌溉水有效利用系数、涉农产业园区个数、农村居民每百户年末家用汽车拥有量
教育文化	农村义务教育专任教师本科及以上学历比例、万人中小学学校数、万人中小学教师数、万人中小学在校学生数、万人公共图书馆图书总藏量、万人剧场、影剧院个数、万人体育场馆个数
医疗卫生	万人医疗卫生机构床位数、万人执业（助理）医师数
社会保障	各种社会福利收养性单位数、城乡居民基本养老保险参保人数、城乡居民基本医疗保险参保率、农村居民最低生活保障人数
生活环境	污水处理厂数、垃圾处理站数、草原综合植被覆盖度、畜禽粪污综合利用率、森林面积

（二）具体测度方法

1. 社会事业发展指数

参照发展与民生指数来衡量农村社会事业供给。指数的计算与合成借鉴了联合国人类发展指数（HDI）等有关方法，根据指标的上、下限阈值来计算各个指标的评价指数（即无量纲化），指数介于0与1之间，根据指标权重合成分类指数和总指数，数值越大说明农村社会事业发展的程度越高。①由于代表社会事业发展的各单项指标的性质存在正向和逆向之分，所以数据无量纲化处理有以下两个公式：②

（1）对于正指标，采用公式：$A_{ij}=\frac{x_{ij}-min(x_{ij})}{max(x_{ij})-min(x_{ij})}$

（2）对于逆指标，采用公式：$A_{ij}=\frac{max(x_{ij})-x_{ij}}{max(x_{ij})-min(x_{ij})}$

式中，A_{ij}表示某项指标经过无量纲化处理后的数值，x_{ij}代表某项指标的原始数值，max（x_{ij}）和min（x_{ij}）分别代表2018年单项指标中的最大值和最小值。

将社会事业发展指数评价指标体系中的指标无量纲化后的数值与其权重按公式计算就得到社会事业发展指数：

$$Y_{ij}=\frac{\sum_{j=1}^{n} Y_i W_j}{\sum_{j=1}^{n} W_j}$$

式中，Y_{ij}为社会事业发展指数，Y_i表示某项指标经过无量纲化处理后的数值，W_j代表权重。

2. 泰尔指数

泰尔指数是利用信息理论中熵的概念来计算收入不平等程度的指标，取值介于0与1之间，泰尔指数越大说明区域社会事业发展的差异越大，泰尔指数的优点在于可以细分社会事业资源配置的区域间差异（东部、中部、西部）和各区域内部差异的特点，并且可以直观地比较各区域间和各

① 《中国统计学：2011年地区发展与民生指数（DLI）报告》，环球网校，2013。

② 戚学祥：《省域基本公共服务均等化指标体系建构及其运用——基于四川省的实证研究》，《经济体制改革》2015年第2期。

区域内省份间的社会事业发展资源分配的公平性。[①] 泰尔指数计算公式为：

$$T = y_i \sum_{i=1}^{n} \ln \frac{y_i}{p_i}$$

其中：y_i是第 i 个区域社会事业供给占总供给比重，p_i第 i 个区域的人口数占总人口数的比重。那么，当 $T>0$ 时，说明该区域享有的社会事业供给权重大于其人口权重，在资源分配中占有利地位，且 T 越接近于 0，其有利地位越不明显；当 $T<0$ 时，说明该区域享有的社会事业供给权重小于其人口权重，在资源分配中占不利地位。

（三）资料来源

在数据收集中，强调了数据来源的公开性与权威性。本研究采用的基础数据来源于甘肃省统计局提供的 2018 年统计数据。

二　甘肃省农村社会发展水平测度

根据 2018 年甘肃省农村社会事业相关数据，运用多元统计聚类方法，从综合指数、经济发展、基础设施、教育文化、医疗卫生、社会保障、生活环境 7 个方面对甘肃省 85 个县（市、区）农村社会事业发展情况进行对比分析，进一步了解其所处的梯队以及发展的不均衡。

（一）农村社会发展的不平衡分析

为了较为准确地分析甘肃省农村社会发展的区域差异，基于县级层面的视角，对相关数据进行整理汇总后，其描述性统计分析结果如表 2 所示。从离散程度看，甘肃省县域农村社会事业发展综合指数变异系数为 18.718，小于 6 项一级指标的变异系数，说明县域间农村社会发展的整体情况相对于

① 张靖卓：《我国公共服务均等化的区域差异研究》，中国优秀硕士学位论文全文数据库，2014。

分项指标来说不平衡特征并不十分显著。但从内部差异看，变异系数最大的为医疗卫生 58.688，县域之间不平衡特征显著；最小的两指标为教育文化和生活环境，不平衡特征相对不明显；从分布上看，数据的偏度系数均大于0，峰度系数均小于3，属于高度偏态分布。

表 2　甘肃省县域农村社会发展指标描述性统计

项目	综合指数	经济发展	基础设施	教育文化	医疗卫生	社会保障	生活环境
平均	0.318	0.033	0.037	0.059	0.062	0.070	0.057
标准误差	0.006	0.001	0.002	0.002	0.004	0.002	0.001
中位数	0.318	0.029	0.036	0.056	0.056	0.065	0.056
标准差	0.059	0.011	0.020	0.016	0.037	0.022	0.013
方差	0.004	0.000	0.000	0.000	0.001	0.000	0.000
峰度	0.215	0.628	0.176	1.652	1.304	2.257	0.269
偏度	0.296	0.871	0.286	0.607	1.102	1.306	0.135
极差	0.317	0.054	0.096	0.096	0.187	0.115	0.068
最小值	0.169	0.009	0.001	0.018	0.004	0.040	0.019
最大值	0.486	0.063	0.098	0.115	0.190	0.155	0.087
求和	26.989	2.789	3.108	5.016	5.291	5.975	4.810
变异系数	18.718	34.804	55.778	26.801	58.688	31.718	22.870
观测数	85	85	85	85	85	85	85
置信度(95.0%)	0.013	0.002	0.004	0.003	0.008	0.005	0.003

（二）农村社会综合发展指数分析

对甘肃省 85 个县（市、区）聚类分析结果做象限图，得出农村社会发展的类型：在第一象限的县有 4 个，第四象限的县有 40 个，占总数的 51.77%；第二象限的县域有 35 个，占到 41.18%；第三象限的县域有 6 个，如图 1 所示。从整体上看，80%以上的县落在了第二、四象限，说明明甘肃省大多数县农村社会发展水平偏低，农村社会发展水平较低的县主要分布在临夏、陇南、甘南地区。近年来国家实行“乡村振兴”“精准扶贫”“区域发展”战略，甘肃省财政积极加大对贫困地区、民族地区的转移支付力度。在经济建设方面，加大支持藏区重大基础设施和民生项目建设的政策和资金；在扶贫攻坚方面，每年扶贫专项资金支持贫困县基础设施建设、产业培育、易地扶贫搬迁、劳动力培训等；在教育事业方面，对高海拔民族地区义务教育学校给予取暖补助，有力促进了贫困地区、民族地区农村社会事业的发展。这些地区虽然发展速度较快，但要实现甘肃省农村社会事业均等化发展，还需要一个很长的过程。

第二象限	第一象限
皋兰县、永昌县、会宁县、景泰县等35个县(市、区)	七里河区、凉州区、肃北县、西峰区
第三象限	第四象限
临潭县、卓尼县、舟曲县、玛曲县、夏河县、文县等6个县	西固区、红古区、嘉峪关市辖区、金川区等40个县(市、区)

图1　农村社会事业发展象限图

（三）农村社会分项发展指数分析

从经济发展指数看，甘肃省农村经济发展水平处于第一层次的有七里河区、金川区、白银区、凉州区、甘州区、肃州区、嘉峪关市辖区、金塔县、瓜州县、玉门市、敦煌市11个县（市、区）；第二层次为西固区、红古区、肃南县、肃北县、阿克塞县；第三个层次为永登县、皋兰县、榆中县等24个县（市、区）；第四个层次为会宁县、景泰县、清水县等42个县（市、区），第五个层次为镇原县、彰县、文县3个县。

从基础设施指数看，甘肃省农村基础设施发展水平处于第一层次的有七里河区、西固区、红古区等37个县（市、区）；第二层次为榆中县、民勤县、古浪县；第三个层次为永靖县、天祝县、甘州区等19个县（市、区）；第四层次为白银区、秦安县、甘谷县等24个县（市、区）；第五层次为卓尼县、玉门市。

从教育文化指数看，甘肃省农村教育服务发展水平处于第一层次的为七里河区、西固区、红古区等个51县（市、区）；第二层次为肃南县、庄浪县、环县等10个县（市、区）；第三个层次为永昌县、甘州区、安定区、文县；第四个层次为平川区、清水县、张川县等18个县（市、区）；第五个层次为肃北县、阿克塞县。

从医疗卫生指数看，甘肃省农村医疗卫生发展水平处于第一层次的为七里河区、西峰区；第二层次为西固区、红古区、永登县等31个县（市、区）；第三层次为皋兰县、永昌县、靖远县等37个县（市、区）；第四层次白银区、肃南县、肃北县等7个县（市、区）；第五层次为高台县、山丹县、成县等8个县（市、区）。

从社会保障指数看，甘肃省农村社会保障发展水平处于第一层次的为七里河区、永昌县、景泰县等16个县（市、区）；第二层次为永登县、榆中县、靖远县等42个县（市、区）；第三层次为永登县、舟曲县等24个县（市、区）；第四层次为麦积区；第五层次为凉州区、临洮县。

从生活环境指数看，甘肃省农村生活质量发展水平处于第一层次的为七里河区、西固区、红古区等个21县（市、区）；第二层次为榆中县、靖远县等45个县（市、区）；第三层次为嘉峪关市辖区、秦安县、张家川县；第四层次为永昌县、麦积区、清水县等15个县（市、区）；第五层次为阿克塞县。

从上述数据可以看出，农村社会服务发展水平靠前的县（市、区）大多数分布在省会兰州、周边地区以及河西地区，一是这些地区经济发展程度较好，政府提供社会服务的能力也就较强；二是社会服务发展水平的测算是在人口和区域相结合的基础上，河西地区由于人口密度小，社会服务的发展水平处于优势地位；同时，经济发展程度较低的县（市、区）社会服务发展较快，这是由于近年来，甘肃省积极争取中央支持，加大财政转移支付力度，支持发展地方经济，县域间的社会服务朝着日趋均等化的方向发展。

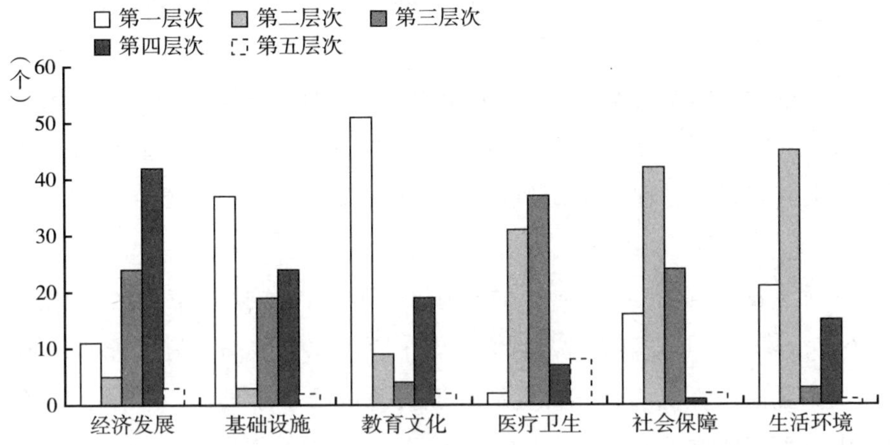

图2　基于聚类分析的各分项指标县（市、区）数量

（四）农村社会服务供给水平分析

通过泰尔指数分析农村社会发展水平的区域差异，2018 年甘肃省社会服务资源配置与人口权重相比，逐步趋于公平化。

1. 从农村社会服务各单项分解来看

农村基础设施泰尔指数小于 0 的县域有 38 个，占县（市、区）比重的 44.71%，其中，金昌市、武威市所含县域为 0 个，所占比重最高（除嘉峪关市所辖区）的为临夏州，说明其农村基础设施资源供给小于其人口权重，在资源分配中占不利地位。

农村教育文化泰尔指数小于 0 的县域有 33 个，占县（市、区）比重的 38.82%，其中金昌市指数大于 0，说明其教育资源供给大于人口权重，在资源分配中占有利地位。农村教育资源供给处于不利地位的市（州）中，县域所占比重最高（除嘉峪关市所辖区）的为酒泉市（54.36%）。这些地区将是农村基础教育发展的重点。

农村医疗卫生泰尔指数小于 0 的县域有 53 个，占县（市、区）比重的 62.35%，农村教育资源供给处于不利地位的市（州）中，县域所占比重最高（除嘉峪关市所辖区）的为张掖市（62.34%）。这些地区将是农村医疗卫生发展的重点。

农村社会保障泰尔指数小于0的县域有34个，占县（市、区）比重的40.00%，其中，所占比重最高（除嘉峪关市所辖区）的为金昌市、平凉市，说明其农村社会保障资源供给小于其人口权重，在资源分配中占不利地位。

农村生活环境指数小于0的县域有23个，占县（市、区）比重的27.06%，其中，平凉市所含县域为0个，所占比重最高（除嘉峪关市所辖区）的为金昌市，说明其农村生活环境资源供给小于其人口权重，在资源分配中占不利地位。

85个县域中，只有民勤县的4项农村社会服务供给水平指数都大于0，和政县、广河县和成县这4项指标的泰尔指数均小于0，说明从县域层面观察，98%以上的县域各项农村社会服务供给水平小于人口权重，在资源供给中处不利地位。

2.从市（州）层面观察

14个市（州）中，没有1个市（州）的6项社会服务供给水平泰尔指数都大于0，其中，天水市、武威市这6项指标的泰尔指数均小于0，这说明从市（州）层面观察，甘肃14个市（州）社会服务供给水平没有具有绝对优势的城市。

特别指出的是，兰州市作为省会城市，其社会服务供给水平并未显示出应有的首位度。近几年，兰州市发展水平和发展能力与人口总量相比较，都处于相对不足的状态，可能由以下两个方面的客观因素导致：一是甘肃省和兰州市经济发展水平较低，自我投入能力弱，导致兰州作为省会的首位度不足，进而教育、文化、医疗、社会保障、基础设施建设供给方面的经济投入能力不足；二是兰州“两山夹一谷、沿黄河狭长分布”的自然地理环境限制了城市增容、建设以及城区之间的相互交融，导致教育、基础设施、生态环境等服务硬件不足。

三 甘肃省农村社会事业发展的影响因素分析

（一）农村社会发展的外部因素分析

甘肃地处中国西北部，经济社会发展水平较低，城乡二元结构特征明显，自我发展能力较弱，相应地，社会服务保障和发展能力也有很大不足。主要体现在以下两个方面。一是供给能力弱。2018 年，甘肃省社会服务中的教育、医疗卫生和计划生育、社会保障和就业等三项社会服务支出合计占 GDP 的比重为 1.77%，仅为全国平均水平（8.4%）的 1/5，社会服务领域的财政投入比重明显偏低。二是均等化水平低。甘肃社会服务供给均等化水平与东部、中部地区还存在较大的差距，并且这种差距还在不断扩大。造成这一现象的主要原因如下。

经济实力分析。甘肃省经济基础较薄弱，经济总量在全国各省中仍排名靠后，2018 年受固定资产投资大幅下降等因素影响，甘肃省经济增速出现大幅下滑。此外，受传统产业结构转型升级缓慢、资源环境约束趋紧等多重因素影响，甘肃省工业经济发展持续回落，第二产业增加值首次出现负增长，以文化旅游为龙头的第三产业成为拉动全省经济增长的绝对主力。

财政实力分析。甘肃省一般公共预算收支平衡能力偏弱，财政平衡对上级补助的依赖度很高，近年中央对甘肃省在扶持贫困地区、退耕还林、地质灾害综合防治、少数民族地区补贴等方面给予的政策和财政资金支持力度很大，对甘肃省综合财力支撑作用显著。2018 年前三季度，受一般公共预算支出比收入增速高的影响，甘肃省一般公共预算自给率进一步降低至 23.31%。

（二）农村社会发展的内部因素分析

运用熵值法，对 2018 年甘肃省 85 个县（市、区）的农村社会发展指数数据进行处理，再通过经济发展、基础设施、教育文化、医疗卫生、社会保障、生活环境各变量与综合发展指数的相关性分析，来反映农村社会事业分项指数对综合情况的影响强弱。

从表3可以看出，甘肃省农村社会发展各分项指数与综合得分的相关性基本为显著相关和高度相关，其影响力和驱动力由强到弱依次为：医疗卫生（0.772）、基础设施（0.636）、经济发展（0.599）、社会保障（0.298）、教育文化（0.280）、生活环境（0.026）。

表3 甘肃省农村社会事业总体质量得分与各分项得分的相关性

项目		经济发展	基础设施	教育文化	医疗卫生	社会保障	生活环境	综合发展
经济发展	Pearson 相关性	1	0.438**	0.060	0.608**	-0.138	-0.371**	0.599**
	显著性(双侧)		0.000	0.589	0.000	0.208	0.000	0.000
基础设施	Pearson 相关性	0.438**	1	-0.096	0.248*	0.252*	-0.059	0.636**
	显著性(双侧)	0.000		0.382	0.022	0.020	0.591	0.000
教育文化	Pearson 相关性	0.060	-0.096	1	0.226*	-0.292**	0.028	0.280**
	显著性(双侧)	0.589	0.382		0.038	0.007	0.796	0.009
医疗卫生	Pearson 相关性	0.608**	0.248*	0.226*	1	-0.136	-0.244*	0.772**
	显著性(双侧)	0.000	0.022	0.038		0.214	0.024	0.000
社会保障	Pearson 相关性	-0.138	0.252*	-0.292**	-0.136	1	0.113	0.298**
	显著性(双侧)	0.208	0.020	0.007	0.214		0.302	0.006
生活环境	Pearson 相关性	-0.371**	-0.059	0.028	-0.244*	0.113	1	0.026
	显著性(双侧)	0.000	0.591	0.796	0.024	0.302		0.814
综合发展	Pearson 相关性	0.599**	0.636**	0.280**	0.772**	0.298**	0.026	1
	显著性(双侧)	0.000	0.000	0.009	0.000	0.006	0.814	

注：**表示在0.01水平（双侧）上显著相关，*表示在0.05水平（双侧）上显著相关；相关系数|r|在0.8~1.0是极强相关，0.6~0.8是强相关，0.4~0.6是中等程度相关，0.2~0.4是弱相关，0.0~0.2则是极弱相关或无相关。

根据相关程度的高低，可以看出6项评价内容中，医疗卫生、基础设施、经济发展与农村社会发展综合指数的相关系数比较高，是甘肃省农村社会事业发展的最重要推动因素；社会保障、教育文化、生活环境对农村社会发展的服务推动力较小。这个结论也可以在一定程度上说明甘肃省在农村社会发展方面，比较关注医疗卫生、基础社会、经济发展类建设，而对生活性公共服务的建设有所欠缺，尤其是在教育文化服务和生活环境服务方面还存在诸多不足，在加强基础设施区域配置的同时，民生类、生活性公共服务同样也是甘肃省提高农村社会发展需要努力和加强的方面。

四　甘肃省农村社会事业发展的路径探索

（一）建立并完善财政支持体制

面临经济下行和财政收入下降的压力，一是需要优化政府财政支出结构，一方面大力压减一般性开支和非公共性开支，另一方面加大对信息服务、科技服务等社会服务领域的投入，不断提高社会服务支出比重，尤其是向信息、科技等公共领域倾斜，建设和提升区域间基础教育、医疗卫生等软实力；二是根据泰尔指数得出的结论，应在推动全面发展的基础上，根据各类资源的分布情况，提高农村社会服务投入的效率，将其投在最亟待改善的领域，解决投入失衡问题；三是合理分配支出，使公共财政资金向欠发达地区、农村倾斜，推进甘肃农村社会服务均等化。

（二）构建信息开放与共享平台

构建社会事业资产信息开放系统。整合部门资源，定期督促各部门把自己部门相关资产总量、存量等数据上传到统一的开放系统中，并及时更新，在出现某种特定资源短缺的情况下，首先应查找开放系统中其他部门是否存在闲置资产，优先调剂闲置资产，然后再考虑购置新的资产，做到资源的充分利用。此外，对于过量的社会事业资产，可通过租赁、转让等方式，为社会其他单位提供社会服务，促进社会资源的合理配置利用。

（三）创新多元化农村社会发展融资渠道

政府是推进区域社会服务均等化的主导者，其财政能力状况直接决定其提供社会服务的能力。一是进一步加强中央转移支付在甘肃区域财力再分配中的作用，努力缩小省内各区域内财力差异。二是丰富“对口支援”形式并加大力度。做好中央和国家机关及企事业单位、发达省市对口支援和帮扶地区的争取和对接工作，特别是争取在资金、项目、人才、技术和适合区域发展模式的特色产业等方面加大帮扶力度。三是结合当前全省开展的扶贫攻坚行动，积极争取各帮扶部门和单位的资源，帮助解决贫困村教育、医疗、养老、低保、救助、产业发展、扶贫贷款、农业保险等方面的具体困难和问题。四是积极拓展社会力量助力公共服务的领域，通过政府购买服务的方式，加快农村社会事业的发展。

（四）健全社会事业科学管理机制

一是建立政府社会事业管理绩效考核体系，以社会事业资源配置均等化为重要考核指标，量化考核各地区社会事业发展情况，通过考核来避免政府部门着重关注经济建设而对社会事业建设动力不足的问题；二是完善社会事业资源供给决策过程的公众参与机制，可通过公众会议、议题评价、咨询委员会、焦点团体等途径收集民意，使资源供给能够反映公众的偏好，促进供求的结构均衡；三是建立社会事业纠错问责机制，加强对当前工作中存在问题的整改和督查，防止只问责而不解决问题。要建立后续跟踪管理体系，通过一事一查、一事一纠，真正释放问责的正能量，彰显问责的原初价值，更好地激发干部担当作为。

参考文献

唯党臣：《农村公共产品供给结构研究》，中国社会科学出版社，2009。

李斌、李拓、朱业：《公共服务均等化、民生财政支出与城市化——基于中国286个城市面板数据的动态空间计量检验》，《中国软科学》2015年第6期。

李敏纳、覃成林、李润田：《中国社会性公共服务区域差异分析》，《经济地理》2009年第6期。

王楠楠、王益澄、马仁锋等：《山东半岛与长三角、珠三角城市群综合竞争力比较研究》，《宁波大学学报》（理工版）2015年第4期。

任强：《中国省际公共服务水平差异的变化：运用基尼系数的测度方法》，《中央财经大学学报》2009 年第 11 期。

马慧强、韩增林、江海旭：《我国基本公共服务空间差异格局与质量特征分析》，《经济地理》2011 年第 2 期。

陈昌盛、蔡跃洲：《中国政府公共服务：体制变迁与地区综合评估》，中国社会科学出版社，2007。

胡陶：《基于财政视角的公共服务均等化问题研究》，《改革与开放》2017 年第5 期。

肖育才、谢芬：《转移支付与县级基本公共服务均等化》，《西南民族大学学报》（人文社科版）2016 年第 37 期。

张明等：《东北地区基本公共服务失配度时空格局演化与形成机理》，《经济地理》2015 年第 3 期。

B.7

甘肃现代丝路寒旱农业发展研究

李　晶*

摘　要： 现代丝路寒旱农业是结合甘肃实际情况，坚持质量兴农、绿色兴农、品牌强农，深入挖掘寒旱农业发展潜力，探索具有“现代”方向引领、“丝路”时空定位、“寒旱”内在特质、“甘味”知名品牌的新时代农业发展路子，是新时代中国特色社会主义思想下“兴农”“强农”重要农业战略布局，是甘肃省广大人民集体智慧的结晶。本报告以甘肃省现代农业发展为背景，全面总结现代丝路寒旱农业的概念、发展现状、发展优势和存在的问题，并借鉴国外现代农业发展的成功经验，科学研判现代丝路寒旱农业发展的具体路径，从构建优势产业体系、生产组织体系、产销对接体系、风险防范体系、改革创新体系及绿色循环体系的角度提出了对策建议。

关键词： 现代农业　寒旱农业　一带一路　甘肃省

甘肃地处我国内陆干旱半干旱地区，受地理环境和气候类型的双重影响，其农业发展水平与发达国家及国内发达省份存在一定差距。“十三五”时期，甘肃省农业农村发展驱动力发生深刻变化，农业科技的支撑引领作用日益凸显。在农业现代化进程中，以“现代”为引领方向，抢抓“一带一

---

* 李晶，博士，甘肃省社会科学院农村发展研究所，主要研究领域为农业生态水文。

路”建设机遇，结合甘肃实际情况，提出发展具有甘肃特色的“现代丝路寒旱农业”新模式。因此，在致力于发展现代农业的背景下，分析甘肃寒区旱区农业发展现状，总结其发展过程中存在的问题及成因，科学研判农业现代化发展的具体路径，制定现代化农业发展对策，对甘肃实施乡村振兴战略和脱贫攻坚具有重要的现实意义。

一 甘肃现代丝路寒旱农业的概念及特点

（一）现代丝路寒旱农业概念的提出

甘肃干旱高寒、天干地不干的气候特点是发展数量型农业的“短板”，但逐渐成为发展绿色有机高质量农业的优势。在“一带一路”倡议背景下，以习近平新时代中国特色社会主义思想为指导，结合实施乡村振兴战略，认真贯彻中央“一号文件”精神，甘肃省省长唐仁健提出发展具有甘肃特色的现代丝路寒旱农业，对深入推进农业供给侧改革，不断推动农业转型升级和高质量发展，全面实施乡村振兴战略具有重要的意义。

唐仁健指出，甘肃地处我国内陆干旱半干旱区，具有地理过渡性强、气候干旱高寒、土地资源丰富等自然禀赋，同时农耕发展历史悠久、工业干扰小、环境承载力大，发展天然有机、特色化、多样化绿色高质量农业具有一定优势。近年来，甘肃省农业发展正处在转型升级的重要窗口期，现代化农业发展已初具规模。发展现代丝路寒旱农业是结合甘肃实际情况，抢抓“一带一路”倡议机遇，挖掘高寒干旱特色农业蕴含的“绿色有机”特质，发挥农耕文化底蕴深厚、与丝路沿线国家和地区农业交往历史悠久的独特优势，紧盯多样化、优质化、特色化农产品市场消费需求，坚持质量兴农、绿色兴农、品牌强农，努力走出一条具有“现代”方向引领、“丝路”时空定位、“寒旱”内在特质、“甘味”知名品牌的甘肃特色农业发展路子，在全国形成错位发展格局，加快实现特色农业大省向特色农业强省转变。

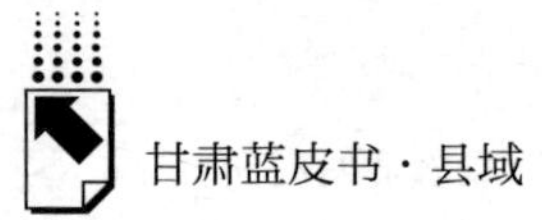

（二）寒区旱区的划分

1. 寒区的划分及分布

“寒区”，顾名思义，与“暖区”“热区”相对应，温度是寒区界定的关键指标。最早加拿大定义寒区的标准有：①最冷月平均气温低于零下3℃，②月平均气温高于10℃的月份不超过4个月，③河流、湖泊封冻期在100d以上，④50%以上的降水为固态降水。① 但中国幅员辽阔，经纬度及地面高程跨度较大，寒区的划分应考虑多年冻土区、冰川区及稳定性季节积雪区。参考加拿大寒区定义标准并结合中国实际情况，最终划分的中国寒区面积为$417.4\times10^4km^2$，占陆地面积43.5%，主要分布在黑龙江省、吉林省东部及北部地区，辽宁省东部千山、龙岗山地区；山西地区的太行山高山区、五台山、恒山等地区；蒙古高原及其周围的贺兰山等地区；陕西地区的秦岭高山区；新疆天山、天山南部的哈尔克山及阿尔泰山等地区；青海全省；四川大雪山、邛崃山等地区；青藏高原南部的横断山高山区等地区；甘肃省祁连山地区、陇南的岷山地区、河西走廊北山及马鬃山地区以及甘南地区。②

2. 旱区的划分及分布

旱区的划分通常以降水量为界定指标，将降水量低于400mm、200mm的地区划分为半干旱区和干旱区。③ 我国干旱半干旱区主要分布在秦岭—淮河以北，占全国总面积50%以上，其中，80%以上的干旱半干旱地区集中分布在西北地区，包括新疆、青海、甘肃、宁夏四省的全部地区、陕西关中平原和陕北高原地区及内蒙古高原地区，因此，干旱是西北地区最主要的气候特征，也是制约社会经济发展的关键因素。西北旱区地貌类型丰富多样，如绿洲、沙漠、戈壁、沙地等，降水量少、降水分布不均匀、日照时间长、昼夜温差大、太阳辐射量大是其气候主要特点。

---

① 杨针娘：《中国寒区水文研究》，《中国地理学会水文专业委员会第六次全国水文学术会议论文集》，科学出版社，1997。

② 陈仁升等：《中国寒区分布探讨》，《冰川冻土》2005年第27期。

③ 李莉：《干旱半干旱地区居住区植物配置研究》，西北农林科技大学硕士学位论文，2013。

（三）甘肃寒旱农业的特点

1. 寒区农业的特点

地处青藏高原东部及东北部边缘的甘南及祁连山地区是甘肃省典型的高寒脆弱区，其农业发展受气候条件、人类活动的影响较大。甘南地处甘、青、川三省交界，气候寒冷湿润，年均温低于3℃，年降雨量在400～700mm，大部分地区长冬无夏，春秋较为短促；区域内的水系主要有黄河干流、洮河、大夏河等河流，在甘南地区的流域面积达3.06万平方公里；植被类型以高寒草甸、灌丛和山地森林为主。甘南寒区农业的主要特点有：①由于独特的地理气候条件，该地区以耐寒性强、生育期短的油菜、青稞、马铃薯、豌豆、燕麦等为主要种植作物，同时还大力发展藏药材、反季节蔬菜、优质牧草等特色种植业；②受人文环境地域差异的影响，甘南高原内作物熟制和植被类型存在明显差异，如东南部的岷跌山地区农作物为一年两熟或两年三熟，以发育森林和草地为主，东北部及西部地区农作物通常为一年一熟，植被以草原化草甸、亚高山草甸、亚高山灌丛草甸为主；③根据农业生产模式，甘南地区可划分为农区、半农半牧区和纯牧区。可见，“农业发展为主，农牧互补发展”是甘南地区农业产业化发展的主要模式，但农区面积少，农牧比例失调，农业经济布局不合理，农业资源浪费严重是该地区农业发展面临的阻碍和挑战。

祁连山及河西走廊北山地区深居内陆，气候干燥，年降水量较少，与甘南寒冷湿润的气候相比存在很大差异。由于祁连山区山地呈东西走向，又是暖湿气流的尾闾区，阻滞水汽和冷空气的运行，降雨量由东至西呈逐渐降低趋势，东西之间农业差异也更为明显：①祁连山东段地处青海省境内，森林草原分布广泛，林牧业是农区的主要优势产业，耕地主要分布在海拔2700m以下的宽谷和低山，面积为570余万亩，降雨量为300～500mm，雨养农业可勉强维持；②中段为农牧交错区，草原辽阔，适宜牧业发展，但降雨量比东段较少（200～300mm），处于没有灌溉就没有农业的状态；③西段主要为荒漠高原和草原带，该区域无种植业。祁连山寒区农业生产亦存在一定的垂直变化：①海拔 2500m 以下、日平均气温高于 10℃的地区可满足耐寒喜凉作物生长发育需求，如小麦、马铃薯、青稞、油菜类作物等；②海拔为 2500～3400m，可种植作物受到限制；③海拔 4200m 以上为永久冰雪带，农牧业生产均不能实现。

2. 旱区农业的特点

面积辽阔的干旱半干旱区不仅是世界人类古代文明的发祥地，而且在现代农牧业生产中占有相当重要的地位。甘肃地处西北干旱内陆区，降水量少、变率大、季节分配不匀，农业干旱频率高是制约该地区粮食生产和社会经济发展的主要因素。此外，生态环境脆弱、土壤盐碱化程度高、荒漠化程度加重等一系列问题，严重影响着甘肃现代农业的发展。根据自然地理条件可将甘肃旱区划分为：①中部旱作农业区，包括黄河、洮河流域灌溉区的兰州、临洮、白银等地，农业发展以中药材、马铃薯等为主要种植作物，同时还发展蔬菜、花卉及特色养殖业；②陇东雨养农业区，主要指天水东部、平凉、庆阳等地，农业以梯田及高原平地粮油作物为主，如冬小麦、油菜籽、玉米等，同时还发展牛羊养殖业；③河西灌溉农业区，主要指河西五地市（武威、金昌、张掖、酒泉、敦煌），气候类型与新疆内陆沙漠区一致，以现代种业、种养业循环、戈壁生态农业为主，同时发展畜牧业。

二　甘肃寒旱现代农业发展现状、优势及存在的问题

（一）发展现状

1. 农业产业化发展现状①

甘肃独特的地理环境，多样性的气候条件，多民族的大杂居、小聚集等因素，使农业发展在区域范围内呈现较大的差异性。在现代丝路寒旱农业的

① 本部分涉及的2018年数据均来自《2019甘肃省统计提要》。

布局上，充分发挥区域特色优势，以牛羊菜果薯药和现代种业为主攻方向，立足“独一份”“特别特”“好中优”“错峰头”农业资源优势，坚持“大特色”与“小品种”一起抓，着力构建“一带五区”现代农业发展格局。“一带”则指以临夏州、兰州市和白银市等市州为主的沿黄产业带，重点发展高原夏菜、瓜果、奶牛和生猪等设施种养殖高效农业及都市型农业。①“五区”则考虑到甘肃气候类型、地理、地势及现有农业产业布局，包括以玉米制种业、绿色有机蔬菜瓜果、戈壁生态农业、种养业循环为主的河西灌溉农业区；以高原平地粮油作物、优质苹果、现代肉牛肉羊产业为主的陇东雨养农业区；以中药材、马铃薯脱毒种薯繁育产业为主的中部旱作农业区；以林果、蔬菜、现代畜牧业为主的陇南山地特色农业区；以牦牛、藏羊、藏药等为主的甘南及祁连山干旱草地农牧交错区。

2. 特色农业发展现状

为充分发挥独特的气候、地形、生态等资源优势，主动适应市场需求，甘肃省加大结构调整力度，着力构建具有甘肃特色的优势产业布局，形成了“牛、羊、菜、果、薯、药”六大特色产业。甘肃省马铃薯种植面积与产量连续十几年位居全国第二，形成中部高淀粉及鲜食型、河西休闲食品与全粉加工型、陇南与天水早熟鲜食型及高海拔冷凉地区脱毒种薯繁育型四大优势生产区域；加工企业规模和数量不断增加，全省已建成规模以上加工企业100 余家，鲜薯年加工量达 400 余万吨。2018 年，全省牛出栏 201. 9 万头，增长 1. 8%；羊存栏 1885. 9 万只，增长 2. 5%，羊出栏 1462. 8 万只，增长 3. 4%；生猪存栏 545. 2 万头，下降 1. 1%，生猪出栏 691. 6 万头，增长 1. 3%。全省有畜牧产品加工企业 330 余家，国家重点龙头企业 6 家、省级重点龙头企业 82 家。2018 年，全省蔬菜种植面积 35. 3 万公顷，增加 1. 6 万公顷，产量达 1292. 6 万吨，比上年增产 6. 6%，形成河西灌溉农业区、沿黄灌溉区、泾河流域、渭河流域和“两江一水”流域五大优势产区；全省

① 《“十三五”期间甘肃省构建“一带五区”现代农业发展格局》，中国甘肃网—甘肃日报，2017 年 6 月 5 日。

有蔬菜加工企业485家，国家重点龙头企业3家，省级重点龙头企业43家。林果种植面积157余万公顷，总产量达680余万吨，其中，苹果产业最具发展优势，全省拥有18个国家级苹果种植重点县，建有6个省级苹果良种苗木繁育基地。中药材种植面积和产量均位居全国第一，主要分布在陇南、定西地区；重点药材品种267种，包括当归、党参、黄芪、大黄、鹿茸、冬虫夏草等道地药材和珍稀药材；全省有中药材加工企业574家，国家重点龙头企业两家，省级重点龙头企业44家；药材品质逐步向精细化、品牌化方向发展。甘肃拥有全国最大、产业化水平最高的玉米制种、马铃薯脱毒种薯生产基地，其中，制种玉米种植面积10余万公顷，年产种60余万吨，均位居全国第一；全省有种子加工企业150余家，国家重点龙头企业两家，省级重点龙头企业43家，形成了制种优势产业集群。

3. 农业基础设施发展现状①

甘肃省农业基础设施发展态势良好，各地立足实际，创新思路，有计划、有步骤地在河西、中部、陇东、陇南等重要农业生产区建设了一定规模的农业基础设施，推进农业生产条件持续改善。全省建成水库383座，其中大型水库9座、中型水库42座、小型水库332座；拥有引大入秦工程、景电提灌工程、疏勒河灌区工程、黑河灌区工程、石羊河灌区工程、东乡南阳渠灌溉工程等重点水利工程；全省水利工程年供水量达110.91亿立方米，为农业年供水达84.37亿立方米；发展有效灌溉面积1192.89千公顷，占耕地面积的33.5%，水平梯田面积2098.8千公顷，占耕地面积的58.95%，条田面积315.03千公顷。

4. 农业机械化发展现状

农业机械装备方面，甘肃省积极实施农机购置补贴政策。2005～2017年，农机购置补贴资金40余亿元，农业机械装备总量不断上升。截至2017年，农业机械总动力达2018.59万千瓦，主要农作物耕种收综合机械化水平达79.05%，拥有农用大中型拖拉机18.87万台，农用排灌柴油机2.79万

① 《甘肃发展年鉴》（2018年）。

台，联合收割机 1.01 万台，机动脱粒机 28.1 万台。[①] 此外，为加快农机化新技术新机具推广工作，建立国家级现代农业示范区 5 个、省级示范区 104 个，形成玉米、马铃薯、中药材、林果、蔬菜、牧草生产机械化示范面积 7000 余公顷，形成分作物、分区域全程机械化模式 54 个。同时，甘肃省注重农业机械化领域高层次人才的培养和科研平台的建设工作，拥有较为完整的学士、硕士、博士多层次人才培养体系，建立多个国家级、省级工程技术研究中心和重点实验室，省内高校科研院所承担多项农机相关的国家级、省级重大专项课题。

5. 农业信息化发展现状

农业信息化是发展现代农业和精准扶贫的重要手段。随着信息技术的快速发展，甘肃省狠抓农业信息化工作，在农业信息化基础设施建设、农业信息技术应用、农村电子商务发展、农业信息化服务体系建设等方面取得成绩。甘肃省农村行政村光纤网络覆盖率达到 99.9%，为农村农业信息应用推广工作的有序进行提供良好保障，进而一批农业企业网和涉农网站在甘肃省涌现出来，如甘肃农业信息网、菁茂农业、爽口源、中天羊业等农业企业网，以及甘肃农业经济网、甘肃新农村网、甘肃新农村商务网等涉农网站，起到提供农业技术服务、报道“三农”工作动态、发布农业市场信息、普及农业政策法规的作用。针对特色农业产业的发展需求，甘肃省建立了诸多涉农服务平台及数据库，形成农业农情监测预警体系。农业物联网试点工作的推进，实现了农业精准化生产、科学化管理、智能化服务。农村电子商务平台的建立及模式的不断创新，提高了农产品电子商务交易额，促进了本土农村电商龙头企业的发展，带动了甘肃农村经济发展迈上新台阶。农业信息化服务系统方面，“12316 三农服务热线”的完善及益农信息服务社的兴起，有利于广大农民群众解决农业生产中遇到的技术问题，为新型经营主体提供便捷、优质、高效的生产和生活信息服务。

---

① 《甘肃发展年鉴》(2018 年)。

（二）发展优势

1. 政策机遇

甘肃省地处丝绸之路经济带黄金段，是农耕文明的发祥地，农业对外合作交流历史悠久。面对国家“一带一路”建设和乡村振兴战略的实施，甘肃省亟须挖掘现有农业资源，顺应农业供给侧结构性改革的要求，积极调整发展重点，大力转变发展方式，在稳定国内市场的前提下，积极拓展国际市场，通过不断适应农业国际贸易发展环境，推动农业“走出去”和“引进来”结合，着力提升两种资源两个市场的利用能力，为实现甘肃省农业农村现代化目标做出新的贡献。共建“一带一路”国家大多是发展中国家，农业比重大、资源禀赋好，与甘肃农业发展在产业间和产业内部具有很强的互补性和契合度。如能专注机遇、善加运用，将有利于甘肃省开拓共建丝绸之路国家农产品市场，发挥特色农业优势，不断深化农产品经贸合作和提升国际竞争力，给甘肃省农业“走出去”提供了良好的政策环境。

2. 自然优势

甘肃省地域辽阔，人均耕地面积高于全国平均水平，因干旱少雨不能利用或未合理利用的非耕地面积达 1934.8 万公顷，主要集中在河西地区。丰富的土地资源对发展现代农业优势突出，尤其河西广袤的土地资源是发展戈壁生态农业的必备条件。此外，河西地区具有光照时间充足、昼夜温差大、土地资源丰富、灌溉基础良好等特点，对节水农业、戈壁设施农业、制种产业等发展提供良好条件。黄河、洮河流域沿岸地区土壤肥沃、气候凉爽，是城郊型农业和都市型农业发展的优势区。中部旱作农业区黄土深厚，为发展优质马铃薯、中药材和种植林果奠定良好基础。陇南山地地势陡急、山高谷深、水资源充沛，具有发展山地农业和现代畜牧业的潜力。甘南及祁连山高寒草地农牧交错区气候寒冷湿润、牧草丰富，具备发展藏药材、反季节蔬菜、优质牧草等特色种植业的优势。

3. 产业优势

自1992年实施“农业结构调整”措施以来，甘肃省农业产业化发展迅速，特色农业布局逐渐优化，形成了以定西为主的马铃薯种植及加工基地、甘南牛羊养殖基地、河西灌区蔬菜花卉生产基地、河西杂交玉米制种基地、定西中药材生产基地和陇东林果生产基地，为地区农业现代化发展奠定基础。各类新型农业经营主体蓬勃发展，全省有农业产业化龙头企业3100余家、国家重点龙头企业27家、省级重点龙头企业400余家，带动了地区农业经济的发展。新型农业经营主体组建模式多样化，形成了“农民专业合作社+农户”“公司+农户”“企业+合作社+农户”等多种产业化高级组织形式。以电子商务为主要形式的新型流通模式快速崛起，形成了集农产品收购、加工、配送于一体的市场服务体系，并积极打造各类农业交流合作窗口和服务平台，为“甘味”农产品“走出去”提供有力支撑。

4. 技术支撑

甘肃省拥有众多农业高等院校和科研机构，农业科技成果转化的势能日趋凸显。兰州大学、甘肃农业大学及甘肃省农科院等高校院所开展马铃薯脱毒种薯繁育技术、全膜双垄沟播技术、优质葡萄酿酒技术、玉米制种技术、节水灌溉技术和特色农产品加工技术等方面的相关研究，中科院西北生态环境资源研究院致力于高寒干旱地区生态环境、自然资源和重大工程的研究。

（三）存在的问题

1. 特色农业产业规模小，标准化程度低

近年来，甘肃省大力发展特色农业，经济效益不断提高，但在产业规模、布局规划、标准建设上还存在诸多问题。部分地区特色农业产业化发展重点不够突出，结合区域内资源禀赋发展现代农业的布局不合理，专业化标准化生产推进速度缓慢，以上现状严重影响到特色产业的加工和出口，也影响到特色农业产业的可持续发展。主要原因是农村资金、劳动力、技术等生产要素市场发育相对滞后，小农经营繁多难控制。

2. 农业经营方式粗放，农业资源利用效率低

甘肃省绝大部分地区的现代农业发展状态处于初级阶段，仍通过开发利用自然资源获取农业经济效益，农业经营模式较为单一、粗放。这种典型的高开发、低产出的发展模式会产生农业垃圾，对自然环境保护造成负担，阻碍农业的可持续发展。

3. 农作物育种针对性不强，难以适应市场需求

长期以来，甘肃省农作物育种以产量为主要指标，对新品种的品质和商品性状重视不够，缺乏品种资源的创新思维，这些都成为制约甘肃省现代制种业发展的技术瓶颈。注重育种新品种的“产量”而忽略“质量”，造成的直接后果是新品种难以适应市场需求。

4. 农业机械化水平低，农机研发能力弱

甘肃省耕地细碎化使农业耕作机械通行难、机械作业困难，加上农民购置农机的积极性不高，多半购买小型农机，这一现状决定了小型农业机械占主导地位，农业机械化水平低。另外，甘肃省农机企业研发和制造农机能力较弱，与国内外发达国家或省份存在一定差距，影响现代农业快速发展。

5. 农民专业技能基础差，农业科技供给不足

农民是农业生产过程中的主体。甘肃省农村劳动力多为五六十岁的老人，文化程度低，农业专业技术掌握不全面，这就阻碍了先进农业技术的推广与应用，影响了现代农业的发展。此外，农业科技投入不足、科技供给不平衡也是甘肃省现代农业发展中存在的问题。尽管甘肃省农业科研机构致力于农业科技的研发工作，但所取得的突破性成果不多，可转化成果较少。

三　国外现代农业发展的成功经验及启示

（一）国外现代农业发展的成功经验

1. 美国模式

美国是世界上现代农业发展水平较高的国家。由于土地资源丰富、人

力资源短缺，提高劳动生产率是其农业生产过程中的主要目标。其现代农业发展历程中，农业机械技术占主导地位，发展模式高度依赖商业化的家庭农场、发达的市场体系和科技投入。在农业机械化程度视角下，美国农业现代化发展历程由最早的半机械化到现在的全面机械化，基本实现了农业全产业链机械化，农业生产过程中计算机、遥感技术、生物技术、化学技术等科技的运用，极大地提高了农业生产效率和产品附加值。结合美国实际国情，在市场竞争背景下，农业生产经营方式采用商业化程度高的“家庭农场”和“大农场”模式，使农业生产不断集约化、规模化和商业化。农业生产专业化、产业化也是推动美国现代农业迅速发展的关键因素。根据农业生产情况的差异性，形成具有地域特色的农业专业化生产模式，可有效降低农业生产成本，提高农业生产效率，已建有东北部地区 12 个州的畜牧草原生产带、中北部地区 9 个州的玉米生产带、北部和中部地区 9 个州的小麦生产带、南部地区 5 个州的棉花生产带以及太平洋沿岸的综合生产带，这五大生产带的农业生产和经营等环节由农业公司负责，并促成产业链的发展。[①] 农业产业化经营是将与农业生产相关的各个行业整合成一条有机的产业链，有效地将各行业和企业进行衔接和配合，形成产供销一体化，可实现资源的有效配置和生产要素的合理投入。其中，“纵向一体化”、“横向一体化”和“公司 + 农场”经营模式是美国较为突出的农业产业化经营模式。另外，现代农业的发展需要大规模的经济投入和政府扶持，美国联邦政府和各州政府通过对农业采取补贴政策、税收优惠政策、信贷支持政策及立法保障等手段来鼓励企业加大投资力度、保障农民经济收益、保证农业良性发展。同时，成熟的农业服务体系也是影响美国现代农业发展的重要因素。美国农业服务体系发展已有百年的历史，主要提供服务于农业生产的生产性服务，如科技支持、生产资料、信息服务、产品销售等，还提供服务于农村居民生活的农业服务，如改善农村基础设施、增强农业宣传与指导等。美国信息技术发达、信息化程度高的优

① 夏国华：《内蒙古赤峰市现代农业发展研究》，中国农业科学院博士学位论文，2017。

势为现代农业信息化建设奠定了良好基础，将信息化技术融入农业生产安排、成本控制、销售等各个环节上，形成了“精确农业”生产模式。这一模式的应用降低了农业生产成本，提高了农业生产力，提升了美国农业国际竞争力。

2. 日本模式

日本也是现代农业发展水平较高的国家，但农业发展条件与美国形成鲜明对比。日本土地资源匮乏、人口稠密、耕地面积少、粮食多数依靠进口，在此背景下，日本政府从粮食安全出发，实施适合日本资源禀赋特点的“特色农庄”和“一村一品”农业模式。这两种模式均依托政府的政策支持和财政补贴，以农村为单位发展区域特色农业，即每个村庄都根据本村的气候特点发展农业产业及延伸产业，如有机农产品、农业民俗文化、生态观光旅游等，使农业产业逐渐专业化、规模化、商品化和品牌化，极大地提高了农业生产效益。日本还建立了较为完善的农村金融市场体系和农业法律体系。在农村金融市场体系方面，建立金融机构，利用政策帮扶农户或企业申请资金，并且在偿还利息和贷款期限方面给予优惠政策；在农业法律体系方面，制定一系列保护农民利益和支持农业健康发展的法律，形成较为完善的农村法律体系，如《农地法》、《肥料管理法》、《农作物种子法》和《农业保险法》等。同时，日本建立了地方农业协作组织，该组织由农民自发组织，地方政府管理，主要职责是对日本农业的现代化发展提出建议和要求。此外，日本还拥有完善的农业科研、农业科技教育培训体系和优良的农村公共产品供给体系，为推动现代农业的良性发展做出一定贡献。

3. 法国模式

法国是欧洲农业生产大国，也是农业现代化水平较高的国家。土地资源和劳动力资源较为均衡，现代农业发展过程中采用节约劳动力与土地并重模式，农业发展特点与美国、日本相似，如农业机械化水平高、经营模式种类多、农业生产专业化和商品化程度高及农业与工商业结合程度高等。除以上特点外，法国农业发展还注重农业的高度专业生产和区域化布局，即针对法国各地区资源禀赋、历史文化、市场需求的特点，对各区域农业进行合理的生产布局，形成了诸多农业专业化商品产区，如南部的果菜区、巴黎盆地的耕地区及西部的产奶区和畜牧区等。现代农业发展过程中，法国极其重视生态保护与农业可持续发展，即在保障农业经济收益的前提下，兼顾农业与环境的和谐发展和生物多样性的保护。对此，法国政府制定了多项与生态环保农业发展相关的政策措施，以强调农业生产过程中的生态环境保护。与美国、日本等国家相似，法国也拥有完善的农业服务体系。如农业合作社是农业生产各个环节有序对接的重要纽带和桥梁，提供生产资料的生产、技术指导、农产品加工和销售等服务，推动了农业的有序发展。

4. 以色列模式

以色列属于旱半干旱国家，土地沙漠化严重，气候干旱少雨，水资源短缺较为严重，是世界上人均水资源最少的国家之一。由于农业生产自然条件极度恶劣，以色列必须依靠投入大量的资金和人力开发农业生产技术，如以滴灌技术为代表的高效节水技术使用率超过了 80%，单位耕地面积的节水量达 50% 以上，水利用效率高达 95%，极大地缓解了以色列水资源短缺问题。目前，滴灌节水技术已经在很多国家和地区进行推广学习，节水灌溉设备也出口到国际市场，极大地提高了农业生产效率，促进了经济的快速发展。在拥有先进的农业生产技术的基础上，以色列大力发展设施农业、智能农业，如通过采用温室、网棚等设施减少了异常天气对农业生产的影响，改善了农作物生长环境；将计算机调控技术运用于灌溉、施肥、湿度调节和温度控制等农业生产环节上，实现了农业智能控制与精确化管理，极大地提高了农产品产量。此外，“区域循环”农业发展模式也是以色列现代农业发展的鲜明特点，即结合先进技术和管理方式，对农业生产所依赖的耕地、水、肥料等资源进行最大限度的循环利用，以达到节约资源、提高资源利用效率的目的。

5. 巴西模式

与美国、日本、法国等国家相似，巴西农业发展过程中重视新技术的研发和推广、农业基础设施的建设、农业相关政策的制定等。除此之外，针对国际市场发展需求，巴西政府在农产品满足国内需求的前提下，鼓励生产大豆、甘蔗、咖啡、可可等农作物，以出口赚取更多的外汇，走外向型农业发展模式。

（二）国外成功经验对甘肃省现代农业发展的启示

1. 金融支持和政策帮扶对现代农业发展至关重要

经济投入是影响现代农业发展的关键因素。经济发达国家每年都投入大量资金，用于生产资料和现代化农用机械设备的购买、农业高新技术的研发和推广、农业产业化发展等方面，这就需要政府、金融机构、农户三方各司其职、各尽其责、协作发展。政府在农业金融支持中起到主导作用，通过采取增加发展现代农业的财政预算、给予农户政策性补贴等手段促进现代农业发展；银行作为金融机构的主要代表，可通过实施小额贷款、低息贷款等优惠政策，一方面解决农民短期流动资金不足的问题，如购买种子、化肥、农药及农机设备，另一方面获取现代农业发展所带来的利润回报；农户拥有足够资金购买农业生产资料和农业机械设备，可提高农业生产效率，进而增加经济收入。此外，任何一个国家或地区现代农业发展都离不开政府的帮扶。农业自身属弱质产业，其发展受诸多因素限制，国家或地方政府针对农业发展受阻的因素，制定相关政策，利用经济、政治、法律等手段鼓励和保护农业良性发展，如政府补贴、税收减免、信贷支持及立法保障等。因此，政府政策性补贴、立法保障、税收减免及银行小额贷款等措施均值得甘肃省借鉴。

2. 根据区域实际情况发展规模化农业是关键

每个国家或地区的现代农业发展模式都是建立在自身资源禀赋、气候类型、社会经济状况的基础上的，这也是国家或地区之间现代农业发展模式存在差异的根本原因。美国、法国等国家农业生产基础深厚、现代农业发展水平高，由此形成的农业发展模式并不完全适合甘肃省省情。而日本、以色列等自然资源基础相对薄弱的国家，通过发展“都市型农业”、“精细农业”、应用滴灌节水技术来弥补自身资源匮乏的举措，对甘肃现代农业发展具有重要的借鉴意义。

3. 农业科学技术的应用是促进现代农业发展的有力保障

农业科技的投入是传统农业向现代农业转型的必然选择，科技对农业发展起到很大的推动作用。通过研究发达国家现代农业的发展情况可知，任何国家或地区现代农业的发展都离不开农业科技的大力支持。借鉴国外成功经验，甘肃省政府需增加农业科技的资金投入、加大科技与农业的结合，加强农业科技研发，引进先进的农业生产技术，注重国内外科研交流和学习。同时要做好基层农技推广服务工作，建立多层次、推广主体多元化的农业科技服务体系，让农民能够及时掌握先进技术。

4. 完善的农业服务体系是农业生产专业化的基础

完善的农业服务体系可有效地将生产资料、资金、科技、人才、宣传销售等现代农业生产要素融入农业产业链中，并对农业生产各个环节进行科学合理分工，为农业生产提供生产性服务和社会保障服务，在一定程度上可实现农业部门与城市部门、小农户与现代农业发展的有机衔接，是发展现代农业、提高农业生产效率和农产品质量的重要保障。甘肃省作为西北重要的粮食生产基地，构建完善的农业服务体系是深化农业供给侧结构性改革、推进脱贫攻坚工作、实现乡村振兴的重要着力点。

5. 建立农业信息化体系是实现农业商品化的重要手段

农业信息网络是农资供销商、农户或农场、农产品加工商及销售商之间重要的联系枢纽，是实现农业与工业、城市与乡村、科技与产业融合发展的重要桥梁。甘肃省各级政府经过多年努力，已经在农业信息化体系建设方面取得长足发展，但仍存在短板和不足。借鉴发达国家实践经验，甘肃省需加强信息资源整合与共享服务标准研究、农产品物流关键技术研究及农业综合感知技术研究等。

四　甘肃丝路现代寒旱农业发展展望

（一）构建优势产业体系

一是加快农业供给侧结构性改革，优化农业区域布局。面向农产品市场需求，以现代农业可持续发展为根本，结合区域资源实情，进一步优化农业区域布局，注重马铃薯、中药材、苹果、草食畜、蔬菜、种业等特色产业发展，形成特色鲜明的绿色农产品生产区域平台，推进特色农业协调、健康发展。

二是完善特色农产品产业组织体系，促进三次产业融合发展。重点扶持省内龙头企业整合特色农业“独一份”“特别特”“好中优”“错峰头”的资源优势，做到农业与龙头企业的有效衔接，形成以农户为基础、企业为骨干、其他社会组织为补充的特色农业产业组织体系；加强农产品生产、加工、流通、销售等纵向环节建设，拓展横向关联产业的深度和广度，全面构建“纵向一体化”和“横向一体化”产业链、价值链，积极发挥产业集群效应；因地制宜，发展休闲农业、观光农业、旅游农业，提高第二、三产业比重，优化农村经济结构，增强农村经济活力。

三是加强特色农业标准化生产示范，积极培育特色农产品品牌优势。“绿色”“安全”是甘肃省寒旱农业的主要立足点，大力发展寒旱农业，提高农产品产量的同时重视农产品质量，推行化肥、农药减量绿色生产技术；大力发展“无公害农产品、绿色食品、有机农产品、农产品地理标志”和“农产品品种、品质、品牌、标准化生产”两个“三品一标”建设，规范生产流程，加强品牌培育，加大质量监管力度，加强质量安全示范县建设，逐步完善农产品生产业和加工业的质量标准体系。

（二）构建生产组织体系

一是加强农业基础设施建设，夯实农业根基。加强水利建设，推广膜下滴灌、生物节水等节水保墒技术，大力发展节水灌溉农业，提高水资源利用效率；发展旱作农业，推广全膜双垄沟播、地膜覆盖技术，改善农业生产条件；加大对温室大棚、钢架大棚、防虫网棚等设施农业的提升改造力度，推进农业产业园区、畜禽养殖区的标准化建设；加强县级、乡级、村级公路基础设施建设，为“甘味”农产品“走出去”、企业“走进来”做好配套工作；加强太阳能、风能在农业生产中的运用，促进农业生产节能降耗。

二是优化企业与农户联结机制，培育新型经营主体。围绕特色农业优势，引导龙头企业与合作社、家庭农场的有效对接，形成“风险共担、利润均沾”的利益联结关系；注重培育家庭农场、农民合作社、农业企业及种养大户等新型农业经营主体，建立多种经营主体的利益联结机制，提升规模经营水平，形成多方互动、共同盈利的现代寒旱农业新格局。

三是加快农产品加工业转型升级，实施品牌战略。以转变发展方式、调整优化结构、提高质量效益为主线，推动增产向提质的转换、分散布局向集聚发展的转变，注重质量和效益的发展；推进农村三次产业融合发展，形成产供销一体化体系；坚持“粮头食尾”“农头工尾”为主线，支持农场或农户的农产品初加工及加工企业的农产品深加工；鼓励企业以品牌建设为主线，大力提升农产品质量，开展品牌化运作，形成用品牌保质量、靠品牌拓市场、向品牌要效益的良好局面。

（三）构建产销对接体系

一是甘肃省抢抓国家“一带一路”倡议和乡村振兴战略的政策机遇，以“丝路”为寒旱农业发展的时空定位，积极发展外向型农业，拓展国外农产品市场，加强与现有稳定合作国家或地区的合作，开拓与中西亚、南亚、欧洲等其他国家贸易新通道，利用丝绸之路信息港搭建甘肃农产品物流信息平台，促进甘肃省现代寒旱农业的发展；借助丝绸之路（敦煌）国际文化博览会的平台作用推介现代丝路寒旱农业，办好西北贫困地区农产品产销对接活动。

二是面向市场特色农产品需求，推进生产加工储运基地建设，加强农产品的物流骨干网络和冷链物流设施建设，加快构建从产地到终端的销售网络体系。

三是引导省内特色农业龙头企业积极参与合作园区建设和运营工作，保证相关政策的稳定性，调动企业积极性；鼓励农产品种植、养殖、深加工，农用机械、农用物资生产等企业以及农业科研机构在园区集群式发展。

四是加快优势农产品生产地由分散向集聚的转变，形成产地集散中心、价格形成中心、信息发布中心、仓储物流中心；利用互联网为特色农业产业链建立统一平台，在农产品生产、加工、销售环节提供农产品流通、信息共享、价格预警、运输管理、销售管理等服务。

（四）构建风险防范体系

一是建立农业风险管理预警体系、农业防灾减灾体系、动物疫情防控体系等。通过收集、整理和分析农业风险相关信息，运用现代信息技术建立农业信息数据库，及时向农业部门和农户发出报警信号。尤其是祁连山区雨雪预警体系的完善及旱作农业区人工降雨体系的建立，政府在加大建设力度的同时应注重宣传，提高农民的风险防范意识。

二是建立完善的农业保险机制。建立以政府补贴为主的政策性农业保险制度，一方面可减轻农民投保负担，另一方面可分散和转嫁农业风险。同时，政府应加强保险机构的领导和管理，严格监管农业保险市场，并给予保险机构免征或降低农业保险营业税、所得税等优惠政策，与其形成良好的合作机制。

三是建立健全重要农产品价格保护机制。通过建立省内特色农产品的收购价格保护制度，可有效守住农民能够承受的风险底线、平衡价格波动，对于农业市场风险化解有着现实意义。

（五）构建改革创新体系

一是加大农业科技的投入力度。针对甘肃省寒旱农业发展中存在的瓶颈问题，利用科技的推动力量促进农业生产效率提高，发挥科学技术对现代农业发展的引领作用，积极研发“现代丝路寒旱农业”成套技术，重点开展现代农业、智慧农业、绿色农业等领域关键技术的协作攻关。

二是加强农业技术推广体系的改革与创新。积极发挥政府的引导作用，加大对农业科技的推广力度，形成多类型、多层次、多体制共存的农业推广体系。

三是深化农村综合改革。坚持以合法、公开、自愿、有偿为原则，鼓励有条件地区的土地使用权和经营权向家庭农场、农民合作社、农业企业流转，鼓励工商资本到农村发展适合企业化经营的现代种养业，允许农民以土地承包经营权入股，发展农业产业化经营，逐步发展多元化的农地规模经营。

（六）构建绿色循环体系

一是积极推行农药、化肥、饲料、兽药的科学使用，加强对农业投入品的监管。调整农田施肥结构或推广使用缓释肥、控释肥，提高化肥利用效率，降低残留化肥对土壤和地下水的污染；推行“草—畜—沼—果（菜）”等循环方式，发展绿色循环农业。

二是合理利用农作物秸秆和加强农用地膜污染治理。开展秸秆饲料化、能源化、肥料化等多元化利用，可有效减少农作物秸秆浪费，降低秸秆焚烧对环境的污染；加大对地膜回收利用的补贴力度，积极推广使用可回收或可降解农用地膜，实现特色产业发展与生态环境保护融合推进，彰显甘肃寒旱农业“绿色”“有机”“循环”等特色优势。

三是推广高效节水技术。依据甘肃省的水资源环境承载力，坚持以水定地为原则，实施农艺节水、结构节水、生物节水、技术节水，积极推广全膜双垄沟播技术、膜下滴灌、微灌等高效工程节水技术。

四是立足种养结合循环发展，大力推广粮改饲全株玉米青贮技术，优化农业生产结构，实现种养循环、绿色生产。

B.8
甘肃特色农产品品牌体系建设问题研究

贾 琼*

摘 要： 随着人民生活消费的升级以及农业现代化的不断增强，各级政府颁布了一系列农产品品牌建设的政策。但在农产品品牌体系建设中，甘肃省还存在品牌产业化程度低、特色农产品品牌宣传不足、品牌建设主体意识较弱、品牌文化创意不够、品牌管理与市场监督不到位等问题，需要进一步创新体制机制，构建网货品牌的引导力机制、完善生产供给的组织化机制、健全物流仓储的畅达机制和加强市场监管的保障机制等，以不断完善农产品品牌体系建设。

关键词： 特色农产品 品牌体系 建设机制

目前我国主要的特色农产品发展战略就是因地制宜大力进行区域特色农产品的品牌建设，这是传递农产品质量信息的新途径，对于提高地方农业影响力和竞争力，有效解决农产品销售难与农民增收问题，形成稳定的市场份额具有重要意义。

2019 年政府工作报告提出实施地理标志农产品保护工程。2019 年中央一号文件也提到，强化农产品地理标志和商标保护，创响一批“土字号”

---

* 贾琼，博士，甘肃省社会科学院农村发展研究所研究员，研究方向为农村经济。

“乡字号”特色产品品牌。2019年7月，甘肃省人民政府办公厅印发《关于进一步加强两个“三品一标”建设 打造“甘味”知名农产品品牌的实施方案（2019～2023年）》。当下各级政府对农产品品牌建设工作不断加强，但在区域农产品品牌体系建设中，还有诸多问题亟须加以研究，还存在制约农产品品牌发展的瓶颈需要打破，这是贯彻政府政策，更好地推进特色农产品品牌发展，促进农业转型升级所面临的迫切工作。

一 特色农产品地区分布

甘肃省位于黄土、青藏、蒙新三大高原交汇区，全省地貌类型多样，农业立地条件差异大，特殊的地域类型形成的农产品特色鲜明。目前，甘肃省依托自然资源优势，促进特色产业发展，大力发展高原夏菜、设施休闲农业，已形成“一带五区”的现代农业产业发展格局（见表1）。河西节水高效戈壁生态农业区以现代制种、瓜菜、牛羊为主，中部现代旱作农业区以马铃薯、中药材、特色养殖为主，陇东循环农业区以优质苹果、牛羊为主，陇南天水山地特色农业区以林果、蔬菜、食用菌等为主，高原草地农牧交错区以牧区繁育牛羊、农区粮改饲舍饲育肥为主。全省品牌农业开发具有发展无公害产品、绿色食品、有机农产品、地理标识农产品的基础和优势（见表2）。

表1 甘肃省“一带五区”现代农业发展布局

一带:沿黄农业产业带		临夏州、兰州市、白银市
五区	河西节水高效戈壁生态农业区	酒泉市、张掖市、金昌市、武威市
	陇东循环农业区	平凉市、庆阳市
	中部现代旱作农业区	定西市、白银市会宁县、天水市北部、临夏州（沿黄灌区除外）
	陇南天水山地特色农业区	陇南市、天水南部
	高原草地农牧交错区	甘南州及祁连山

表2　甘肃省特色农产品地区分布

类型	品种	地区
无公害产品	养殖业 中药材 蔬菜	甘南、临夏州 定西、陇南、武威 兰州、白银
绿色食品	苹果 蔬菜 牛羊肉 酿酒葡萄 百合 马铃薯	平凉、庆阳、天水 河西走廊、沿黄灌区 甘南、临夏 河西走廊 兰州及周边二阴山区 定西及周边旱作农业区
有机农产品	牛羊肉、杂粮杂豆、葡萄酒、橄榄油	甘南、定西、张掖、武威、陇南
地理标识农产品	各地优势特色产品	全省各地均有分布

二　农产品品牌体系建设现状

（一）推进农产品标准化基地建设

目前，甘肃省创建完成“全国绿色食品（原料）标准化生产基地”16个，基地面积达186.4万亩；对接龙头企业50家，对接农户64.4万户；建成省级农业标准化基地80个，苹果标准化示范园265个，高原夏菜和设施蔬菜标准化示范小区1350个，畜禽标准化养殖场9314个。到2018年，全省有效使用绿色食品标志企业达468家，共1033个产品；“一村一品”专业村镇达840个，从业人数达122万人。表3中列出了省特色产业基地分布。

（二）提升“三品一标”产品数量

截至2018年，甘肃省有“三品一标”企业1021家，产品总数达1759个（见表4），产品数量在全国处于中等偏上水平，无公害农产品排第21位，绿色食品排第14位，有机农产品排名第9位，地理标志农产品排第9位。省、市、县农业农村部门制定“三品一标”标准634项，其中无公害农产品标准414项、绿色食品标准191项、有机食品标准6项、地理标志农产品标准23项。

表3　甘肃省特色农业产业基地分布

地区	基地	生产主体	生产规模
定西	马铃薯种薯及商品薯生产基地	马铃薯加工企业100余家	年加工马铃薯鲜薯400余万吨
陇东、陇南	苹果生产基地	苹果浓缩果汁加工企业7家	年原料果处理能力100万吨
河西走廊	蔬菜生产基地 杂交玉米、瓜菜制种基地	蔬菜加工企业485家，大型蔬菜专业批发市场30余个，种子加工企业150余家，玉米种子加工中心113个	年加工蔬菜能力840.7万吨， 年蔬菜交易量480万吨， 年加工种子能力60余万吨
临夏、甘南	畜牧养殖基地	畜牧产业化经营组织721个，畜牧产品加工企业330余家	
定西、陇南	中药材生产基地	中药材加工企业574家	通过GMP认证的中药材饮片加工企业104家，通过GSP认证的中药材标准化营销企业470家

注：GMP认证是一种特别注重在生产过程中实施对产品质量与卫生安全的自主性管理的制度。GSP认证是药品经营企业统一的质量管理准则。

表4　按认证类型分“三品一标”产品数量

单位：家，个

产品	企业总数	产品总数
无公害农产品	522	811
绿色食品	378	752
有机农产品	44	119
地理标志农产品	77	77

（三）规范审核管理

甘肃省推行集中会审制度，加强督导，开展内检员培训工作。无公害农产品认定将认证审核与标志管理相结合，到2018年，全省使用无公害农产品标志产品811个，其中，种植业产品549个、畜牧业产品234个，比2015年增长62%。

绿色食品工作方面，国家续展审核中心将审批权下放到省级机构，提高了续展工作的质量和效率。2018 年甘肃企业续展率达到 75%，产品续展率为 69%，绿色食品产品有 752 个，比 2015 年增长 82%，绿色有机食品的监测面积占全省食用农产品面积的 9.5%。

有机食品认证机构较多，工作质量和要求参差不齐，按农业部中绿华夏有机中心的制度标准把控，推进各项工作。到 2018 年，有机食品企业有 48 家，产品有 154 个，比 2015 年增长 80%。

（四）打造三级批发市场网络

甘肃省大力构建产地三级批发市场网络体系，一是在“牛羊菜果薯药”六大特色产业主产区，培育建设一批全国性农产品产地批发市场，提升国家级定西马铃薯专业批发市场、兰州定远高原夏菜批发市场、静宁苹果批发市场、陇西中药材批发市场、临夏牛羊肉批发市场、天水花牛苹果期货交割库；二是在花椒、油橄榄、百合等特色优势农产品主产区，改造提升一批区域性农产品产地批发市场，配套建设冷链物流、信息服务、电子结算等基础设施；三是在生产集中度较高、市场基础较好的乡镇，建设一批农产品产地初级市场。同时，依托特色优势产业布局，逐步推进农产品冷链物流建设。

三　品牌农产品生产与消费调查

（一）品牌农产品的消费调查

本报告对甘肃省品牌农产品的品牌知名度、产品品质、产品定价的满意度三方面进行了调查。本次调查问卷样本主要是兰州市城关区和安宁区超市农产品区、水果专卖店、农副市场等地购买农产品的消费人群，问卷调查采取随机抽样方式，兼顾不同年龄层次和收入层次的消费人群，共收集有效问卷 203 份。

本次调查样本中，从被调查者的年龄看，50 岁及以上的占 30%，40 ~ 49

岁的占25%，30~39岁的占25%，30岁以下的占20%。从被调查者的收入水平看，月收入6000~8000元的被访者占50%，月收入4000~6000元的占30%，8000元以上和4000元以下的被访者较少。

1. 与外省品牌农产品相比，省内品牌农产品的认知度不高

从甘肃省兰州市已有的品牌农产品中，选择几个省外品牌农产品与省内品牌农产品进行比较。从调查情况看，消费者对阳澄湖大闸蟹、新疆吐鲁番葡萄干、兰州百合知晓度较高，这与广告宣传和鲜明的地域生产性有关。民乐紫皮大蒜、山东寿光蔬菜、酒泉洋葱知晓度较低，虽然这些品牌农产品在产量和品质上具有优势，但与同类农产品区别不显著。定西马铃薯、静宁苹果、康县黑木耳的知晓度在80%左右，这三种品牌农产品是甘肃省有代表性的特色农产品，政府部门近几年的推销力度与广度都在不断增大（见表5）。

表5 调查对象对品牌农产品的认知度

单位：份，%

项目	了解	听说过	没听说过	知晓度
新疆吐鲁番葡萄干	80	110	13	93.60
山东寿光蔬菜	30	90	83	59.11
阳澄湖大闸蟹	30	166	7	96.55
静宁苹果	78	91	34	83.25
定西马铃薯	79	95	29	85.71
民乐紫皮大蒜	29	98	76	62.56
兰州百合	79	104	20	90.14
康县黑木耳	63	95	45	77.83
酒泉洋葱	26	82	95	53.20

注：知晓度=（总人数－没听说过的人数）/总人数×100%

资料来源：调查问卷。

2. 口碑传播是品牌农产品的主要获知渠道

调查人群知晓农产品品牌首先是通过与朋友交流，品牌农产品具有较显

著的口碑效应。其次是通过广告、网络媒体和展览会等途径知晓品牌农产品。通过报纸杂志、政府宣传、企业推销知晓品牌农产品的受众较少。政府宣传主要是指政府举办活动或者推介会等，企业推销、政府宣传的效果与推销宣传的范围、举办次数和工作人员推介有关，从调查情况看效果一般（见图1）。由于互联网的普及与便捷，报纸杂志阅读人群减少，报纸杂志对推介品牌农产品的影响力下降。

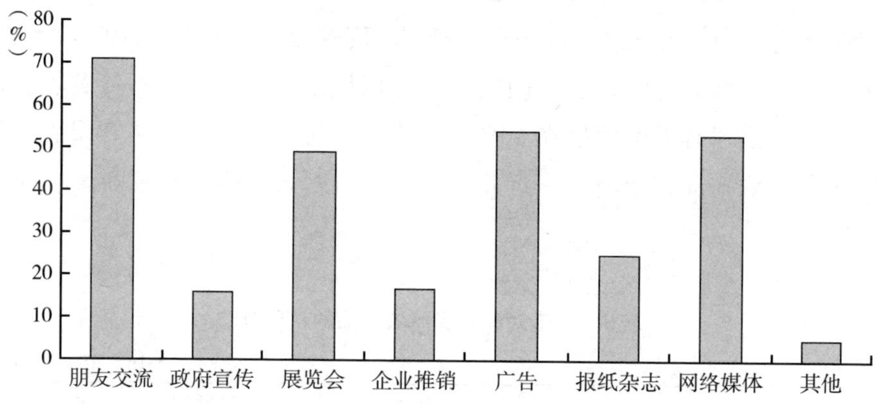

图1　调查对象知晓品牌农产品的途径

资料来源：调查问卷。

3. 消费者对品牌农产品品质认同度不高

调查人群对品牌农产品质量评价不高，达到满意评价的调查对象只占到36%，甘肃省品牌农产品整体质量评价一般（见表6）。同时，调查对象对品牌农产品的价格感受也整体偏高，这可能是品牌农产品与其他类农产品在质量和性能上差别不显著，导致消费者认同度较低（见图2）。当调查对象被问到“与一般农产品相比，在购买时您会选择品牌农产品吗?”，有31%的调查人群会选择品牌农产品，有26%不会选择品牌农产品，另外还有43%的调查人群选择视情况而定，这种视情况而定的购买者大多数是由于亲朋好友送礼。

表 6　调查对象对品牌农产品质量的评价

单位：%

评价	满意	一般	较差	非常差	不太清楚
占比	36	44	10	5	5

资料来源：调查问卷。

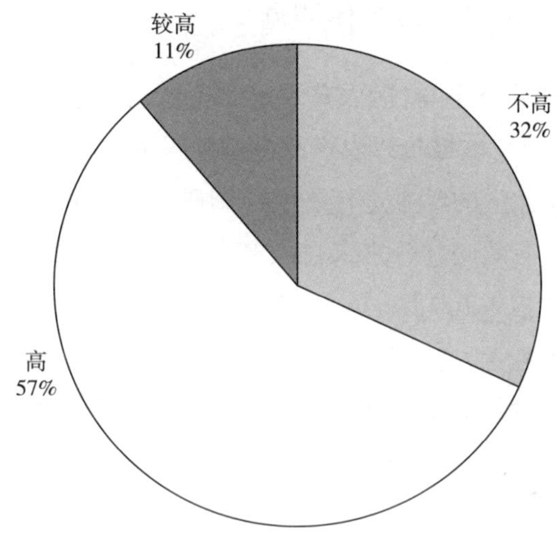

图 2　调查对象对品牌农产品价格的感受

资料来源：调查问卷。

4. 消费者对农产品质量认证缺乏了解

从被调查者对甘肃农产品质量认知来看，消费者对农产品质量认证标志的认知程度不高，当被问"您在购买农产品时会关注质量认证标志吗?"，有 46% 的被访者认为不会，仅有 21% 的被访者认为会关注产品质量认证标志而选择购买。大多数消费者对农产品质量认证标志常识的了解程度仅仅是听说过，一些消费者对农产品是否进行"三品一标"认证（绿色食品认证、无公害农产品认证、有机农产品认证和地理标志农产品认证）存有疑虑（见表 7）。

表7　调查对象对农产品质量认证的了解

单位：%

评价	了解	知道一些	听说过	不知道
占比	8	15	67	10

资料来源：调查问卷。

（二）农产品品牌建设主体调查

农产品品牌建设主体包括农产品生产企业、农业合作社、家庭农场（农户）和政府部门。本报告以农产品品牌建设的主体为样本范围，在2019年8月与甘肃农业大学的学生进行了实地调研。本次调查主要采取访谈法及问卷的形式，最终有效问卷分别来自农产品生产企业50份、农业合作社50份、家庭农场（农户）100份、政府部门50份。

从调查对象年龄看，被调查人员大多分布在30～50岁，其余各年龄段分布较少。从调查对象文化程度看，政府机关、企业被调查人员的文化水平较高，大多为专科以上，农业合作社与家庭农场（农户）的被调查者大多为高中以下。

1. 农产品生产企业对品牌建设管理的认知度不高

大多农产品生产企业对农产品品牌的维护缺乏科学系统的规划与措施，品牌管理整体水平较弱。被调查农产品生产企业中，只有26%表示建立了专门的农产品品牌管理制度，并会定期根据实际情况作出调整与完善，其他企业表示没有或不清楚农产品品牌的管理制度。企业对产品品牌的内涵特征和运作方式了解不够，在被调查对象中，仅有10%的企业了解品牌运作方式，80%的企业仅知道一点，其中大多数企业的目标是追求利润最大化。在被调查对象中，认为农产品品牌建设对企业发展的作用不高，有46%的调查对象认为品牌建设对企业发展作用有限。有的企业负责人认为对于农产品这种初级加工产品而言，有没有品牌对农产品今后的发展影响不是很大。

2. 企业对互联网营销宣传品牌农产品效果评价较高

大多被调查企业对农产品的包装极为简单，消费者无法从包装方面实现

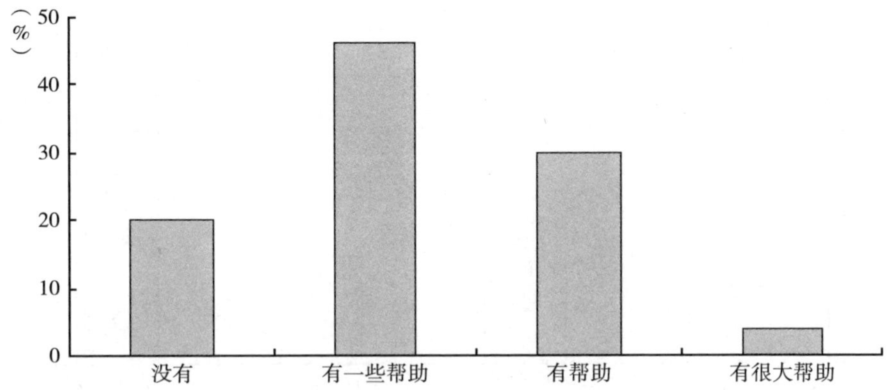

图 3　农产品品牌建设对企业发展的作用评价

资料来源：问卷调查。

对零售商品牌的认知，进而导致农产品品牌价值无法在整体价值链中进一步拓展。有 66% 的被调查企业首先通过互联网营销的方式宣传品牌农产品，其次是通过各类展销会宣传农产品，选择此方式的被调查企业有 30%；还有 22% 的企业选择通过政府推介宣传农产品；选择通过广告宣传农产品的企业仅有 16%，被调查企业认为广告费用过高，广告宣传渠道不理想等，导致广告不被选择（见图 4）。被问到“您的产品宣传方式有效果吗?”，有 48% 的被调查企业认为取得了较好效果，有 22% 的被调查企业认为效果一般，甚至有 4% 的被调查企业认为采取的宣传方式没有效果。大部分农产品广告宣传没有凸显品牌的内在价值，导致消费者对品牌的认知明显不足。

3. 政府部门对企业品牌农产品建设的多元化服务不足

作为品牌建设的主体，被调查企业对自身产品性能认知不够，导致农产品的进一步开发创新不足。在被问及“您认为您的品牌农产品与同类产品有何差别”时，46% 的被调查企业认为自己的产品质量好，有 30% 认为自己的产品价格较低，10% 认为自己的产品有特色和具有代表性，还有 8% 认为自己的产品同质化严重，品牌缺乏个性化。被调查企业每年对产品研发创新的投入占比较低，年均产品研发投入比在 10% 以下的被调查企业占 42%。对政府部门在农产品品牌的开发与保护中，认为政府部门提供了政策法规指

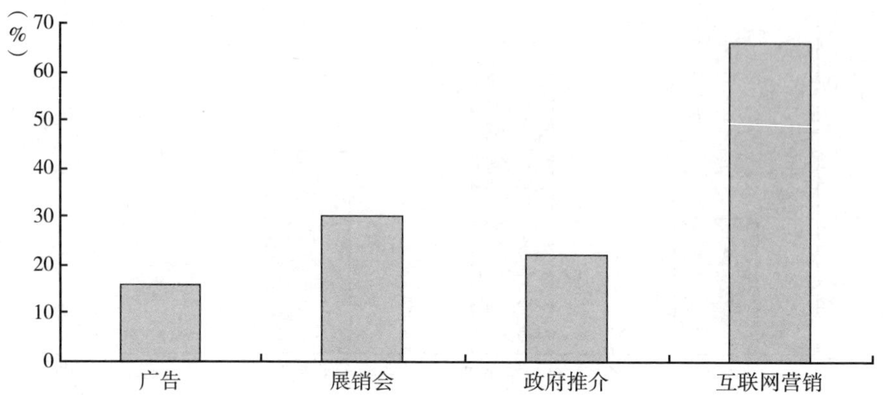

图4　企业对品牌农产品的宣传方式

资料来源：问卷调查。

导服务的被调查企业有62%，认为提供了产品质量监管服务的有42%，认为提供了信息咨询和产品宣传服务的分别占40%和32%，而科技投入与金融支持服务能力不足（见图5）。

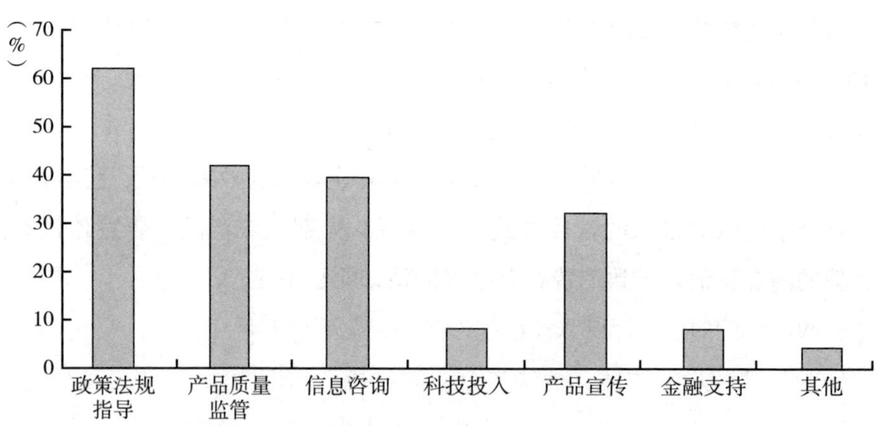

图5　企业对政府部门建设品牌的服务评价

资料来源：问卷调查。

4. 农业合作社评价品牌农产品开发与保护缺乏资金、政策、人才等要素

甘肃省农业合作社组织较松散，大多处于初级状态，缺乏对农产品品牌的了解，没有真正意识到品牌化经营在市场经济中的重要性。在被调查的农

业合作社中，仅有20%的农业合作社建立了自己的品牌，42%被调查农业合作社没有建立农产品品牌，另有38%的被调查农业合作社不认为需要建立农产品品牌；对于农产品品牌建设和促进产业发展相关知识的了解，有68%的被调查农业合作社知道一点，仅有16%的被调查农业合作社了解相关知识。当被问及影响农产品品牌建设的因素有哪些时，较多农业合作社认为资金、政策、人才方面的短缺是当下农业合作社发展农产品品牌的首要限制性因素，其后是产品宣传、农产品销售渠道、品牌文化开发、市场监管等因素，还有就是合作社现代化信息技术水平、品牌保护与管理机制、农产品物流成本、农产品研发创新等因素（见图6）。

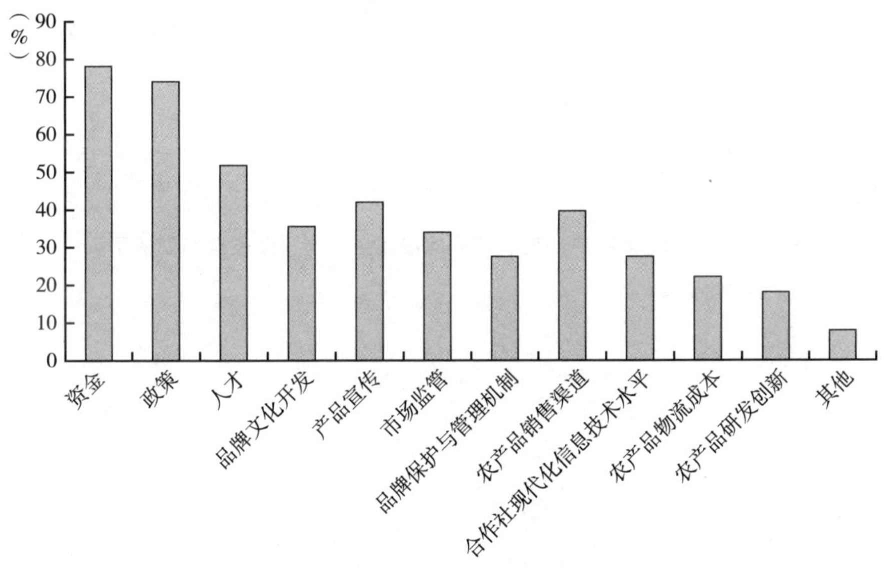

图6　农业合作社对农产品品牌建设影响因素评价

资料来源：问卷调查。

5. 家庭农场（农户）对品牌农产品建设认知度较低

被调查的家庭农场（农户）大多采用传统的农产品种植方式进行农产品生产开发，不能区别产品的品牌和商标，有82%的被访农户表示有自己生产的农产品品牌；有16%的农户不了解农产品标准化生产与质量安全知识，有58%的农户仅知道一点农产品标准化生产与质量安全知识（见图7）。在农产品标准化生产方面，52%的农户表示自己是按照传统方式种（养）农产品。在农户科技培训方面，有42%的被调查农户表示会偶尔参加，有30%和20%的农户表示自己不参加或不知道农业科技培训，仅有8%的农户表示自己会经常参加此类培训，以提升自己的生产能力（见图8）。

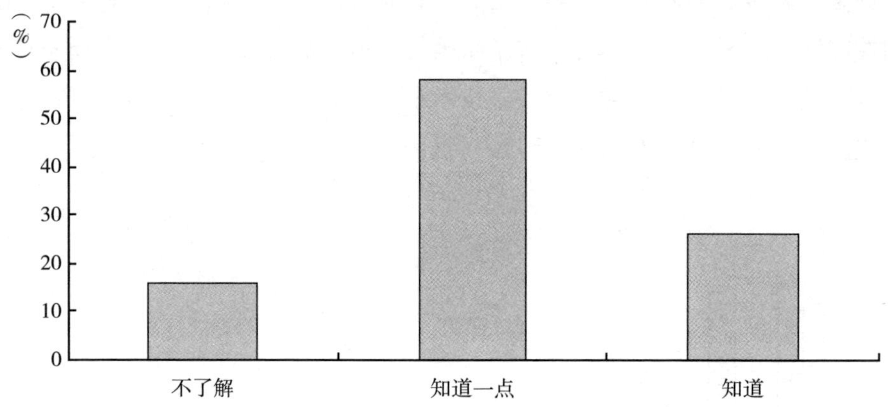

图7　家庭农场（农户）对农产品标准化生产与质量安全知识的了解

资料来源：问卷调查。

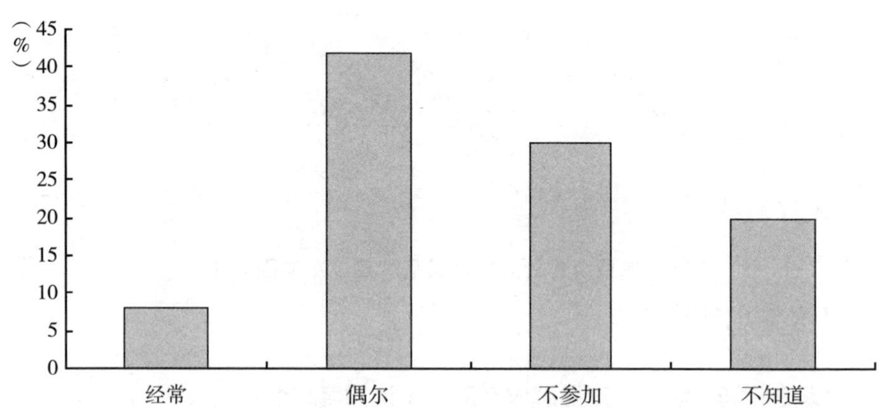

图8　家庭农场（农户）参加农业科技培训的情况

资料来源：问卷调查。

四 特色农产品品牌体系建设存在的问题

（一）品牌产业化程度低

甘肃品牌产业化程度低，主要表现在：①甘肃农产品企业大部分规模小，发展层次低，农产品在品种培育、技术含量方面市场竞争力不强，现有品牌农产品以初级产品或半成品为主，影响农产品的长期运营与推广；②农户经营的组织化程度不高，由于农户分散经营，农产品无法统一包装，使产品区域优势难以凸显，也影响农产品品牌建设的动力；③多数农民专业合作社还处在起步和探索阶段，没有形成同类农产品的规模经济，也在一定程度上影响了农产品品牌的建设和发展；④农产品物流体系建设较滞后，甘肃受经济、地域、交通、科技等方面的影响，还没有形成包装、预冷、冷藏运输等冷链式服务，流通损耗量大。

（二）特色农产品品牌宣传不足

一是特色农产品品牌认知度不高，近年来农产品注册商标的数量虽然不断增加，但多数品牌的影响力还停留在省内，跨省、跨区域的品牌不多，大多数消费者只知道两三个，消费者听说过“无公害农产品”“绿色食品”“有机农产品”，但对“三品一标”产品了解不多，甚至存在疑虑；二是品牌宣传投入不足，目前甘肃省各级政府门户网站，尚没有建立农产品品牌宣传专栏，农业企业对农产品进行宣传的渠道虽然多样化，但效果不佳，存在品牌宣传价值定位不够准确、宣传范围覆盖面较狭窄等问题；三是品牌宣传缺乏系统性，较多品牌建设主体品牌策划、宣传工作意识不强，各自为政，特色品牌农产品没有形成区域统一宣传，致使区域内的特色农产品优势资源知名度不高，外地人对特色农产品品牌缺乏了解，导致优势农产品难以形成产业集聚，品牌产业发展缓慢。

（三）品牌建设主体意识较弱

准确定位农产品品牌价值是确保品牌差异化特征凸显的重要方式。当前阶段农民生产者综合素质有限，品牌意识与知识匮乏，大部分农产品企业也没有意识到品牌价值定位的重要性，有的企业即使为农产品注册了商标，但只追求短期市场利润，缺乏对产品品牌的保护，农产品生产企业在经营观念上还落后于工业企业的品牌经营。政府层面对农产品品牌建设规划起步较晚，虽然近几年相继出台了一些相关文件，但还需要相关细节措施与配套服务建设。同时，特色农业发展没有形成集聚优势，对人才吸引力不足，导致农业创新人才和产品营销人才匮乏，影响了农产品品牌的发展。

（四）品牌文化创意不够

农产品包装设计是品牌文化建设的重要内容。在网络时代下，消费者越来越注重个人体验与个性消费，农产品包装承担着非常特殊的促销职能，顺应时代潮流的文化创意产品与实用农产品相结合，对于农产品营销会产生极大的带动作用，从而形成消费规模效应，推动农产品一流品牌的塑造。但目前，甘肃省农产品品牌文创队伍缺乏，品牌策划和品牌创意滞后，标志性区域品牌、战略性企业品牌和叫响全国的品牌较少，依靠品牌张力带动加工业发展的能力不强。农产品品牌文化创意开发要注重对视觉形象的塑造，品牌属于消费者认知产品并且对这一产品进行判断的重要工具，把包装设计列为农产品的重要形象载体，就应当运用各种形式加以展示，从而形成广大消费者对该品牌农产品的认可。

（五）品牌管理与市场监督不到位

农产品品牌监管体系不健全，农产品具有较强的同质性，优质农产品的外观特征并不具备明显特征，致使市场上存在以次充好、假冒伪劣农产品。因此，相关监管机构应加强优质农产品生产、加工、市场流通等环节的规范认定。在品牌运作方面，农产品生产主体及政府部门存在重申报评选、轻管理培育的现象，一些产品经营者为追求短期利益，缺乏对区域品牌商标等知识产权的保护，对品牌的策划、宣传、管理工作缺乏长期性和系统性，导致区域品牌价值大打折扣。

五　完善体制机制推进特色农产品品牌体系建设

在互联网时代，人民对于农产品的购买与消费是从价值与品质开始的一种选择行为。这种创新发展将推动农业由传统农业向无公害农业、绿色农业、有机农业发展。因此，应注重农产品品牌效应对消费者的引导，着力推进以下四大机制建设，为塑造甘肃名特优农产品高质量发展提供支撑。

（一）构建网货品牌的引导力机制

电商平台上农产品同质化现象较为普遍，而塑造产品品牌，对于稳定消费群体、提高产品竞争力具有显著促进作用。强化电商主体营销产品的品牌意识和品牌营销观念，重点围绕地域特色农产品，通过媒体及网络平台推介产品特性，提高其质量信息的显示与传递效率，加大宣传和政策保护力度，打造区域公共品牌，一旦认知信任的界线被突破，消费市场将产生规模效应，促进产品品牌效应与市场效应双向发展；加强村级网络供应基地建设，以核心的电商公司为主导，对接京东、淘宝等电商平台，打造优质农产品的电商产业链，实现农产品销售优质优价；分析消费市场，凝聚品牌的互联网消费文化，注重产品的当地化和差别化，设计和制定融入互联网消费文化的包装形象与宣传文案，最大化满足或延伸消费者的个性需求，通过不断提高产品的质量水平和网销服务水平来强化消费者对品牌的信赖感和忠诚度。

（二）完善生产供给的组织化机制

产品生产是产业链的起点，提供优质农产品是农业高质量发展的基础。传统的农产品生产是非标准化的小规模分散式生产，在现代网络营销环境下，产品供给存在稳定性、数量上和价格上的劣势，而且质量参差不齐。应加强网货农产品生产的标准与规范，以核心电商公司为主导，通过大数据消费信息，分析消费需求偏好与规模，并制定产品生产标准与规范，指导订单农户生产加工；建立合作社对生产者进行组织化有效运营，统一产品生产的资料配置、经营管理、质量标准，统一规模组织化生产供给；同时通过“电商+合作社”为生产者提供技术、资金、投入品方面的统一服务，通过一系列的合约与要素支持，统一协调生产供给，实现小规模生产与大市场消费的对接。

（三）健全物流仓储的畅达机制

农产品具有易变质的自然属性，如果不进行适当的储藏、包装、配送就会影响产品的品质，尤其是生鲜农产品对仓储物流条件要求苛刻，需要很高的物流配送水平。健全物流仓储的畅达机制，加强对村级物流体系建设的政策支持，促进物流公司业务下沉；提高物流基础设施、包装附件、物流技术等配套环节的服务水平，建设物流信息共享系统，推动共同配送，降低物流成本以提高农产品在电商平台的竞争力；建设生鲜农产品仓储物流绿色通道，合理规划和使用仓储物流设备，建设适宜农产品保鲜储存的农用仓库，并采用现代化的仓储保鲜技术手段，发展冷藏运输设备，对生鲜农产品进行低温冷藏，保障农产品的存货数量和质量。

（四）加强市场监管的保障机制

目前，电子商务在农村地区迅速发展。电商营销打破了信息壁垒，加速了生产技术的推广和产品的销售，但同时电商营销打破了便利监控服务效率的规模化基础，农产品品质保障的难度大幅增加。应用互联网技术，加强农产品市场监管的保障机制，实施严格的农业投入品使用管理制度，重视源头治理和生产过程监管，加大抽检力度，健全淘汰退出机制，确保优质农产品的公信力；建立农产品质量信息的披露机制，规范申请审核，严格认证许可与监管，加大对农产品质量安全违法行为的处罚力度，提高违法成本；加快推行农产品质量安全追溯机制，落实生产经营主体的农产品质量安全主体责任。

参考文献

张传统：《农产品区域品牌发展研究》，中国农业大学博士学位论文，2015。

曾诗淇、赵智明：《阿里大数据解密全国农产品消费》，《农产品市场周刊》2017 年第 18 期。

邹丽莎：《大数据技术助力实现精准品牌传播》，《科技传播》2018 年第 18 期。

肖雪锋：《基于移动互联网的区域品牌传播策略——以陕西农产品为例》，《出版广角》2017 年第 13 期。

郑琼娥、许安心、范水生：《福建农产品区域品牌发展的对策研究》，《福建论坛》（人文社会科学版）2018 年第 10 期。

B.9
乡村振兴背景下甘肃农村产业兴旺的路径研究
——以平凉市为例

程黎君　张静丽*

摘　要：　乡村振兴战略是党在新时代对农村工作提出的新任务、新要求。基于我国社会主要矛盾的转变、基本国情决定乡村不能衰败的要求、产业兴旺是乡村振兴的重点和关键。本报告以甘肃省平凉市为例，按照农村产业发展现状、产业兴旺中存在的突出问题、农村实现产业兴旺的主要路径，对乡村振兴背景下甘肃农村产业实现兴旺发展的路径展开研究。

关键词：　乡村振兴　产业兴旺　农村　平凉市

乡村振兴战略是新时代做好“三农”工作的总抓手，是社会主义新农村建设的升华，是脱贫攻坚的巩固与提升。乡村振兴旨在让农民更富、农业更强、农村更美，但本质还是发展，而产业兴旺正是发展的基础。当前农村发展进入新阶段，农业生产进入升级期、城乡融合快速推进、乡村治理持续优化、农村人地关系发生变革，农村“去精英化”“老龄化”“空心化”等内生动力不足问题日益凸显，调整农村产业结构和产业形态势在必行。

* 程黎君，甘肃省社会科学院平凉分院院务委员，中共平凉市委党校教授、副调研员，平凉市社科联兼职副主席，平凉市领军人才（第一层次）；张静丽，甘肃省社会科学院平凉分院，中共平凉市委党校讲师，经济教研室副主任。

一　平凉市农村产业兴旺发展现状

平凉是农业部划定的苹果最佳适生区和肉牛优势产区，农业是当地经济发展的支柱产业，也是农民脱贫致富的依托与基础。从发展实际看，平凉是农业大市，第一产业增加值比重长期保持在20%～30%，“牛果菜薯药”五大特色产业是地区内农民增收的主要依托，特别是苹果产业的壮大和肉牛产业的发展为本地农民增收致富、摆脱贫困提供了强有力的保障。

（一）农村经营主体情况

《2018年平凉市国民经济和社会发展统计公报》显示，截至2018年底，平凉市常住人口达211.91万人，农村人口占常住人口的58.87%。根据平凉市人力资源和社会保障局2018年的调查，平凉市农村人口有159.68万人，占总人口的68.23%，农村26岁至55岁精壮劳动力占69%，初中及以下文化水平人员占比73.66%，从事第一产业者占46.34%；平凉市农村劳动力转移就业总量为44.9万人、转移就业率达41.74%；2018年底，平凉市共认定市级以上龙头企业204户，培育发展家庭农场1358家，辐射带动农户30万户。适度规模经营面积达到83.17万亩，50亩以上规模经营主体达到3218个。另外，根据平凉市2019年摸底调查，截至2019年5月，平凉全市登记注册农民专业合作社6399个，其中贫困村合作社2767个。从各县（市、区）汇总情况看，6399个合作社中运营规范的有1620个，占25.3%；运营一般的2776个，占43.4%；未运营2003个，占31.3%。

（二）农业生产情况

平凉市总土地面积1.1万平方公里，根据农村土地确权颁证统计：截至2019年5月，各县（市、区）实测家庭承包地530.87万亩，确认520.32万亩。2018年，平凉市粮食作物播种面积457.79万亩，全年粮食总产量107.72万吨，谷物产量82.73万吨。主要经济作物中，油料播种面积48.79

万亩，产量5.47万吨；蔬菜种植面积32.61万亩，产量46.64万吨；果园面积122.02万亩，产量110.95万吨；中药材种植面积5.21万亩，产量2.17万吨。年末大牲畜存栏43.25万头（只），牛存栏39.64万头、出栏30.15万头，猪存栏40.53万头、出栏44.32万头，羊存栏15.4万只、出栏12.47万只。肉类总产量6.66万吨，水产品产量548.99吨。农村用电量3.88亿千瓦时，增长11.7%；农用化肥使用量（折纯）9.39万吨，下降6.4%。截至2019年5月底，平凉市夏粮面积达到149.8万亩，预计产量30万吨；春播蔬菜21.7万亩，预计产量9.1万吨；新植补植果园14.6万亩，完成春季造林48.45万亩；牛存栏36.44万头，出栏12.29万头。

（三）农业产业占比情况

2018年平凉市地区生产总值395.17亿元，增长2.1%，其中，第一产业增加值87.89亿元，下降3.6%；第二产业增加值103.89亿元，增长1.3%；第三产业增加值203.39亿元，增长4.8%；三次产业结构调整为22.2∶26.3∶51.5。纵观平凉2000～2018年产业结构变化（见图1），农业在经济中占比始终保持在20%以上，产业占比最高时接近30%，2018年因为受到自然灾害的直接影响，农业产值大幅下降，但农业作为平凉经济社会发展的基础产业的地位没有改变。

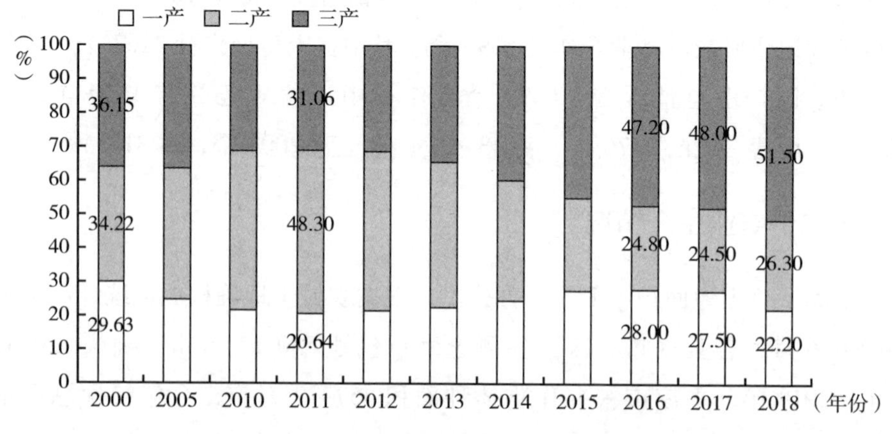

图1　2000～2018年平凉市三次产业结构变化情况

（四）农村扶贫特色产业发展情况

平凉农村产业主要是种植、饲养，在农村脱贫致富中，平凉市坚持“远抓苹果近抓牛，当前脱贫抓劳务”总思路，形成了以牛、果、劳为主导，菜、薯、药、游等多元产业为补充的“3+X”产业发展格局，尤其是苹果、肉牛、劳务等特色优势产业扩量提质、创牌增效，为农民增收致富、摆脱贫困提供了强有力的保障，为乡村振兴奠定了良好基础。在扶贫发展中，平凉探索出了“庄浪模式”“静宁模式”“灵台模式”。

1. 苹果产业

2018年，平凉市苹果种植总面积达256万亩，其中：挂果园面积132万亩，实现果品总产量128.3万吨、总产值84.6亿元、果品销售平均价格2.93元/斤，与2017年相比，分别减产66.4万吨、增加4.6亿元、上涨0.88元/斤，产量减幅34.1%、产值增幅5.8%、单价涨幅43%，“静宁苹果”品牌价值133.99亿元。产量减少、产值增加的原因在于：低温霜冻灾害、果园管理滞后导致果品产量下滑，全国产量下降、品牌优势凸显助推果品价格上涨，因此整体产量虽然有所下降，但市场价格全线上涨助推了产值的略微增加。2018年平凉市果业建设目标任务完成情况统计如附表所示。

2. 牛产业

牛产业是推动平凉农业发展与农民致富的首位产业，近年来平凉市主打“平凉红牛”品牌，开展“平凉红牛”全国驰名商标创建，参加并承办农博会、畜博会、牛产业发展大会等重大节会，加强“平凉红牛”品牌及其产品的展示、宣传和推介。截至2018年底，平凉市牛饲养量近70万头，牛存栏量39.63万头、出栏量30.15万头，累计建成规模养牛场406个，扶持养牛大户1.6万户，发展养牛专业合作社1012个，完成肉牛冻配改良14.08万头，实施“粮改饲”30万亩，青贮玉米秸秆186.23万吨。

3. 劳务产业

据平凉市人力资源和社会保障局2018年对平凉市劳务产业发展调查，农村劳动力外出周期结构为：1～3个月的占11.97%，3～6个月的占

26.39%，6~10个月的占43.23%，10~12个月的占18.41%。劳务收入水平结构为：月收入1500~2000元者占22.69%；2001~3000元者占28.58%；3001~4000元者占29.78%；4001~5000元者占12.35%；5001元及以上者占6.6%。从整体上看，平凉市农村转移劳动力收入水平在4000元及以下者占81.05%，低收入群体与高收入群体收入水平差距成倍，人均月收入为1800元，月收入3000元（平均线）及以下者占51.27%。

4. 乡村旅游

为促进文化旅游与农业的融合发展，平凉市因地制宜打造乡村旅游，以游兴村、以游强镇、以游富民，把乡村旅游培育成农业转型升级的新动能和惠民富民的新业态。现已建成诸如凤凰村、白家村、贾洼村、上寨村、西刘村等一批休闲观光旅游村，2018年平凉市共有16个村列入全省旅游示范村名单如表1所示，带动发展农家乐313户，乡村旅游接待游客438.1万人次，实现旅游收入3.35亿元。

表1　2018年平凉市入围甘肃省旅游示范村名单

县(市、区)	数量(个)	示范村名单
崆峒区	4	崆峒镇太统村、崆峒镇寨子街村、崆峒镇西沟村、花所乡寺沟村
泾川	3	城关镇凤凰村、汭丰镇郑家沟村、玉都镇康家村(中国乡村旅游模范村)
崇信	1	新窑镇西刘村
灵台	2	中台镇水泉村、中台镇康家沟村
华亭	2	策底镇大南峪村、东华镇刘家沟村
庄浪	2	郑河乡上寨村、韩店镇石桥村
静宁	2	余湾乡王坪村、余湾乡阴坬村

二　乡村振兴背景下甘肃农村产业兴旺发展存在的问题

平凉以苹果、牛为代表的农业主导产业在发展积累中虽取得了较大成效，但在乡村振兴的总目标下，平凉市产业兴旺发展在产业要素、产业主体、产业结构、产业收益、产业技术、风险防范等方面仍存在一些问题。

（一）要素活力不够，产业后劲不足

1. 土地流转缓慢

目前，农民对土地流转大多持观望态度，土地流转意愿较低，农村土地闲置、撂荒、利用粗放与新产业新业态发展用地供给不足并存。2018 年平凉市规范有序流转土地 108.08 万亩，流转率仅 19.7%。

2. 专业人才缺乏

平凉市当前农业实用人员普遍老弱化，职业农民群体还未形成，农业发展中人才总量不足、层次不高、结构不合理，产业兴旺发展缺乏核心力量。以静宁县苹果产业为例，全县仅有 31 名专业技术干部，人均指导面积 3 万亩。

3. 资金要素不足

没有资金，就用不好地，招不到人，形不成产。目前平凉农村产业发展资金主要源于政府，社会资本与金融资本进入乡村意愿不强，农民将土地转让金继续投向农业农村的比例也相对偏低，农村资源转化为资产的渠道还未完全打通。

（二）产业主体不强，辐射带动较弱

1. 小农户层次偏低

小农户目前在平凉地区仍是农业生产经营的重要主体与基本单位，以生产分散、规模较小、经营管理粗放、标准化意识缺乏、市场话语权不够、生产层次偏低为主要特点。

2. 家庭农场创建不足

家庭农场符合当前农业生产的要求，因其既具备家庭经营的本质，又突破了小农户的局限。平凉家庭农场创建目前还在起步阶段，且存在“规模 = 现代化”认知误区，数量不多、竞争力弱的现象比较普遍。平凉市静宁县南部苹果产区的家庭农场发展相对成功。

3. 合作社发展质量不高

对于发展合作社，微观上的分散农户普遍缺乏合作愿望和积极主动性，合作社负责人不愿干、不会干；宏观上多数合作社没有建立有效的利益联结机制，“空壳社”“挂牌社”问题突出。据调查：截至2019年5月，平凉市登记注册的农民专业合作社中运营规范的有1620个，占25.3%。

（三）主导产业初级，内部结构单一

1. 主导产业位列“初”“原”

“牛果劳”特色产业规模多是个体量的叠加或集合，且种养主要集中在初级生产端。以肉牛产业为例，“初”字号和“原”字号的肉牛产品占据主流，品牌、市场占有率，市场竞争力仍然不强，开发档次和组织化程度还需要提升。

2. 产业抗风险能力不强

当前平凉各县（市、区）主导产业同质化已形成，但同质化、单一化在释放规模效益的同时，会对其他多元补充产业产生排斥，降低农产品多样性，加大产业风险性。例如，泾川县的生猪饲养、崇信的小杂粮和特色果蔬种植，以及乡村手工业发展等都受到了忽视。

（四）融合发展层次较低，产业增效缓慢

1. 产品市场竞争力不够

当前农产品销售量与质并重，品牌影响力直接决定市场竞争力，平凉市苹果品牌打造和市场渠道虽已有成效，但在消费领域品牌依然不够响亮；肉牛虽品质上乘，但传统畜牧业比重较大，实际产能相对有限，市场份额微乎其微。

2. 农业产业链条较短

农业不能单打独斗，需要纵深、横向连接。平凉市一产向后延伸不充分，以供应初级产品为主，从产地到餐桌的链条不健全；二产两头连接不紧

密，加工、包装、冷链物流企业及交易市场链条没有完全组合；三产发育不足，农村生产生活服务能力不强。

3. 产业融合层次较低

产业融合包括农业内部种养结合、产业链向前向后延伸、农业功能综合拓展、先进要素渗透、多元复合等。平凉目前三次产业融合发展虽有雏形，但缺乏有效的融合载体与项目支撑，产业融合层次简单初级。

（五）技术水平不高，生产效率偏低

1. 农业机械化投入不足

平凉市农业生产布局多为大片区、小型化，现有农机多为小型农业机械，适宜性大型机械较少，生产成本不能有效降低。小农户购置农机主要用于农药喷洒、种养运输、家庭自用，重复购置、投入不足、资金压力大、农机结构不合理现象突出。

2. 科学技术水平偏低

科学技术可提高农业整体质量和效益，也可提高资源利用率、实现成本压缩。在平凉当前发展中，只有海升等个别现代农业企业拥有较高的科学技术，但溢出效应十分有限，小农户生产均处于农业 2.0 的初级阶段。

3. 生产管理不够标准

受地理条件有限、土地分散、小农生产、投入不足、观念落后等影响，平凉农业产业从苹果、肉牛、蔬菜、药材等传统种养业到新兴的乡村旅游，生产经营管理普遍简单初级，这与当下“集约、精细、安全、绿色、有机”的消费导向存在矛盾。

（六）多重风险叠加，保障措施不全

1. 产业发展面临多重风险

农业生产过程中面临自然风险、市场风险、管理风险、资金风险、社会风险等，且多种风险相互叠加，区域效应明显，并具有广泛的伴生性，对农业生产经营构成绝对约束。自 2017 年开始，平凉市苹果产业分片区连续三年都受到了自然灾害影响。

2. 支农惠农政策效应释放不充分

为保证政策在执行中不走样，基层通常都按要求严格实施，但政策效应释放未能最优化。以“扶贫车间”建设为例，庄浪的“扶贫车间”建设实现了吸纳贫困户“家门口就业”的目标，泾川、灵台、崇信等县区却不同程度存在“开花不结果”“重投资、轻运营”“难造血、难换血”等现象，不同程度地造成了政策资金浪费。

3. 社会化服务体系不健全

调研显示：小农户、专业大户、家庭农场、合作社等对农业生产社会化服务都具有显著需求，却不了解现有各类社会化服务内容与服务体系。平凉市农业生产社会化服务供给还不完善，而且主要由政府承担，信息服务供给与需求之间还未能实现有效匹配。

三　乡村振兴背景下甘肃农村产业兴旺的路径探索

相较过去，平凉市乡村产业的确更加兴旺，但以乡村振兴目标要求和产业兴旺细化指标衡量，仍有较大发展空间。在乡村振兴背景下，本报告对甘肃农业产业兴旺的路径探索提出以下建议。

（一）聚集关键要素，夯实产业基础

要破解“无人种地、谁来种地、如何种地”的问题，必须有效聚集土地、人才、资金等关键要素。

1. 用活土地资源

解决农村土地闲置撂荒、流转缓慢、利用不成规模等问题，必须提高流转效益，创新流转形式。一要量化农村土地资源，特别应摸清各县（市、区）基本农田、建设用地、宅基地的基本情况，全面完成土地确权。二要加强农村土地使用管理，丰富土地使用功能，优化耕地保护、产业发展、村庄建设、生态保护等用地布局，坚决禁止乱建、乱占，严格执行土地占补平

衡。三要鼓励创新土地托管、“土地银行”等土地经营权入股形式，让土地变现“活”起来。

2. 统筹涉农资金

总思路是构建财政资金优先保障、金融资金重点倾斜、社会资金积极参与的多元投入格局。财政资金方面，要深化涉农资金统筹整合改革，探索资金优化利用方式，最大限度释放财政资金“四两拨千斤”的功能。金融资金方面，扩大涉农信用贷款额度，开发产业强化贷、乡村旅游贷等产品，满足产业兴旺不同领域的贷款需求。社会资金方面，谋划实施村企结对，帮助发展壮大村级集体经济。

3. 搭建人才“引擎”

做好引才、聚才、留才工作，必须真正解决“愿意来”“留下来”“留得住”问题。“愿意来”在于优化人才的引进条件，“留下来”重点是有看得见的发展机会，“留得住”要解决人才发展的后顾之忧。短期之内，主要可从培训、选拔、吸引方面入手，以临时性农业生产技术培训从事农业生产的农民和返乡农民工；依托组织人事部门选拔优秀农民企业家、致富能手做致富带头人；吸引企业家、专家学者、技能人才等投身乡村振兴。中期来看，可依托大中专院校进行定向人才培养，引进科技能人、职业经理人、乡村工匠、文化能人、非遗传承人。长期来看，必须进行农村基础设施发展投入，让年轻人感到无论城市乡村，无论农业、工业、服务业都有一样的发展机会。

（二）优化组织形式，壮大产业主体

产业主体具有多样性，不同的产业主体在不同领域和环节的作用各不相同，乡村振兴必须具备有效的发展载体和组织形式。

1. 坚持“小农户”家庭经营基础

短期内，在农业生产中小农户的基础地位不会发生大的变动，必须积极探索其与现代农业有机衔接的路径。在认识定位上，不能忽视当前农业发展的特点与小农户基础的事实，不能片面理解农业现代化，不能机械式地将工

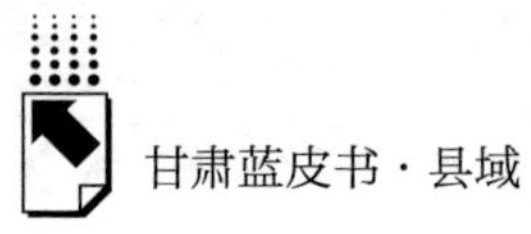

业思维挪到农业上，不能把规模化作为标配。在组织引导上，应推动多种形式合作与联合，挖掘“新乡贤”“新农人”发挥引导作用。在与现代农业的衔接上，扶持小农户发展生态农业、体验农业、定制农业，为适度规模经营的家庭农场奠定基础。

2. 培育适度规模家庭农场

中短期之内，小农户难以支撑现代农业发展，必须培育适度规模家庭农场。在形式上，家庭农场的主要劳动力仍然来源于家庭，主要收入来源仍是农业经营，其本质是小农户生产单元的有效扩大。在规模上，“适度”下限以满足从业主体生活需求为准，上限是家庭劳动力依托现有技术条件释放最大经营能力所能达到的规模水平。在方法上，以具备良好的生产经营能力为前提，制定符合平凉实际的《家庭农场财政扶持办法》《家庭农场认定管理办法》《家庭农场考核补贴意见》等，从财政补贴、大型农机购置补贴、贷款贴息、利率优惠、专项保险、税收优惠、销售渠道搭建等方面给予扶持。

3. 强化合作社内生发展动力

实现产业兴旺必须依托合作社，并且要着力强化合作社内生发展动力。首先，对全市合作社的数量、规模、功能定位、发展收益进行全面摸底，通过兼并重组留强去弱，对“空壳社”全部注销清零。其次，以市场化运营为原则，完善决策、管理、监督、利益分配等机制，不能使合作社成为套利机构和应对检查的“摆设”。最后，降低扶持资金依赖性，真正建立营利机制，激发农民内在合作需求与积极性。

（三）探索多元道路，优化产业结构

种植业、养殖业、乡村文化产业、乡村服务业、乡村手工业等共同构成产业兴旺的基础。

1. 多元发展增强抗风险能力

产业兴旺载体理应多元，生产类型理应丰富，以满足农村生产经营发展的多样性。一方面，要重视产业同质化导致的风险积累和连片性，根据区域资源基础，对主导产业分区进行细化，例如静宁南北部、泾川塬川区的分类布局。另一方面，遵循“东边不亮西边亮”原则，适当支持各县区发展“五小”产业，形成特色补充产业，对冲自然风险和市场风险。

2. 优化农村农业经济结构

农业增效、农民增收作为产业兴旺的目标，必须依托构建与市场需求相适应的现代农业产业体系。在农产品结构上，要围绕消费需求多层次、多样化的要求，因地制宜开发特色农产品。在产业结构上，要深入挖掘农业的生产、生活、文化、观光、生态功能，秉持大农业发展理念，拓展田园古镇、健康养生、红色资源、传统民俗、农耕体验等。在区域结构上，建设特色优势农业区、生态体验农业区、旅游休闲观光区、优质特色农产品主产区等，避免同一化。

（四）倡导融合发展，拓展产业空间

产业融合应以种养业为基础，不断延伸农业产业链，重塑价值链。

1. 提亮不可复制性

特色产业关键特征在于不可替代性和难以复制，平凉的苹果、肉牛发展亟须在“优、精、特”上突围。一要从资源特色、环境特色、气候特色上进行提亮，对原产地商品进行保护，突出本地农特产品不可复制性，如借鉴“五常大米”营销卖点推广“静宁苹果”。二要挖掘传统名特优，将特色农业与特色文化相融合，强化平凉传统名特优农产品品类、数量与排他性。三要遵循做精做强原则，避免过分强调“做大”导致“谷贱伤农”的现象，特色农业必须“优而精”“精而强”，靠特色和品质在市场竞争中取胜。

2. 延伸农业产业链

必须借助政府、金融、上下游企业、项目，从不同的切入点共同发力。第一，对产业链延伸不能做传统或者机械理解，产业链延伸目的在于让最终消费者的需求得到有效满足，而不在于加工环节增加了多少，加工环节增加与产品增值并不直接相关，例如做番茄酱并不是西红柿增值的唯一渠道，苹果也是如此。第二，发展乡村手工业作为补充产业链，开发乡村经济价值，如安口陇窑陶瓷、崆峒纸织画、庄浪麦秆画、泥塑、剪纸、刺绣等。第三，

注重乡村功能与农业发展相互扩展，向休闲、度假、教育等新型业态延伸，“文旅农”“庄园经济”都是有效途径，平凉可尝试打造安口陇窑陶瓷工艺体验基地等。

3. 推进三次产业深度融合

产业融合不仅是农业内部的融合，也涵盖产业间的融合。首先，要弄清融合本质，“做大一产、做强二产、做活三产”本质是产业衔接，产业融合不是简单的一产“接二连三”，目的在于拓展产业空间、获得综合利润。其次，要考虑融合什么，可围绕农业多功能性和乡村属性，推进农业与城镇化发展中新兴的旅游、教育、文化体验、健康养老等需求融合拓展。最后，还要建立融合渠道，可依托物联网、大数据、云计算等新技术，通过发展农产品电子商务、创意农业、众筹农业、景观农业、品牌农业、会展农业等新业态、新模式、新渠道开发农村资源。

（五）提高生产技术，增加产业收益

农产品质量提升与生产成本下降都依赖于科学技术的开发应用和农业生产管理的科学化。

1. 以技术促升农业生产效率

第一，抓好资源高效利用、作物栽培植保、动植物品种选育等技术，推广标准化、集约化、健康化种植养殖与灾害防控、病虫害防治、测土配方施肥、旱作节水等技术。第二，推进农业现代化与信息化深度融合，把精准农业、绿色农业、智能农业作为切入点和主攻方向。第三，开发搭建农村科技服务推广 APP 或云平台，使种养、农技、市场、培训等信息推送覆盖最大化、应用大众化。

2. 以科技创新推进农业绿色发展

秉持绿色发展理念，破解资源约束，促使农业生产经营收入与进城务工的收益持平，解决“去精英化”“老龄化”“空心化”等硬约束。第一，依照农业供给侧结构性改革要求，建立绿色农业科技精准扶持机制，引导生态农业创新。第二，建立协同攻关机制，引导社会各创新主体积极参与，创新平凉绿色生产模式。第三，推进农业清洁生产，实施面源污染源头控制、农业节水灌溉、有机栽培、精准施肥、有机肥替代、循环型农业等技术，推进畜禽粪污、废旧农膜、农作物秸秆等农业废弃物的资源化利用。

3. 多渠道提升农业生产管理水平

第一，加强新型农业主体组织标准化，制定《平凉市农民专业合作社规范管理意见》《农民专业合作社运行目标责任书》对组织内所有成员职责及工作调配加以标准化，提高运营效率。第二，聘请有关技术管理能手组建培训队伍，推广新技术、新方法、新品种、新经验。第三，开发技术管理咨询、指导 APP，重点解答生产技术、产品标准、科技意识、市场趋势、经营能力等问题。

（六）建立保障机制，防范产业风险

风险管理好，产业兴旺就能行稳致远；管理不好，乡村振兴发展就会徘徊不前，甚至无疾而终。

1. 构建普惠农业保险体系

平凉现有农业保险以覆盖物化成本为主、覆盖范围有限，农民保险意识缺乏、现有保障水平偏低。首先，要加强宣传引导，提高群众对农业保险的认知水平、参保积极性，增强投保意识。其次，鼓励农业保险业务和保险产品创新，开发针对不同风险的农业保险，完善灾害风险分散机制。最后，实现政策性农业保险全覆盖，科学厘定地方特色农产品的保险金额和费率，确保农民遭灾后的兜底保障。

2. 优化财政金融支农政策

要积极克服发展理念滞后、产业主体发育不足、体制机制约束，让支农惠农政策效应充分释放。第一，在原则上根据地区实际情况，通过体制机制创新最大限度释放政策效应，例如在扶贫资金使用中列支地方特色农产品保险基金。第二，探索灵活全面的政策红利监管制度，全过程监督政策资金使用，确保政策有效、安全、规范、高效运行，防止寻租与腐败。

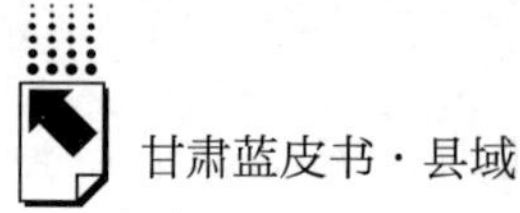

3. 构建产业兴旺服务体系

促进专项服务和综合服务相协调、公益性和经营性服务相结合，增强服务供给能力。第一，构建“总站—服务中心—服务站”三级农业科技服务体系，降低生产、流通、营销等环节的信息成本，提高产业整体效率。第二，引导龙头企业、行业协会、科研院所、高等院校等参与融合服务体系，为农业经营主体提供综合服务，第三，引进物联网、大数据、云计算等智能化技术与平台，构建网上质量安全追溯服务体系，例如对苹果、肉牛等平凉特色优势农产品，建立“生产可记录、信息可查询、流向可跟踪、质量可追溯”系统，在市场中凸显特性进而增加排他性。

参考文献

《中共中央、国务院乡村振兴战略规划（2018～2022 年）》，2018 年 9 月。

韩长赋：《国务院关于乡村产业发展情况的报告》，2019 年 4 月。

郭永田：《产业兴旺是乡村振兴的基础》，《农村工作通讯》2018 年第 1 期。

朱启臻：《产业兴旺要发展乡村融合产业》，《农村工作通讯》2019 年第 2 期。

高帆：《乡村振兴战略中的产业兴旺：提出逻辑与政策选择》，《南京社会科学》2019 年第 2 期。

周阳敏、桑乾坤：《乡村振兴战略背景下产业兴旺问题研究》，《河南工业大学学报》（社会科学版）2018 年第 11 期。

附表

2018年平凉市果业建设目标任务完成情况统计

县(区)	经济林面积(万亩)								当年新植(万亩)					被植
	其中				挂果园				合计	苹果		核桃	其他	
	合计	苹果	核桃	其他	合计	苹果	核桃	其他		小计	其中矮密栽植			
合　计	221.17	198.41	15.69	7.07	143.47	137.22	3.45	2.8	18.113	13.703	7.603	2.11	1.15	8.3
崆峒区	12.29	9.9	1.89	0.5	3.5	3	0.3	0.2	0.193	0.123	0.123	0.02	0.05	0.06
泾川县	36.66	30.99	2.67	3	27.05	25.02	0.43	1.6	1.3	0.41	0.15	0.29	0.6	3
灵台县	22.67	22.67			16.2	16.2			3.07	3.07	2.6			
崇信县	6.34	4.93	1.16	0.25	2.78	2.5	0.08	0.2	1.87	0.06	0.03	0.87	0.29	0.24
华亭县	9.43		9.43		2.64		2.64		1			0.7		2
庄良县	44.41	44.04	0.25	0.12	25.6	25.6			2.98	2.52	0.2	0.14	0.12	1
静宁县	89.37	85.88	0.29	3.2	65.7	64.9		0.8	7.7	7.52	4.5	0.09	0.09	2

县(区)	提质增效工程建设(万亩)				示范园建设(个)					品牌宣传大型活动(次)	果园防雹网架设(亩)	果品贮藏能力(万吨)		加工能力(万吨)	直销窗口(个)
	小计	新幼园管理	挂果园提质	老果园改优	国家级	省级		市级				累计	当年新增		
						累计	当年新增	累计	当年新增						
合　计	160.2	71.81	80.19	8.2	6	87	1	114	30	15	3360	92.1	2.3	16.31	81
崆峒区	4.2	1.81	2.19	0.2		11		12	3						
泾川县	31.2	6	25	0.2	1	19		34	6	2	330	18.5	1	1	
灵台县	10.5	6	4	0.5		12		16	3	3	2500	5.9	1.1	0.03	11
崇信县	4.3	2	2	0.3		4		10	3	2	30	0.5			31
华亭县	4	2	2					1	2	1				0.02	
庄良县	36	19	15	2	3	20	1	25	6	2		15.2	0.2	0.26	5
静宁县	70	35	30	5	2	21		16	7	5	500	52		15	34

B.10

易地扶贫搬迁移民城镇化路径创新

——国家级民族贫困县广河县调查报告*

滕海峰　李含琳　李　祯　李　楠**

摘　要： 甘肃省广河县在推进精准扶贫的过程中，按照国家和省上的战略部署，科学规划、高标准实施异地移民搬迁扶贫工程，取得初步成效。他们的基本经验是将易地扶贫搬迁移民的城镇化作为移民搬迁工作的核心内容，具体路径主要包括：搬迁移民以县城集镇安置为主的空间城镇化，生产方式的非农化转型，生活方式的城镇化转型，以及组织与管理方式的社区化转型。在异地移民搬迁过程中，强调移民搬迁和城镇化的耦合推进和高标准、系统化建设，取得了一些成功的做法和经验，值得西部同类型的地区借鉴。

关键词： 易地搬迁扶贫　搬迁移民　城镇化　路径创新

一　问题的提出和根据

异地移民搬迁扶贫，自2001年国家发改委安排专项资金在全国范围内

---

* 基金项目：2017年国家社会科学基金项目《陕甘宁异地移民扶贫迁出区荒芜土地现状调查与整治对策研究》（17XJY019）的阶段性成果。

** 滕海峰，中共甘肃省委党校经济学教研部副主任、副教授；李含琳，中共甘肃省委党校智库首席专家、经济学教授；李祯，中共甘肃省委党校公共管理教研部讲师。

陆续组织开展以来，已经快 20 年了。在推进实施过程中，国家政策支持、地方政府全力实施、搬迁移民积极响应，三位一体，切实帮助“一方水土养育不了一方人”地区的贫困群众“挪穷窝、换穷业、拔穷根”，这一重要的脱贫攻坚举措，党中央国务院关心，地方政府关心，人民群众关心。

在异地移民搬迁扶贫过程中，首要的就是解决“往哪搬”的问题。从搬迁移民的长远发展来看，若是搬迁到村庄周边，就是涉及到异地移民搬迁扶贫与乡村振兴衔接的问题和安置点的美丽乡村建设问题；若是搬迁到城镇或园区周边，就涉及异地移民搬迁扶贫与城镇化耦合推进的问题，涉及到搬迁移民自身的生产生活方式非农化和城镇化转型的问题以及城镇居住小区与城镇建设问题。关于前一个问题，本课题组在 2018 年对甘肃省古浪县易地移民搬迁及古浪县黄花滩移民安置区建设做了专题调研，形成了题为“异地搬迁扶贫中的土地整治与产业打造联动模式创新——甘肃省河西走廊地区国家级深度贫困县古浪县的调查报告”，核心观点是易地移民安置区建设过程中要注重土地整治与产业打造的协同推进，目的是要解决异地移民搬迁中的“搬得出、稳得住、能致富”的问题，其落脚点是移民新村的建设和振兴发展问题。关于后一个问题，本课题组在 2019 年 8 月对甘肃省广河县进行了专题调研，核心目的是要总结和梳理广河县在实施易地移民搬迁扶贫工程过程中推进搬迁移民城镇化的主要做法和基本经验，以期为其他类似地区提供有益启示。

为什么要调查和研究易地扶贫搬迁移民城镇化问题？一是易地搬迁扶贫与城镇化在政策目标上具有耦合性。对于移民群众来讲，易地移民搬迁扶贫是国家政策推动下的特定人群的空间转移，是从根本上脱贫致富的具体手段，也是帮助移民群众参与城镇化和城乡统筹发展的重要手段；更是解放和发展生产力、消除两极分化、实现共同富裕的有效途径，是社会主义本质的具体体现。所以从政策目标导向上看，异地移民搬迁扶贫和城镇化是一致的，其不同点在于适用空间范畴和受众群体的不同，即城镇化属“一般性”的战略范畴，具有普适性；易地移民搬迁扶贫属“特殊”范畴，是特定群体的发展问题。二是实施内容和发展路径上具有相同性。易地移民搬迁扶贫的基本要求是“搬得出、稳得住、能致富”，即要做好居住区规划建设、医疗教育等公共设施配套、水电暖等基础设施建设、产业发展等方面的工作，这些方面，与新型城镇化“加快推进城乡融合发展”的建设任务是一致的。所以，正是因为参与和受众群众、实施目标和涵盖内容的相关性与耦合性，易地移民搬迁扶贫和城镇化具有很强关联性和协同推进的必要性与可行性。

二 调查样本区概况

1. 调查区选择

本调查之所以选择广河县作为样本区域，重点分析易地扶贫搬迁移民的城镇化路径，主要原因有以下几个方面。一是甘肃省广河县是国家扶贫开发工作重点县，也是“三区三州”贫困县之一，近年来精准扶贫精准脱贫效果明显。2013～2018 年，全县贫困发生率由 27.03% 下降到 8.63%。二是广河全县有近 70% 的人口居住在南部、北部山区，行路难、上学难、发展难，处于沟壑纵横、高海拔地带，易地移民搬迁扶贫是重要的减贫举措。2016～2018 年，已搬迁安置 2820 户 14828 人。三是依托县城、集镇和园区，抓基础设施、抓后续产业、抓服务管理，真正在促进贫困群众稳定脱贫上显现了非常重要的作用，切实在易地扶贫搬迁移民城镇化的路径创新与探索上，有其独特的做法和经验。本报告是在文献调研及多次实地调研的基础上形成，希望对类似地区的易地搬迁工作和城镇建设工作有启发，并提供经验借鉴。

2. 调查区概况

广河县位于甘肃省中部西南方，是临夏回族自治州的“东大门”，全县辖 6 镇 3 乡 102 个行政村 1121 个合作社，总面积 538 平方公里，总耕地 42 万亩，总人口 25.7 万，其中回族、东乡族等少数民族人口占总人口的 98%。2018 年，广河完成生产总值 22.56 亿元，同比增长 5.9%；规模以上工业增加值达 0.564 亿元，同比下降 32.4%；固定资产投资 16.62 亿元，同比下降 10.82%；社会消费品零售总额达 9.09 亿元，同比增长 9.0%；公共预算财政收入达 0.957 亿元，同比下降 27.84%；城镇居民人均可支配收入达 19850.6 元，增长 7.5%；农村居民人均可支配收入达 7455.6 元，同比增长 9.9%。

3. 调查区贫困特点

2013 年底建档立卡时，全县有贫困人口 12545 户 57800 人，贫困发生率为 27.03%；有贫困村 51 个，其中深度贫困村 28 个。经过几年的努力，全县减贫 8545 户 36777 人。截至 2018 年底，全县有贫困人口 4000 户 21023 人，贫困发生率为 8.63%。广河县人多地少，地域特征为“两山一川”，70% 的建档立卡贫困户居住在南北两山的五大流域片区，自然条件艰苦，行路难、上学难、就医难的问题比较突出，解决“两不愁、三保障”的难度较大。对于这些“一方水土养育不了一方人”的区域，如果不采取搬迁方式，就很难从根本上解决问题。

4. 移民搬迁主要成就

广河县紧扣“两不愁、三保障”目标，认真落实“五个一批”脱贫措施，按照甘肃省、临夏州发改部门的部署和指导，切实把易地扶贫搬迁作为打赢脱贫攻坚战的重要举措，依托集镇和园区，抓基础设施、抓后续产业、抓服务管理，使之真正在促进贫困群众稳定脱贫上显现了非常重要的作用。2016 年以来，累计投入资金 8.56 亿元，实施易地搬迁 2820 户 14828 人。其中，2016 年搬迁 772 户 3520 人，分别在城关镇大杨家、三甲集镇康家三期进行安置，目前已全部搬迁入住；2017 年搬迁 559 户 2927 人，目前已经全部入住；2018 年搬迁 1489 户 8381 人，其中楼房集中安置 1275 户，已建成 516 户，入住 330 户，计划 2019 年 10 月底搬迁入住，全面完成“十三五”时期易地扶贫搬迁任务。

三　广河县推进易地扶贫搬迁移民城镇化的主要做法

广河县实施易地移民搬迁扶贫工程，不是简单的易地移民，也不是简单的扶贫，而是在目标导向、实施路径、管理方式等方面，对标新型城镇化要求，通过空间转移、生产方式非农化、生活方式城镇化、组织与管理方式社区化、基础设施和公共服务设施现代化等方式，促进易地扶贫搬迁移民在思想上、生活上、生产上等方面尽快融入城镇，实现全方位、高质量的城镇化。

（一）城镇楼房安置为主的空间城镇化

在易地移民安置区的选址上，一是注重易地搬迁与村镇发展相结合，探索以县城、集镇安置为主，合理选址，配套建设，让利于群众，实现“四通四有”，即：搬迁户通自来水、通水泥路、通天然气、通动力电，安置点附近有小学、有幼儿园、有卫生室、有文化广场，使搬迁群众能就近享受到教育、卫生、文化等公共服务；二是注重易地搬迁与园区发展相结合，围绕城关镇、三甲集镇，结合县城西区开发和经济开发区建设，建设易地搬迁住宅小区，使搬迁户走上了变农民为居民的路子，促进生产生活方式发生了根本性转变。2016 年，易地扶贫搬迁移民 772 户 3520 人，全部为楼房安置；2017 年，易地扶贫搬迁移民 559 户 2927 人，其中楼房安置 402 户 2092 人，占总移民安置的 71.91%；2018 年，易地扶贫搬迁移民 713 户 3767 人，其中楼房安置 533 户 2845 人，占总移民安置的 74.75%（见表 1）。

表 1　广河县易地扶贫搬迁移民安置点建设（2016～2019 年）

<table>
<tr><th colspan="3" rowspan="2">移民安置点建设</th><th rowspan="2">全部建成时间</th><th colspan="2">实际搬迁和安置</th><th rowspan="2">占当年的比重(%)</th></tr>
<tr><th>户数(户)</th><th>人数(人)</th></tr>
<tr><td colspan="3">2016～2019 年合计</td><td></td><td>2044</td><td>10214</td><td></td></tr>
<tr><td colspan="3">2016 年</td><td></td><td>772</td><td>3520</td><td>100.00</td></tr>
<tr><td rowspan="3">其中</td><td colspan="2">楼房安置</td><td></td><td>772</td><td>3520</td><td>100.00</td></tr>
<tr><td rowspan="2">其中</td><td>城关镇大杨家(水岸花苑)楼房安置点</td><td>2018 年 11 月</td><td>331</td><td>1599</td><td>42.88</td></tr>
<tr><td>三甲集康家安置点三期楼房安置点</td><td>2018 年 10 月</td><td>441</td><td>1921</td><td>57.12</td></tr>
<tr><td colspan="3">2017 年</td><td></td><td>559</td><td>2927</td><td>100.00</td></tr>
<tr><td rowspan="9">其中</td><td colspan="2">楼房安置</td><td></td><td>402</td><td>2092</td><td>71.91</td></tr>
<tr><td>其中</td><td>三甲集镇康家二期楼房安置点</td><td>2017 年 12 月</td><td>402</td><td>2092</td><td>71.91</td></tr>
<tr><td colspan="2">插花安置</td><td></td><td>157</td><td>835</td><td>28.09</td></tr>
<tr><td rowspan="6">其中</td><td>阿力麻土乡乡镇安置点</td><td>2018 年 10 月</td><td>17</td><td>99</td><td>3.04</td></tr>
<tr><td>官坊乡乡镇安置点</td><td></td><td>45</td><td>247</td><td>8.05</td></tr>
<tr><td>买家巷镇乡镇安置点</td><td></td><td>18</td><td>89</td><td>3.22</td></tr>
<tr><td>齐家镇乡镇安置点</td><td></td><td>4</td><td>26</td><td>0.72</td></tr>
<tr><td>水泉乡乡镇安置点</td><td></td><td>33</td><td>177</td><td>5.90</td></tr>
<tr><td>庄窠集镇乡镇安置点</td><td></td><td>40</td><td>197</td><td>7.16</td></tr>
</table>

续表

移民安置点建设			全部建成时间	实际搬迁和安置		占当年的比重(%)
				户数(户)	人数(人)	
2018 年				713	3767	100.00
其中	楼房安置			533	2845	74.75
	其中	城关镇大杨家(水岸花苑)楼房安置点	2018 年 11 月	197	801	27.63
		三甲集镇东关(广惠小区)楼房安置点	2018 年 10 月	22	44	3.09
		三甲集镇东关(宁定佳苑)楼房安置点		67	549	9.40
		三甲集镇康家二期楼房安置点	2017 年 12 月	89	470	12.48
		三甲集镇康家三期楼房安置点	2018 年 10 月	89	443	12.48
		三甲集镇沙家(新月花苑)楼房安置点	2019 年 4 月	69	538	9.68
	插花安置			180	922	25.25
	其中	阿力麻土乡乡镇安置点	2018 年 11 月	6	32	0.84
		官坊乡乡镇安置点	2018 年 11 月	1	10	0.14
		买家巷镇乡镇安置点		26	143	3.65
		水泉乡乡镇安置点	2018 年 11 月	1	4	0.14
		齐家镇乡镇黄家坪安置点		108	517	15.15
		庄窠集镇乡镇安置点		38	216	5.33

(二)生产方式的非农化

在城镇或园区安置的搬迁移民，在生产方式和生活方式上发生了根本性变化，不再从事以种植和养殖为主的农业生产，实现了收入来源的多元化和非农化。一是建设扶贫车间，促进搬迁移民就地参与第二产业生产。截至 2019 年 8 月，广河县发展扶贫车间 22 个，带动就业 3200 余人，其中贫困户 1770 人，月收入都在 2000 元以上。在三甲集和县城易地搬迁安置点设立的扶贫车间达 11 个，让搬迁来的妇女从事小型加工劳动，累计吸纳易地扶贫搬迁户 484 人。二是拓展服务业就业领域和渠道。县委、县政府有组织地开展技能培训和劳务输转，每年稳定输出劳务人员 3000 人以上。三是拓宽资产性收入渠道。在易地扶贫搬迁点新建设商铺 9418 平方米，其中城关镇大杨家安置点 5030 平方米、三甲集镇康家安置点 4388 平方米，商铺产权归社区集体所有，年收益 188.35 万元，搬迁群众人均占有铺面资产 0.8 平方米，年分红 160 元，户均增收 765 元。另外，组织动员搬迁群众将迁出区土地及复垦土地使用权流转入股到合作社和“粮改饲”龙头企业，由企业负责种植，搬迁户在享受粮改饲种植奖补政策的基础上，还能获得企业租金保底收入或资产入股分红，每亩地可多增收 600 元以上。目前，搬迁户已完成订单或土地流转 3400 亩。

（三）生活方式的城镇化

一是能源消费由柴、煤炭转变为天然气、液化气，助推生活理念的转变。在楼房安置点，为每户搬迁群众搭建板炕、安装橱柜、实施天然气入户，彻底摆脱了农村传统的土炕、土灶等设施，从而对居家方式、卫生健康、文化娱乐等的升级提供了设施基础。二是着力打造脱贫攻坚精神家园。以乡村振兴和贫困村综合文化服务中心建设为契机，按照“七个一”标准要求，全县累计已建成贫困村综合文化中心示范点 37 个，正在建设 10 个，依托村综合文化中心开展文体活动 30 场次，放映国产优秀影片 180 余场，累计在全县绘制核心价值观、励志脱贫漫画墙 330 余面，张贴精神扶贫标语 170 余条，发放宣传画 5000 余张。四是广泛开展志愿服务活动。组织志愿服务队伍深入村社，开展“送温暖”“献爱心”“义诊”等公益活动 50 余次。为引导贫困群众“要我脱贫”向“我要脱贫”转变，在广泛宣传评选的基础上，已在全县各村选出 150 余名脱贫致富榜样人物。

（四）群众组织和治理方式的社区化

在易地搬迁集中安置点成立社区党委，积极做好搬迁群众服务工作。搬迁过程中，设立专门的服务管理站，组织镇村干部和帮扶干部帮助群众搬迁。搬迁后，加强日常服务和物业管理，成立物业管理委员会，针对山区群众对楼房电梯、天然气等缺乏使用技能的实际，组织镇村干部通过集中培训、上门讲解、发放资料、微信传送等多种方式，加强对群众用水用电、天然气使用、电梯使用等各方面的培训和服务，引导搬迁群众养成良好的生活习惯，尽快适应农民变居民的生活方式；针对搬迁环境变化和群众日常生活需要，组织镇、村干部和帮扶干部帮助群众做好户口迁移、上学就医、社会保障、心理疏导等方面的工作，让群众尽快融入新环境、新社区。比如，三甲集社区位于三甲集镇康家村，社区党支部成立于2017年5月，下设搬迁服务管理站，指导成立了物业管理委员会，主要服务对象为易地搬迁一期、二期，四个山区村的搬迁群众，包括黑山、南山、小洼沟及小沟共计955户4643人，及三甲集镇辖区内水家、陈家、东关、沙家及上集5个村的城镇居民894户3612人，总计1849户8255人。社区党支部现有正式党员21名，其中本科学历13人、大中专学历3人，平均年龄31岁。社区干部4名，均为本科生。

四　经验启示

广河县因地制宜推进易地扶贫搬迁移民的城镇化，不论是城镇建设、城乡统筹发展，还是易地搬迁扶贫工程的实施，都积累了一定的经验，可以给类似地区提供有益启示。

第一，思想上高度重视，是做好易地扶贫搬迁和移民城镇化工作的首要前提。易地扶贫搬迁是一项错综复杂的系统工程，广河易地扶贫搬迁之所以取得有效进展，一个重要的原因在于县委、县政府的高度重视，充分发挥了“政府主导”作用，通过党政领导亲自抓，层层分解任务，落实到乡镇，形成了“政府主导、部门协同、群众支持、群策群力”的良好工作机制，为顺利推进易地扶贫搬迁和移民城镇化工作提供了强有力的组织保障。

第二，合理确定搬迁方式，是顺利开展易地搬迁扶贫工程的基础性工作。坚持因地制宜，在搬迁选址上，充分尊重群众意愿，集中安置和插花安置相结合，努力使符合条件、有意愿的贫困群众应搬尽搬。在庄窠集、阿力麻土等山区乡镇，依托中心集镇合理选址，住房以宅院安置为主，由政府统一规划、统一设计，群众自行建设。在三甲集、城关、祁家集等川区乡镇，由于人多地少、土地紧缺，在与群众广泛协商的基础上，通过修建楼房的方式搬迁，由政府统一规划、统一设计、统一建设、统一监理；在楼房户型的确定上，结合农村实际和群众需求，设计了大、中、小不同面积的户型，既满足搬迁群众生活需求，又不突破住房面积“红线”，搬迁的方式非常受群众欢迎。

第三，配套完善基础设施，是易地扶贫搬迁移民城镇化工作的重要内容。坚持水、电、路等基础设施与住房建设统一规划、同步实施，在政策允许的范围内，整合易地搬迁、财政一事一议、农村道路通畅工程等项目资金，配套实施基础设施和公共服务建设。在大杨家、康家两个集中安置点，争取落实各类补助资金 2.56 亿元，配套完善基础设施和公共服务设施，其中大杨家安置点投资 1.69 亿元，硬化改造道路 3.3 公里，新建改造桥梁 1 座，修建了妇幼保健院、体育广场、中学宿舍楼。在康家易地搬迁点投资 8700 万元，硬化改造道路 13 公里，改建桥梁 1 座，埋设自来水入户管网 9.6 公里，埋设污水管网 1.8 公里，建设堤防工程 3.4 公里；争取厦门市东西扶贫协作帮扶资金 300 万元，修建了火炬小学、鹭岛幼儿园，切实保障搬迁群众日常生活需求。

第四，切实压缩搬迁成本，是促进搬迁移民积极响应的重要举措。补偿征地款 3449 万元，由县上统一征地、统一建设，群众不承担征地费；筹措资金 2376 万元，配套建设室外基础设施，全部由县上承担；主动介入地板砖、门窗等装修材料的订购监管，最大限度给予群众优惠。在群众搬迁入住过程中，投资 2270 万元，按照贫困户补助 6000 元、非贫困户补助 5000 元的标准，为每户搬迁群众搭建板炕、安装橱柜、实施天然气入户，群众人均自筹款降低到 2396 元，确保群众能够及时入住，从源头上杜绝了搬迁户因过度装修而负债的问题，真正做到了“拎包入住”。

第五，发展后续产业，是移民生产方式非农化的重要手段。广河县坚持搬迁入住一户、产业培育一户、稳定脱贫一户的思路，对所有易地搬迁户根据劳力情况进行分类，建立劳务档案，通过资产收益扶持一批、规模养殖带动一批、扶贫车间就业一批、服务就业解决一批、土地流转增收一批、光伏扶贫发展一批等“六个一批”扶持措施，努力使每户搬迁户有一个增收产业，每户贫困户有一人就业或务工经商。

第六，提高群众素质，是易地扶贫搬迁移民真正城镇化的根本核心。搬迁户是易地扶贫搬迁的主体，其素质高低直接影响到易地扶贫搬迁的质量与进程，也关系到融入城镇建设和发展的程度和效果。必须通过多层次、全方位的培训和服务，引导搬迁群众养成良好生活习惯，尽快适应农民变居民的生活方式；针对搬迁环境变化和群众日常生活需要，帮助群众做好户口迁移、上学就医、社会保障、心理疏导等方面的工作，让群众尽快融入新环境、新社区并逐步引导其成为安置点的建设者和发展者。

皮 书

智库报告的主要形式
同一主题智库报告的聚合

❖ 皮书定义 ❖

皮书是对中国与世界发展状况和热点问题进行年度监测，以专业的角度、专家的视野和实证研究方法，针对某一领域或区域现状与发展态势展开分析和预测，具备前沿性、原创性、实证性、连续性、时效性等特点的公开出版物，由一系列权威研究报告组成。

❖ 皮书作者 ❖

皮书系列报告作者以国内外一流研究机构、知名高校等重点智库的研究人员为主，多为相关领域一流专家学者，他们的观点代表了当下学界对中国与世界的现实和未来最高水平的解读与分析。截至 2020 年，皮书研创机构有近千家，报告作者累计超过 7 万人。

❖ 皮书荣誉 ❖

皮书系列已成为社会科学文献出版社的著名图书品牌和中国社会科学院的知名学术品牌。2016 年皮书系列正式列入“十三五”国家重点出版规划项目；2013~2020 年，重点皮书列入中国社会科学院承担的国家哲学社会科学创新工程项目。

中国皮书网

（网址：www.pishu.cn）

发布皮书研创资讯，传播皮书精彩内容

引领皮书出版潮流，打造皮书服务平台

栏目设置

◆ **关于皮书**

何谓皮书、皮书分类、皮书大事记、

皮书荣誉、皮书出版第一人、皮书编辑部

◆ **最新资讯**

通知公告、新闻动态、媒体聚焦、

网站专题、视频直播、下载专区

◆ **皮书研创**

皮书规范、皮书选题、皮书出版、

皮书研究、研创团队

◆ **皮书评奖评价**

指标体系、皮书评价、皮书评奖

◆ **互动专区**

皮书说、社科数托邦、皮书微博、留言板

所获荣誉

◆ 2008 年、2011 年、2014 年，中国皮书网均在全国新闻出版业网站荣誉评选中获得“最具商业价值网站”称号；

◆ 2012 年，获得“出版业网站百强”称号。

网库合一

2014年，中国皮书网与皮书数据库端口合一，实现资源共享。

S 基本子库
UB DATABASE

中国社会发展数据库（下设 12 个子库）

整合国内外中国社会发展研究成果，汇聚独家统计数据、深度分析报告，涉及社会、人口、政治、教育、法律等 12 个领域，为了解中国社会发展动态、跟踪社会核心热点、分析社会发展趋势提供一站式资源搜索和数据服务。

中国经济发展数据库（下设 12 个子库）

围绕国内外中国经济发展主题研究报告、学术资讯、基础数据等资料构建，内容涵盖宏观经济、农业经济、工业经济、产业经济等 12 个重点经济领域，为实时掌控经济运行态势、把握经济发展规律、洞察经济形势、进行经济决策提供参考和依据。

中国行业发展数据库（下设 17 个子库）

以中国国民经济行业分类为依据，覆盖金融业、旅游、医疗卫生、交通运输、能源矿产等 100 多个行业，跟踪分析国民经济相关行业市场运行状况和政策导向，汇集行业发展前沿资讯，为投资、从业及各种经济决策提供理论基础和实践指导。

中国区域发展数据库（下设 6 个子库）

对中国特定区域内的经济、社会、文化等领域现状与发展情况进行深度分析和预测，研究层级至县及县以下行政区，涉及地区、区域经济体、城市、农村等不同维度，为地方经济社会宏观态势研究、发展经验研究、案例分析提供数据服务。

中国文化传媒数据库（下设 18 个子库）

汇聚文化传媒领域专家观点、热点资讯，梳理国内外中国文化发展相关学术研究成果、一手统计数据，涵盖文化产业、新闻传播、电影娱乐、文学艺术、群众文化等 18 个重点研究领域。为文化传媒研究提供相关数据、研究报告和综合分析服务。

世界经济与国际关系数据库（下设 6 个子库）

立足“皮书系列”世界经济、国际关系相关学术资源，整合世界经济、国际政治、世界文化与科技、全球性问题、国际组织与国际法、区域研究 6 大领域研究成果，为世界经济与国际关系研究提供全方位数据分析，为决策和形势研判提供参考。

法律声明